André Hoek

Unter freiem Himmel

André Hoek

Unter freiem Himmel

Wie ich obdachlos wurde und den Weg zurück ins Leben fand

Bibliografische Information der Deutschen Nationalbibliothek:
Die Deutsche Nationalbibliothek verzeichnet diese Publikation in der Deutschen National-
bibliografie. Detaillierte bibliografische Daten sind im Internet über
http://dnb.d-nb.de abrufbar.

Für Fragen und Anregungen
info@rivaverlag.de

Wichtiger Hinweis
Ausschließlich zum Zweck der besseren Lesbarkeit wurde auf eine genderspezifische Schreibweise
sowie eine Mehrfachbezeichnung verzichtet. Alle personenbezogenen Bezeichnungen sind somit
geschlechtsneutral zu verstehen.

Originalausgabe
1. Auflage 2022
© 2022 by riva Verlag, ein Imprint der Münchner Verlagsgruppe GmbH
Türkenstraße 89
80799 München
Tel.: 089 651285-0
Fax: 089 652096

Redaktion: Redaktionsbüro Diana Napolitano, Augsburg
Umschlaggestaltung: Amadeus Ewald Fronk
Umschlagabbildung: Cedric Soltani @ Studio Dropped.
Satz: Satzwerk Huber, Germering
Druck: CPI books GmbH, Leck
Printed in the EU

ISBN Print 978-3-7423-2201-2
ISBN E-Book (PDF) 978-3-7453-1966-8
ISBN E-Book (EPUB, Mobi) 978-3-7453-1967-5

Weitere Informationen zum Verlag finden Sie unter

www.rivaverlag.de
Beachten Sie auch unsere weiteren Verlage unter www.m-vg.de

Für meine Mama, der einzige Mensch auf der Welt,
der immer bedingungslos zu mir gehalten hat

Inhalt

Prolog 9

Wie alles begann 15
   Es geht abwärts................................ 20
   Der Alkohol tritt in mein Leben........... 28

Plötzlich obdachlos 33
   Die erste Nacht auf der Straße............ 43

Ausgrenzung von Obdachlosen 57
   Die Polizei...................................... 71
   Krankenhäuser und Ärzte................... 75
   Wie ich wieder laufen lernte............... 86
   Wenn man auf der Straße krank wird..... 88
   Behörden.. 94

Unterwegs in Deutschland und Europa.... 103
   Von Wolfsburg nach Paris.................. 108
   Die schlimme Zeit in Paris 109

Schlafen auf der Straße.. 123

Wie schnell man obdachlos werden kann 130

Tod und Sterben auf der Straße 137

Wie mir der Tod begegnete.. 148

Achtet auf hilflose Obdachlose 153

Räumungen und Vertreibungen 157

Der Kältebahnhof Lichtenberg.................................... 165

Wie spendet man richtig? 169

Die Armutsindustrie in Deutschland............................ 173

Wovon leben Obdachlose?... 181

Wie ich es schaffte, von der Straße wegzukommen............... 197

Der Entzug.. 211

Im Obdachlosenheim 216

Probleme über Probleme 226

Wie geht es mir heute? 234

Warum habe ich dieses Buch geschrieben?...................... 237

Anmerkungen 239

Prolog

Vielleicht gehst du jetzt zum letzten Mal schlafen, war mein Gedanke, nachdem ich die Augen geschlossen hatte und ich bekam wirklich Angst. Für die kommende Nacht waren minus 20 Grad vorausgesagt, zumindest stand dies so auf den Anzeigetafeln im Inneren des Berliner Hauptbahnhofs. Als ich mit meinem Rollstuhl auf einer Aufwärmrunde durch den Hauptbahnhof fuhr, hatte ich dies gesehen. Der Anblick dieser einfachen Zahl jagte mir einen gehörigen Schrecken ein und ich brauchte ein paar Sekunden, um diese Nachricht zu verdauen.

Es war schon am Tag sehr kalt gewesen. Temperaturen so um die minus 10 bis 12 Grad. Doch durch den eisigen Wind, der durch Berlin wehte, lag die gefühlte Temperatur deutlich niedriger. Es war so kalt, dass ich auch als ziemlich hartgesottener Obdachloser nach maximal einer Stunde draußen ins Warme MUSSTE. Man hielt es nicht länger im Freien aus und dies obwohl ich sonst eigentlich den gesamten Tag im Freien war. Tag und Nacht. Mein Zuhause war ein Zelt unter einer Brücke an der Spree, gleich unterhalb des Bundestages.

Was machst du denn jetzt nur?, ging es mir durch den Kopf. Es war jetzt schon kaum auszuhalten und dann noch mal acht Grad tiefer?

Wenn auf der Straße die Temperatur von minus 5 auf minus 7 Grad fällt, ist dies sehr deutlich zu merken. Und dann stand da eben 20 Grad Minus …

Ich war total erschüttert.

Im Geiste ging ich alle meine Möglichkeiten durch und mir blieb tatsächlich keine andere Wahl, als am Abend mit dem Rolli unter meine Brücke zu fahren und mich in meinem Zelt für die Nacht bereit zu machen.

Während ich meine Schlafsäcke sortierte und auch alles an Kleidung anzog, was ich besaß, kam mir plötzlich der Gedanke: *Kann man das überhaupt schaffen? Minus 20 Grad in einem Zelt und in Schlafsäcken? Was ist, wenn du morgen früh nicht mehr aufwachst? Einfach im Schlaf erfroren?*

Etwas ängstlich ging ich noch mal aus dem Zelt und befragte meine anderen obdachlosen Kollegen. Doch von denen konnte mir auch niemand helfen. Keiner von uns hatte jemals bei so grimmigen Temperaturen eine Nacht im Freien verbracht.

Also musste ich es eben einfach drauf ankommen lassen: unter akuter Lebensgefahr schlafen gehen. Das hatte ich in meinem Leben vorher noch nicht gehabt.

Wieder im Zelt kontrollierte ich abermals, ob nichts gegen die Zeltwand drückte, denn sonst wurde die Zelt-Innenwand plötzlich zur Außenwand und die Atemfeuchte kondensierte im Zeltinneren, was dazu führte, dass sich Wasser an der Oberseite des Zeltes bildete, welches einem in sehr kurzer Zeit alle Sachen durchnässen konnte. Und nasse Sachen, speziell die Schlafsäcke, können auf der Straße ganz schnell lebensgefährlich werden.

Also bedeckte ich mich mit allem, was ich besaß und dann kam der Moment, in dem ich mich fragte, ob dies vielleicht meine letzte Nacht auf Erden sei … unter Lebensgefahr schlafen gehen …

Meine obdachlosen Kollegen und ich hatten Glück. In dieser Nacht wurden es »nur« minus 15 Grad und wir standen alle am nächsten Morgen gesund, wenn auch total durchgefroren, wieder auf.

Diese Kälteperiode hielt etwa drei Wochen an. Jede Nacht deutlich unter minus 10 Grad kalt. Insgesamt war dies eine sehr anstrengende Zeit, denn Kälte kostet Kraft. Physisch, psychisch und auch emotional.

Der Körper muss den ganzen Tag heizen, um die Körpertemperatur aufrechtzuerhalten. Dieser Vorgang verbraucht große Mengen Energie, von der man als Obdachloser eh schon zu wenig hat. Hinzu kommt noch die psychische Komponente. Man ist dieser Kälte permanent ausgesetzt.

Menschen mit einer Wohnung sind nie lange im Kalten. Man steht mal eine halbe Stunde an einer Haltestelle, macht mal einen einstündigen Bummel durch die Fußgängerzone und wenn es richtig hart kommt, dann auch mal einen zweistündigen Winterspaziergang. Spätestens nach dem letzteren ist man total durchgefroren und will nun unbedingt wieder ins Warme.

Dieses absolute Bedürfnis nach Wärme und Schutz beachtet man als Obdachloser überhaupt nicht mehr. Es ist der Normalzustand. Manchmal sieht man Obdachlose bei eisiger Kälte scheinbar gemütlich ohne Handschuhe und nett plaudernd irgendwo sitzen.

Frieren die nicht?, habe ich mich immer gefragt, als ich noch keine eigenen Erfahrungen mit Obdachlosigkeit hatte.

Heute weiß ich es. Sie frieren. Sie lassen es sich bloß nicht anmerken. Was hätte es auch für einen Sinn, seinem Nachbarn die Ohren vollzujammern? Dem Kollegen ist genauso kalt wie einem selbst.

Und Kälte tut weh.

Mein Kollege Klaus, mit dem ich spezielle Obdachlosen-Stadtführungen mache, sagt immer »Kälte beißt«.

Kälte verursacht körperliche Schmerzen. Speziell die Hände, die Füße und das Gesicht sind bei großer Kälte in einem dauerhaften Schmerzzustand. Auch am Abend noch. Und morgen wieder. Und übermorgen … nächste Woche … nächsten Monat – und wenn es schlecht läuft, hat man diese Situation im nächsten Jahr noch mal … Und man sieht keine Chance, dem zu entrinnen.

Und der Obdachlose friert noch immer, wenn Menschen mit einer Wohnung längst wieder irgendwo im Warmen sind und die eben noch unerträglich scheinende Kälte, nur noch ein flüchtiger Gedanke ist.

Und in jedem Winter sterben obdachlose Menschen an den Folgen der Kälte.

Einige erfrieren, andere wiederum sterben an den indirekten Folgen der Kälte. An allgemeiner Entkräftung oder an Krankheiten, die durch diese Dauerbelastung häufig ausgelöst werden können.

Das Schlimme daran ist, dass man sich scheinbar an den Anblick von Obdachlosen auf der Straße gewöhnt hat. Obdachlose sind wie die Stadttauben.

Jeder sieht sie, doch kaum jemand nimmt sie wirklich wahr. Und wenn mal eine fehlt … was ist schon eine Taube … Obdachlose sterben eben hin und wieder und erfrieren auch gelegentlich. So ist das eben.

Tatsächlich sterben jedoch Menschen. Menschen, die vorher in der Regel ein ganz normales Leben geführt haben und die in den allermeisten Fällen nur durch ungewöhnlich viel Pech und Unglück in diese Situation geraten sind.

Menschen mit Familien, Träumen und Hoffnungen. Menschen wie Du und ich. Und glaubt mir, jeder und wirklich jeder, kann in diese schreckliche Lebenssituation geraten.

Auch ich habe wirklich schlimme Dinge auf der Straße erlebt. Ich wurde in der Nacht überfallen und habe bleibende körperliche Schäden davongetragen.

Ich bin für drei Wochen ins Koma gefallen und konnte danach nicht mehr laufen und musste neun Monate im Rollstuhl sitzen und wurde von den Ärzten mehrfach ins Leben zurückgeholt.

Einmal habe ich den Sterbevorgang sogar ganz bewusst erlebt. Ich bin also einer der wenigen Menschen, die wissen, wie es ist zu sterben.

Wie ihr sehen werdet, hatte ich ein ganz normales, ja sogar sehr gutes Leben, doch als sich unglückliche Umstände im Leben an einem Punkt summiert hatten, wurde ich völlig aus der Bahn geworfen. Und glaubt mir. Es kann wirklich jeden treffen.

Wie alles begann

Vor der Obdachlosigkeit hatte ich ein sehr gutes Leben. Ich lebte zu dieser Zeit seit über sechs, fast sieben Jahren auf der Sonneninsel Gran Canaria, hatte ein großes Haus gemietet und verdiente mein Geld als Freelancer im Bereich Webdesign, Grafikdesign und zudem schrieb ich noch Texte für große Webseiten. Ich wurde nicht reich dabei, doch es reichte für ein gutes Leben. Ich war dort sehr glücklich und hatte vor, auf dieser Insel alt zu werden.

Die Canarios sind ruhige, sehr freundliche und entspannte Menschen. Auch das Leben dort war viel ruhiger, als ich es aus Deutschland kannte. Wenn man zum Beispiel sein Auto in eine Werkstatt brachte und fragte, wann man es wieder abholen kann, kam als Antwort fast immer ein »Mañana« also »Morgen«. In meiner ersten Zeit auf der Insel, als ich die dortigen Gepflogenheiten noch nicht kannte, ging ich tatsächlich am nächsten Tag los, um mein repariertes Auto abzuholen und blickte in völlig verständnislose Gesichter. Man hätte überhaupt noch nicht angefangen und der ganze Hof stehe voller Autos. Ob ich das denn nicht sehen könne. Auf meinen vorsichtigen Protest, dass man doch gesagt hätte, ich solle heute wiederkommen, erntete ich lautes Gelächter und man bedeutete mir, jetzt doch bitte wieder zu gehen.

Als ich dies später einem Bekannten erzählte, der schon sehr lange dort lebte, begann der auch zu lachen und klärte mich auf. Wenn Canarios »Mañana« sagen, dann sollte man dies auf keinen

Fall wörtlich verstehen. »Mañana« bedeutet ungefähr so viel wie: »Komm nächste Woche mal fragen, ob wir schon angefangen haben.« Also bald, aber nicht all zu lange. Das muss man erstmal wissen.

Auch wenn man sich mit Canarios zum Beispiel um 12 Uhr verabredet, ist es klug, erst um 12.30 Uhr loszugehen und auch dann wartet man in der Regel eine weitere halbe Stunde, bis die Verabredung endlich kommt. Zu Beginn begehrte meine deutsche Seele, die an Pünktlichkeit gewöhnt war, massiv auf, doch dann merkte ich, dass diese Art zu leben auch etwas Gutes hat. Alles ist viel entspannter, man hat viel weniger Stress, da einem selbst leichte Verspätungen ebenfalls nachgesehen werden.

Ich hatte meine Kunden in der DACH-Region, also in Deutschland, Österreich und der Schweiz, jedoch überwiegend in Deutschland. Und wenn ich arbeitete, hatte ich den typisch deutschen Arbeitsstress. Aber wenn ich am Abend durch meine Haustür ging, war ich in einer anderen Welt. Zudem befand sich mein gesamtes, soziales Umfeld dort, und die Insel war meine neue Heimat geworden.

In meiner Freizeit trieb ich viel Sport. Auf meiner Dachterrasse hingen zwei Boxsäcke und ich hatte dort ein komplettes Set mit Hanteln liegen. Ich bin jedoch überwiegend Rad gefahren.

Gran Canaria ist eigentlich ein erloschener Vulkan. Genau in der Mitte der Insel befindet sich der ehemalige Vulkankegel in etwa 2000 Metern Höhe. Diesen Berg fuhr ich fast jeden Abend mit dem Fahrrad hoch. Wir wohnten etwa auf 300 Metern Höhe, somit hatte ich also immer etwa 1700 Höhenmeter auf 25 Kilometer Strecke in den Beinen. Und ich liebte dies über alles.

Bedingt durch die verschiedenen Höhenlagen durchquerte ich viele verschiedene Klimazonen. Unten am Start war alles wüstenartig und nur Kakteen und einige, kleine Drachenbäumchen fristeten dort ihr karges Leben. Dann folgte eine Zone mit Palmen und etwas später Eukalyptusbäumen, noch etwas höher mit Mandelbäumen und schließlich durchfuhr ich eine Zone, in der im Herbst an den Bäumen die Blätter bunt wurden und abfielen. Noch weiter oben gab es Nadelwald, der in eine Zone mit Krüppelkiefern überging. Ganz oben fand man nur noch wenige höhere Pflanzen, sondern fast nur noch Moos und Flechten.

Im Winter, wenn die Wolken tief hingen, durchbrach ich regelmäßig die Wolkendecke. Unten am Berg war der Himmel grau, dann kam ein Bereich, den ich als etwas neblig empfand und plötzlich war ich im strahlenden Sonnenschein über den Wolken. Ein Anblick, den man sonst nur aus dem Flugzeug bekommt. Wenn man dann noch zu verschiedenen Tageszeiten fährt, hat man, durch den unterschiedlichen Sonnenstand, anderes Licht und entdeckt permanent neue Dinge. Zum Beispiel Höhlen ganz oben im Berg, die man noch nie vorher gesehen hatte.

Auf Gran Canaria weht ganzjährig der Nord-Ost-Passat, ein ziemlich kräftiger Wind. Ich mochte es sehr, gegen den Berg, der mit jedem Kilometer steiler wurde und dem Wind zu kämpfen. Jeden Tag versuchte ich, eine neue Bestzeit zu fahren und freute mich, wenn es mir gelungen war, dem Berg wieder zehn Sekunden abzutrotzen. Für mich war das der perfekte Ausgleich zu meinem stressigen Job am Computer und ich sehne mich noch heute in die Berge der Sonneninsel zurück.

Am Abend gingen wir gern in verschiedene Bars, die, ganz anders als in Deutschland, als soziale Treffpunkte fungierten. Man bestellte sich irgendein Getränk und saß dann damit zwei oder drei Stunden und unterhielt sich mit den Nachbarn. Am Wochenende passierte es regelmäßig, dass man die Tische zusammenschob, und jeder bestellte etwas zu Essen, welches einfach in die Mitte gestellt wurde – und dann saß man zusammen, aß und trank gemeinsam, unterhielt sich miteinander und manchmal brachte auch jemand eine Gitarre mit und sang traditionelle kanarische Lieder.

Unser Lieblingsbar war »Der Park«. Gegenüber der Bibliothek und direkt vor dem Museum gab es einen kleinen Imbiss-Kiosk, der auch Stühle und Tische aufgestellt hatte. Man saß dort unter Palmen und riesigen Ficus-Bäumen im kühlen Schatten und es war einfach toll dort.

Mit meiner Frau führte ich eine, nach meinem Dafürhalten, gute Ehe. Wir waren inzwischen seit zehn Jahren verheiratet und ich liebte R. unendlich. Sie war richtig zu einem Teil meiner selbst geworden.

Wir verbrachten praktisch unser gesamtes Leben gemeinsam. Am Tag arbeiteten wir von zu Hause aus. Jeder hatte zwar sein eigenes Büro, doch ich brauchte nur mit meinem Stuhl ein wenig nach rechts zu rutschen und ich konnte meine Frau sehen. Wir gingen gemeinsam einkaufen und verbrachten auch unsere komplette Freizeit miteinander. Außer wenn ich beim Sport war, dafür konnte ich R. nie begeistern. Wir waren praktisch eine richtige Einheit.

Bis meine Frau sich an einem Sonntagvormittag zu mir auf das Sofa setzte und mir ohne große Vorankündigung folgenden Satz an den Kopf warf: »Ich verlasse dich.«

Ich konnte erst überhaupt nicht begreifen, was sie da eben gesagt hatte. Es fühlte sich so an, als würde mir blitzartig der Boden unter den Füßen weggezogen und mir dabei gleichzeitig ins Gesicht und in den Magen geschlagen. Mir war richtig schwindelig in diesem Moment.

Ich fragte völlig fassungslos »Was?« und musste erst mal aufstehen und ein paar Schritte gehen. Irgendwie landete ich im Badezimmer, wo ich mir erst mal kaltes Wasser ins Gesicht klatschte und ging dann ins Wohnzimmer zurück.

Es war der Tag, an dem meine Welt plötzlich still stand und es sollte eine sehr lange Zeit vergehen, bis sie sich wieder drehte.

Ich lief durch den Ort, ging einkaufen oder saß im Park und alles sah wie immer aus, doch für mich war einfach alles anders. Ich fühlte mich, als wenn ich das Leben wie einen Film anschaute, ich aber nicht mehr beteiligt war.

Auf meine Frage, warum sie gehen wollte, erhielt ich bis heute nur eine einzige Antwort: »Es fühlt sich nicht mehr richtig an.«

Das war alles. Ich konnte das nicht begreifen und sagte das auch, doch entweder wich sie aus oder antwortete überhaupt nicht.

Ich war völlig verzweifelt. Ich liebte sie von ganzem Herzen und nun wollte sie einfach weg von mir? Ich verstand das alles nicht. Doch was sollte ich tun? Sie wollte nicht mehr bei mir sein und ich konnte sie ja schließlich nicht zwingen.

Also machte ich gute Miene zu dem bösen Spiel und blieb ruhig. Auch in der Hoffnung, es noch irgendwie klären zu können. Doch am Ende half alles nichts.

Am Abend gingen wir wie immer gemeinsam schlafen und mir kam der Gedanke, dass dies die letzte Nacht mit meiner Frau sei. Mir brach wirklich das Herz.

Also versuchte ich, mich abzulenken und setzte mich an den Computer, um zu arbeiten, doch ich konnte nicht einen klaren Gedanken fassen. Dann kam ich auf die Idee, mit dem Fahrrad den Berg hochzufahren, doch nach etwa 20 Minuten drehte ich um, weil mir die Kraft ausging.

Die nächsten Tage und Wochen waren wirklich die Hölle und irgendwie habe ich nur noch ganz rudimentäre Erinnerungen daran. Wenn ich an diese Zeit denke, tauchen immer nur einzelne Bilder und besondere Ereignisse auf. Der Rest ist weg.

Ich weiß noch, dass ich unter erheblichen Schlafproblemen litt. Ich bin ganze Nächte durch den menschenleeren Ort gelaufen, in der Hoffnung, davon müde zu werden und schlafen zu können. Doch auch das half nichts.

Trotz allem versuchte ich, mich meiner Frau weiterhin wieder anzunähern. Ich hoffte, das sie einsah, einen Fehler gemacht zu haben und wieder zurückkommen würde.

In den ersten Wochen kam sie noch gelegentlich auf einen Kaffee vorbei und ich versuchte weiter sie zurückzugewinnen. Doch erfolglos.

Es geht abwärts

Meine Schlafstörungen wurden immer schlimmer, bis ich das Gefühl hatte, überhaupt nicht mehr oder immer nur wenige Minuten zu schlafen und es ging mir auch psychisch immer schlechter. Also ließ ich mir vom Arzt Schlaftabletten verschreiben, die aber auch nur sehr begrenzt halfen.

Ich begann, mich in den Sport zu flüchten. Ich wusste aus Erfahrung, dass meine abendlichen Fahrradtouren in die Berge mir halfen, den Arbeitsstress loszuwerden. Also vielleicht würde das ja auch jetzt helfen. Ich begann jeden Tag, richtig exzessiv Sport zu treiben. Mein Radtraining hatte ich ja nie aufgegeben, jetzt machte ich vor- oder nachher noch eine Stunde Sandsacktraining, stemmte meine Hanteln oder ging schwimmen. Zusätzlich begann ich auch noch mit Lauftraining. Was vorher eben Entspannung und Abbau von Stress gewesen war, wurde jetzt zur Obsession. Ich hörte wirklich erst dann auf zu trainieren, wenn ich in einem Zustand der totalen körperlichen Erschöpfung war. Und manchmal machte ich dann nur eine Stunde Pause und trainierte dann noch mal ein wenig.

Es half zwar, aber nur sehr wenig. Ich schlief immer noch schlecht, doch die paar Stunden Schlaf waren ein Segen, weil ich nichts fühlte.

Emotionale Schmerzen können körperlich werden. Mir ging es teilweise so schlecht, dass ich mich richtig zusammengekrümmt habe. Irgendwann konnte ich das einfach nicht mehr ertragen und beschloss, meinem Leben ein Ende zu setzen. Ich war verzweifelt und vom Schmerz zerfressen.

Aber dann stellten sich da ein paar ganz praktische Fragen: Zum einen, wie ich das machen soll und dann noch, was mit meiner Hündin Amber und unserer Katze Renfield geschehen soll, die meine Frau zwar angeschafft, mir aber dann überlassen hatte. Doch dafür war schnell eine Lösung gefunden.

Das Wie hatte ich schnell gelöst. Ich bekam ja sowieso schon Schlafmedikamente vom Arzt. Ich ging dort noch mal hin und bat um ein neues Rezept und hatte somit eine größere Menge Schlaftabletten im Haus.

Ich verbrachte einen furchtbaren Tag, schließlich sollte es ja der letzte in meinem Leben sein. Ich lief durch den Ort nahm Abschied auch von Menschen, die mir begegneten, allerdings ohne etwas Genaues zu erzählen.

Am Abend setzte ich mich an meinen Schreibtisch, drückte alle Schlaftabletten aus dem Blister und nahm dann ganz ruhig eine nach der anderen ein. Es fiel mir erstaunlich leicht. Als ich nach einer halben Stunde müde wurde, legte ich mich ins Bett und schlief auch gleich ein.

Das hätte es gewesen sein können …

… doch wurde ich am nächsten Tag gegen Mittag wieder wach. Es hatte also nicht funktioniert.

Meinen Plan zu sterben hatte ich allerdings noch immer nicht abgehakt. Ich ging noch mal zum Arzt, erklärte, dass die Schlaftabletten nicht wirken und bat um etwas Stärkeres. Was auch ohne Probleme funktionierte.

Am Abend wieder das gleiche Prozedere. Ich nahm alle Tabletten – und wieder wurde ich am nächsten Tag wach. Ich dachte mir, das könne ja wohl nicht wahr sein! Und noch im Bett beschloss ich, es nochmals zu versuchen. Diesmal wollte ich es aber richtig machen.

Das schreibt sich jetzt so leicht, doch in mir tobte ein schlimmer Krieg. Einerseits bin ich Christ und Selbstmord ist mir total verboten, doch meine Hoffnung war, dass Gottes Gnade groß genug wäre, um mir auch diese Sünde zu vergeben. Doch ich wusste es eben nicht. Und es ist auch keine leichte Sache, sein Leben selbst zu beenden. Es stürmten Tausende Gedanken auf mich ein. Was, wenn es doch noch eine andere Lösung gibt, die ich nur nicht sehen konnte. Auch meine Angehörigen, im Besonderen meine Mutter, taten mir unendlich leid. Ich wusste, dies würde ein schwerer Schlag für sie sein. Aber es ging mir so schlecht, dass ich es im wahren Sinn des Wortes nicht mehr ertragen konnte. Dieser Aspekt überwog am Ende.

Ich ging nochmals zum Arzt, ließ mir noch mal stärkere Tabletten verschreiben, kaufte in der Apotheke Diazepam, was in Spanien frei verkäuflich ist und holte mir in unserem Dorf-Supermarkt eine Flasche Rum.

Am Abend setzte ich mich abermals an den Schreibtisch und holte die Tabletten aus ihren Verpackungen. Es war richtig ein kleines Häufchen. Dann machte ich auf Youtube eine Playlist mit meinen Lieblingsliedern an, begann die Tabletten zu schlucken und spülte diese mit dem Rum herunter. Als ich müde wurde, ging ich ins Bett.

Während ich bei den vorhergehenden Suizid-Versuchen einfach traumlos da lag, wurde es diesmal richtig unangenehm. Ich sah den Film, der am Ende des Lebens läuft. Und dachte noch erstaunt, dass es diesen ja augenscheinlich wirklich gibt. Vorher hatte ich an solchen Berichten immer gezweifelt. Allerdings war das überhaupt nicht angenehm. Man denkt im Allgemeinen, dass man hier die großen Momente des Lebens sieht. Also zum Beispiel die Einschulung oder die Hochzeit oder andere Augenblicke ähnlicher Natur. Ich sah fast nur völlig belanglose Dinge.

Ich erinnerte mich an mein Kinderfahrrad, die Hollywoodschaukel bei uns im Garten, mein erstes Plüschtier und andere Banalitäten. Und ich sah Gesichter von Menschen, die ich kannte. Sehr viele Gesichter.

Was das Ganze so unangenehm machte, war, dass die Bilder in rasender Abfolge kamen. Ich konnte zwar merkwürdigerweise alles sehr genau wahrnehmen und es waren auch bewegte Bilder, zum Beispiel ein pickendes Huhn auf dem Bauernhof meiner Kindheit, doch gefühlt sah ich jede Sekunde etwas Neues. Und es hörte nicht auf. Ich war total reizüberflutet, und es nahm einfach kein Ende.

Das Nächste, was ich weiß, ist, dass ich am nächsten Nachmittag wieder aufwachte. Ich war total benommen und stand völlig neben mir. Erst nach und nach fiel mir ein, was vorgefallen war. Und irgendwie konnte ich es nicht fassen. Was? Ich bin schon wieder wach? Das kann ja wohl nicht wahr sein.

Als ich Jahre später einer Ärztin von diesem Erlebnis berichtete und ihr erzählte, was ich alles genommen habe, sagte sie, dass die Medikamenten- und Alkoholdosis normalerweise reichen würde, um ein Pferd ins Jenseits zu befördern.

Ein Gutes hatten die Ereignisse allerdings.

Im Laufe des Abends durchdachte ich noch mal das Geschehene der vorhergehenden Tage und da wurde mir eines klar. Gott wollte nicht, dass ich sterbe. Eine andere Erklärung gab es für mich nicht. Ich meine, wie ist das sonst zu erklären? Also akzeptierte ich dies und nahm zur Kenntnis, dass ich auf irgendeinem anderen Weg aus dieser Situation heraus musste. Nur wie, das war mir nicht klar.

In den folgenden Wochen begann meine ehemalige Frau einen großangelegten Krieg gegen mich auf sehr vielen Fronten. Einfach so. Aus dem Nichts.

An einem Abend klingelte es bei mir und ich dachte zuerst, dass es irgendein Nachbar sei, der nach Milch oder Ähnlichem fragen wollte. Doch es war die Guardia Civil.

Ich solle mich anziehen und mitkommen. Warum, wollte man mir später erklären. Da ich mir keiner Schuld bewusst war, ging ich mit und dachte, dass dies sicher nur ein Missverständnis sein kann und sich alles sehr leicht aufklären ließe. Erst als ich, noch immer ohne Erklärung, auf der Polizeiwache in einer Zelle saß, wurde mir ein wenig mulmig.

Am nächsten Morgen wurde ich in ein Auto geladen, mit Handschellen gefesselt und zum Gericht nach Telde gefahren. Auch hier wusste ich noch immer nicht, was los war. Ich wurde in eine völlig verdreckte Zelle in den Keller gesperrt und blieb dort einige Stunden allein. Es war wie in schlechten amerikanischen Filmen. Ein karger Raum, mit einer Bank aus Beton und die vordere Wand bestand aus Gittern.

Plötzlich standen zwei Frauen vor der Tür. Die eine entpuppte sich als Dolmetscherin und die andere stellte sich als meine Pflichtverteidigerin vor. Endlich erfuhr ich, was hier vor sich ging.

Meine Anwältin hielt mir vor, ich hätte meine Ex-Frau bedroht und ihr nachgestellt. Dieser Vorwurf ist in Spanien sehr schwerwiegend. Vor vielen Jahren wurden sehr viele Frauen in einer kurzen Zeit von ihren Ex-Partnern getötet. Um die Frauen in Zukunft vor solch schlimmen Taten zu schützen, wurde ein neues, sehr strenges Gesetz erlassen. Dies sah bereits bei Bedrohungen Haftstrafen von bis zu zwei Jahren vor.

Was ursprünglich sehr gut ausgedacht war, lief in der Praxis sehr schnell aus dem Ruder. Wenn eine Frau sich an einem Mann rächen wollte, für was auch immer, zeigte sie diesen bei der Polizei wegen Bedrohung oder gar Tätlichkeiten an und die Männer gingen ins Gefängnis. Die Frau hatte einfach immer automatisch recht. In einigen Fällen selbst dann, wenn die Männer ein Alibi hatten. Später erfuhr ich im Dorf, dass viele jemanden kannten, der unschuldig für lange Zeit in Haft saß wegen genau solcher Falschbehauptungen.

Ich bestritt das natürlich gegenüber der Anwältin, doch diese sprach von Beweisen, die ich natürlich gern sehen wollte. Sie zeigte mir ein ausgedrucktes Textdokument, auf dem ein Text zu lesen war, den ich zwar geschrieben hatte, allerdings in mindestens 15 verschiedenen E-Mails. Meine Ex und ihr Neuer hatten einfach Sätze aus verschiedenen E-Mails zusammenkopiert und so wie sich das dort las, wirkte es tatsächlich bedrohlich. Ich versuchte, den Sachverhalt zu erklären und bat darum, dass man mich an einen Computer lässt und dass ich dort ganz einfach beweisen könnte, wie es in Wirklichkeit ist. Doch dies wurde mir verweigert.

Und als ich meine Anwältin fragte was ich denn nun machen könne, sagte sie mir, dass ich bei der gleich folgenden Verhandlung alles zugeben solle, sonst würde ich noch heute ins Gefängnis gehen.

In mir begehrte alles auf. Ich gebe doch nichts zu, das ich nicht gemachte habe, war meine Antwort. Sie wiederholte daraufhin, dass ich dann heute für sehr lange eingesperrt werden würde und an ihrem Gesichtsausdruck sah ich, dass es ernst war. Äußerst widerwillig stimmte ich dem Ganzen zu, denn kanarischer Knast war keine leichte Sache. Ich kannte jemanden, der als völlig gebrochener Mensch von dort zurückgekehrt war. Auch war immer wieder von schlimmen Vergewaltigungen dort zu hören.

Die Verhandlung war eine Farce.

Meine Ex-Frau vertrat vehement ihren Standpunkt. Hätte ich nicht gewusst, dass alles nur gespielt war, hätte sie auch mir leid getan. Die Richterin stellte mir ein paar Fragen, die ich, wie von meiner Anwältin geraten, alle mit Ja beantwortete. Ich bekam dann als Strafe zwei Tage Hausarrest aufgebrummt. Und dann war alles vorbei.

Als wir später noch bei der Gerichtsschreiberin saßen, sagte mir die Dolmetscherin, dass ich großes Glück gehabt hätte. In der Verhandlung vor mir sei ein Mann wegen ähnlicher Vorwürfe zu zwei Jahren verurteilt worden. Ich war total fassungslos und ließ alles einfach nur geschehen.

Dann verließ ich das Gerichtsgebäude und hatte keine Idee, wie ich den Bus nach Hause bezahlen sollte. Als die Polizei mich mitnahm, hatte ich mir kein Geld eingesteckt. Ich bat dann den Busfahrer, mich mitzunehmen und das ich am nächsten Tag bezahlen kommen würde. Zum Glück ließ er sich darauf ein.

Als ich wieder daheim war, saß ich völlig verzweifelt in meinem Wohnzimmer und überlegte, ob ich das alles eventuell nur geträumt hatte. Es kam mir total unwirklich vor.

Das Ganze hat meine Ex-Frau dann insgesamt viermal abgezogen. Beim zweiten Mal wurde mir ein Annäherungsverbot ausgesprochen, das auch beinhaltete, dass ich Orte nicht aufsuchen durfte, an denen meine Frau gewöhnlich verkehrt. Selbst dann, wenn sie sich NICHT dort aufhielt.

Für mich war das der Ausschluss vom sozialen Leben, das sich auf Gran Canaria überwiegend in den Bars abspielt. Der Ort war nicht sehr groß und sie war Gast in allen Bars. Ich konnte also nirgendwo mehr hin.

Der kürzeste Weg zum Supermarkt führte an dem Haus des neuen Mannes vorbei und ich musste jetzt um den halben Ort herumlaufen, um nicht gegen das Annäherungsverbot zu verstoßen, wenn ich einkaufen wollte.

Auch den Müll musste ich zu einer anderen Müllstation bringen, die fast einen halben Kilometer entfernt war, da die übliche zu dicht an dem Haus stand, in dem meine Frau jetzt lebte.

Das nachfolgende halbe Jahr nutzte meine Frau außerdem, um diverse Unwahrheiten über mich zu verbreiten. Als Betroffener erfährt man natürlich als allerletzter davon. Ich merkte nur, dass mir die Nachbarn nach und nach aus dem Weg gingen.

Auf Gran Canaria ist es üblich und höflich, dass wenn man Bekannte auf der Straße trifft, man kurz stehen bleibt und ein bisschen Smalltalk macht. So kann es passieren, dass man für den Weg zum Supermarkt plötzlich 30 Minuten braucht.

Doch irgendwie hatte plötzlich niemand mehr Zeit. Die Menschen wechselten die Straßenseite und später kam es zu offenen Feindseligkeiten. Ich wurde angeschrien und als das Annäherungsverbot aufgehoben war in vielen Bars nicht mehr bedient und in einer sogar mal zusammengeschlagen. Völlig ohne Grund. Ich hatte nur ein Bier bestellt.

Auch meine deutschen Bekannten waren plötzlich nicht mehr für mich da.

Irgendwann war ich ganz allein.

Ich begriff das gar nicht und erst viel später erzählte mir ein Bekannter aus dem Dorf, was dort über mich erzählt wird. Ich konnte es nicht glauben.

Doch die Probleme steigerten sich und nahmen immer größere Ausmaße an.

Es begann damit, dass beim Geldabheben am Automaten plötzlich ein großes, rotes Banner aufleuchtete, welches mich aufforderte, sofort den Kontakt mit meinem Kundenberater zu suchen. Als ich dies tat, wurde mir gesagt, dass R. das Konto gekündigt hatte. Ja klar, wir hatten es zwar jahrelang gemeinsam benutzt, aber es lief auf ihren Namen.

Das hatte für mich zur Folge, dass die Gelder meiner Kunden plötzlich im Nirvana landeten. Das gab riesigen Ärger und ich musste alle betreffenden Kunden anschreiben und darum bitten, das Geld noch mal auf ein anderes Konto zu überweisen. Das ist bei kleineren Firmen relativ einfach möglich. Doch ich hatte große Kunden, die keinerlei Fehler zuließen. Einen dieser großen Kunden verlor ich bei dieser Aktion.

Dann ging ich eines Morgens an den Schreibtisch, und das Internet funktionierte nicht. Da ich ohne Internetzugang nicht arbeiten und somit auch kein Geld verdienen konnte, kam dies einer mittleren Katastrophe gleich. Ich versuchte dann, bei der Telefongesellschaft anzurufen und auch das Telefon ging nicht. Da begann ich schon etwas zu ahnen. Der nächste Anruf war mit dem Handy und dann sagte die erstaunte Mitarbeiterin, dass der Anschluss doch gekündigt worden sei und überhaupt nicht funktionieren kann.

Da R. den Anschluss bei unserem letzten Umzug angemeldet hatte, hatte sie einfach eine Kündigung geschrieben, wohl wissend, dass sie mir damit meine Arbeitsgrundlage nimmt. Und es geschahen noch viele Dinge mehr in dieser Art und Weise …

Ich erzähle dies alles, um verständlich zu machen, unter welcher Belastung ich damals gestanden habe. Bei meinen Vorträgen führe ich dieses Thema nie aus, weil die Zeit zu knapp ist, um alles Wichtige zu erzählen und berichte immer nur davon, dass mich meine Frau verließ und ich damit nicht klarkam.

Doch neben den eben beschriebenen Sachverhalten ereignete sich tatsächlich noch viel mehr und ich wage zu behaupten, dass unter diesen Umständen jeder resigniert aufgegeben hätte. Sehr viele wahrscheinlich schon viel früher als ich.

Das Verhältnis zu meiner Ex-Frau hat sich nie wieder gebessert und wenn gelegentlich mal ein Kontakt per Mail zustande kam, sprühte sie Gift und Galle und schleuderte mir abgrundtiefen Hass entgegen. Ich kann bis heute nicht verstehen, wie ein Mensch sich in wenigen Tagen so drastisch verändern kann. Zwei Wochen vor der Trennung hatten wir unseren zehnten Hochzeitstag. Da kam sie noch zu mir, nahm mich in den Arm und erklärte mir, wie sehr sie mich liebt. Und plötzlich war ich ihr Erzfeind. Im Jahr 2019 leitete sie die Scheidung ein und im Gericht konnte sie mir nicht ein einziges Mal in die Augen sehen.

Ich kann das absolut nicht verstehen und es mir erklären, doch ich muss es akzeptieren. Auch wenn dies heute noch manchmal schwer fällt.

Der Alkohol tritt in mein Leben

An einem Abend lud mich einer meiner wenigen noch übrig gebliebenen Bekannten in eine Bar ein, wo ich überhaupt noch bedient wurde. Wir saßen dort eine Weile und als mein Bekannter von der Toilette zurückkam, stellte er zwei Gläser Rum auf den Tisch. Der wird auf den Kanaren in Wassergläsern ausgeschenkt, die zu etwa einem Viertel gefüllt sind.

Erst lehnte ich ab, doch da er immer wieder bat und ich auch nicht unhöflich sein wollte, trank ich dieses Glas mit ihm und merkte nach etwa 15 Minuten, dass dieser entsetzliche emotionale Schmerz, der mich seit Monaten wirklich gequält hatte, weg war. Mit dem exzessiven Sport, den ich noch immer betrieb, konnte ich diesen Schmerz zwar leicht abmildern, doch er war immer da.

Und jetzt plötzlich war er weg.

Das fühlte sich sooo gut an. Endlich mal wieder ein wenig Leichtigkeit im Leben spüren, auch wenn diese sich sehr dumpf anfühlte. Doch verglichen mit dem, was in den letzten Monaten in meiner Seele getobt hatte, war dies ungemein erleichternd.

Dieser Moment war ein Schlüsselmoment in meinem Leben. Ab diesem Tag begann ich, mich mit Alkohol zu betäuben. Immer wenn es mir schlecht ging, trank ich. Und da es mir sehr schlecht ging, trank ich vergleichsweise schnell sehr viel.

Ab diesem Punkt ging es bergab mit mir. In den ersten Wochen gab es Alkohol immer erst nach getaner Arbeit. Dieser Zeitpunkt schob sich immer mehr nach vorn. Und schon nach etwa drei Monaten stand am Morgen statt einem Kaffee ein Glas mit Wodka oder Rum auf dem Schreibtisch. Zu diesem Zeitpunkt war ich bereits süchtig geworden und brauchte den Alkohol, sonst litt ich unter Entzugserscheinungen. Zwar bei Weitem noch nicht so schlimm wie später auf der Straße, doch trotzdem sehr unangenehm.

Und wenn man so viel Alkohol trinkt, verändert man sich. Ich selbst habe das kaum bemerkt, wunderte mich jedoch über die Reaktionen aus meinem Umfeld und brachte das erst sehr viel später mit dem Alkohol in Verbindung.

Meine Kunden saßen zu dieser Zeit überwiegend in Deutschland. Es waren sehr große Internet-Agenturen dabei, aber auch kleinere Webmaster. Über die Jahre hatte es sich etabliert, dass ich die meisten Kundenkontakte per Mail abwickelte, aber ich musste auch viel telefonieren. Und meine Kunden merkten natürlich am Telefon, dass etwas mit mir nicht stimmte, obwohl ich dachte, dass alles wie immer sei. Die Folge war, dass nach und nach immer weniger Aufträge bei mir eingingen und manche Kunden die Zusammenarbeit beendeten. Die Allermeisten taten dies einfach stillschweigend, indem einfach keine Aufträge mehr erteilt wurden.

Und auch meine Arbeit litt. Ich war dafür bekannt, immer nur Premium-Qualität zu liefern, etwas anderes verließ meinen Schreibtisch nicht. Viele Kunden reklamierten und ich musste nacharbeiten. Das war etwas, das vorher nur äußerst selten passiert war.

Und auch meine Arbeitsleistung ließ nach. Ich war es gewohnt, täglich etwa zwölf Stunden am PC zu sitzen und in dieser Zeit wurde wirklich konzentriert gearbeitet. Unter Alkohol funktionierte das natürlich auch nicht und ich hielt des Öfteren meine Deadlines nicht ein, was bei großen Kunden immer einer mittleren Katastrophe gleichkam.

Nach und nach verlor ich einen Kunden nach dem anderen – und dann kam irgendwann der Tag, an dem ich den Laptop am Morgen überhaupt nicht mehr aufklappte, sondern gleich in eine Bar ging oder es mir mit einer Flasche Rum auf der Dachterrasse bequem machte.

Ich versuchte, mir die Situation selbst schönzureden, indem ich mir die ganze Geschichte als »Urlaub« oder »kurze Auszeit« deklarierte, doch in meinem tiefsten Inneren wusste ich, dass dem nicht so war. Aber das wollte ich mir nicht eingestehen.

Irgendwann fängst du schon wieder an und es geht weiter, versuchte ich, mir einzureden – doch dieser Tag kam nie.

Ja und dann kam der Tag, als mein Geld zu Ende war. Auf dem Konto waren noch knapp 1.000 Euro und ich hatte die Wahl zwischen zwei Optionen: Entweder alle meine Rechnungen wie Miete, Strom, Internet etc. zu bezahlen und dann bis auf eine kleine Summe pleite zu sein oder zurück zu gehen nach Deutschland und zu versuchen, mich dort mithilfe des dortigen Sozialsystems neu zu etablieren.

Ich versuchte zwar noch, das spanische Sozialsystem in Anspruch zu nehmen, doch dort wimmelte man mich ab. Ich bekam wegen meiner immensen Proteste einen Gutschein für die Caritas im Wert von 70 Euro, der für zwei Wochen reichen sollte. Ich holte mir dort auch einmal Lebensmittel, doch die Hälfte davon war bereits verdorben. Als ich mir deswegen eine schlimme Fischvergiftung mit Lähmungserscheinungen und akuter Atemnot geholt hatte, hatte ich auch keine große Lust mehr auf diese Option. Zudem hatte man mir beim Agente Social (Sozialamt) auch gesagt, dass ich nicht noch mal fragen kommen brauche. Man würde mir nicht mehr helfen.

Schweren Herzens entschloss ich mich für die Option Deutschland.

Die Entscheidung fiel mir unglaublich schwer. Gran Canaria war meine neue Heimat geworden und mit Deutschland verband mich nicht mehr viel. Und ich war ja auch mit den zwei Jahren in Schweden zehn Jahre nicht mehr dort gewesen.

Ich ließ praktisch alles zurück und packte mir nur einen Rucksack mit allem was man so mitnimmt, wenn man sein Leben verlässt. Also wichtige Papiere, Erinnerungsstücke und ähnliche Sachen. Als ich am Flughafen, praktisch vom letzten Geld, dass mir von den 1000 Euro noch übrig geblieben war, das Ticket kaufte, bat mich die Angestellte, ein paar Schritte zur Seite zu gehen und dort zu warten. Nach einigen Minuten erschien der Pilot und eine Flugbegleiterin meines Fluges und ermahnten mich sehr eindringlich, dass wenn ich unterwegs irgendetwas machen sollte, dass die Flugsicherheit beeinträchtigen könnte, man die Maschine auf meine Kosten sofort zwischenlanden würde. Erst begriff ich nicht, warum sie dies taten, doch dann wurde es mir klar. Ich war so aufgewühlt, dass man es mir ansehen konnte. Hinzu kam noch meine Alkoholfahne.

Das Flugzeug hob dann mit mir ab und natürlich benahm ich mich auf dem Flug. Als die Maschine abhob, hatte ich noch ein paar Augenblicke, um meine alte Heimat von oben zu betrachten. Ich wurde sehr traurig und versprach mir selbst, schnell wieder zurückzukehren.

Ich war nie wieder dort.

Plötzlich obdachlos

Als ich im Februar 2016 in Berlin Schönefeld gelandet war und auf die Gangway trat, erinnere ich mich noch sehr genau daran, dass ich das erste Mal nach vielen Jahren meinen eigenen Atem sah.

Und ich dachte: »Mann, ist das kalt hier.«

Mein Körper hatte sich nach acht Jahren total an die Wärme auf einer ja eigentlich afrikanischen Insel gewöhnt. Wenn dort mal am Abend oder in der Nacht nur 16 Grad waren, zog man sich dicke Sachen, Mütze und Handschuhe an.

Berlin begrüßte mich also mit Temperaturen um die Null Grad, Wind und Nieselregen. Solch ein Wetter hatte ich sehr lange nicht erlebt und auf dem kurzem Fußmarsch zum Terminal begann ich schon, ganz ordentlich zu frieren.

Das Nächste, an das ich mich heute noch sehr intensiv erinnere, ist, dass ich nach Abwicklung der ganzen Formalitäten durch das Terminal Richtung Ausgang lief und mich plötzlich fragte: »Wo gehst du denn jetzt hin?«

Ich bin ursprünglich Berliner, war aber insgesamt 15 Jahre nicht mehr in der Stadt gewesen. Als es Berlin zu Beginn der 2000er-Jahre schlecht ging, haben viele junge Menschen die Stadt verlassen, um ihr Glück anderswo zu suchen. So auch ich. Aber nach so vielen Jahren kennt man in der alten Stadt einfach niemanden mehr. Anfangs schreibt man noch E-Mails, telefoniert oder besucht sich noch gegenseitig. Doch nach spätestens fünf Jahren bricht auch der letzte Kontakt ab. Die Leben differieren einfach total auseinander.

Demzufolge wusste ich auch nicht, wo ich hingehen könne.

Da fiel mir meine Mutter ein. Also suchte ich mir ein öffentliches Telefon und rief dort an. Selbstverständlich könne ich kommen und sie freue sich sehr, war die Antwort.

Die erste Nacht verbrachte ich dort.

Als meine Mutter am nächsten Morgen nach dem Frühstück ins Bad ging, sagte mein Stiefvater mir ohne große Umschweife, dass ich am Abend nicht wiederzukommen brauche. Das Verhältnis zu ihm war schon viele Jahre nicht das Beste.

Um zwischen meiner Mutter und ihrem Mann keinen Streit zu verursachen, akzeptierte ich dies klaglos und verabschiedete mich nach kurzer Zeit und fuhr nach Berlin zurück.

Da ich nicht wusste, welches Ziel ich ansteuern sollte, setzte ich mich erst mal in einen türkischen Imbiss und verbrachte den restlichen Tag dort beim Biertrinken und mit Gesprächen der sich dort aufhaltenden Gäste.

Da ich mich in Berlin überhaupt nicht mehr auskannte, versuchte ich, mir einen Schlafplatz für die nächste Nacht zu organisieren. In dem Imbiss erzählte man mir von einem Billig-Hotel gleich um die Ecke.

Am Abend mietete ich mich dort für wenige Euro ein. Dort blieb ich drei oder vier Tage.

Als ich meine Barreserven checkte, konnte ich mir an drei Fingern abzählen, wie lange das Geld noch reichen würde, um dort weiterhin zu schlafen. Etwas Billigeres musste her.

Wieder im Imbiss gab man mir den Tipp, es in einer nahegelegenen Jugendherberge zu versuchen. Die Übernachtung war dort deutlich günstiger, aber ich musste mein Zimmer mit vier anderen Leuten teilen.

Allerdings dauerte es nicht lange, dann war auch das letzte Geld verbraucht.

An meinem letzten Tag in einem halbwegs normalen Leben hatte ich noch sieben oder acht Euro zur Verfügung. Die teilte ich mir ein, um den Tag und die darauffolgende Nacht, bei Bier und Bockwurst im Imbiss verbringen zu können. Allerdings wurde ich dort immer wieder aufgeweckt, wenn ich einschlief, da ein schlafender Kunde dort nicht gern gesehen war.

Am Morgen hatte ich nur noch ein paar Cents in der Tasche und musste auch den Imbiss hinter mir lassen.

Ich machte mich also auf den Weg nach irgendwo, da ich einfach nicht wusste, wo ich hin soll und landete schließlich auf dem Alexanderplatz.

Und jetzt kam ein Moment, den ich in meinem Leben nie vergessen werde.

Es war Mitte Februar 2016 und ich stand gegen acht Uhr am Morgen in der Nähe der Weltzeituhr und schaute mich auf dem großen Platz um. Ich hatte kein Geld mehr, kannte niemanden und hatte absolut keine Ahnung, wie es weitergehen könnte.

Das war ein wirklich schlimmer Augenblick.

Auch jetzt beim Aufschreiben und nach so langer Zeit bekomme ich noch ein Ziehen in der Magengegend, wenn ich an diese Situation denke. Berlin war mir fremd geworden und ich fühlte mich völlig verlassen und hilflos in dieser großen Stadt. Umgeben von vielen Menschen und doch total allein. Ich war völlig ratlos.

Und jetzt dämmerte mir, dass ich nun wohl ein Obdachloser war.

Also wie weiter? Irgendwie muss es ja weitergehen …

Mein ursprünglicher Plan war, dass ich in Deutschland Hartz IV beantrage, doch das stellte ich erst mal hinten an. Denn so gut kannte ich Deutschland noch, dass ich wusste, die Beantragung würde eine Weile dauern und ich brauchte jetzt, heute Geld. Zudem wusste ich nicht, wohin ich gehen musste. Deutschland hatte sich in den zehn Jahren, als ich im Ausland war, ziemlich verändert. Also welches Amt ist zuständig, wo ist dieses Amt und was genau ich da tun musste, war mir nicht klar. Also verschob ich die Angelegenheit mit den Behörden erst mal auf später. Doch auch daraus sollte nichts werden.

Ich bin einige Tage später wieder am Morgen in die S-Bahn gestiegen, um mich aufzuwärmen und bin eingeschlafen. Als ich wieder wach wurde, war mein Rucksack weg. In diesem Rucksack befand sich alles, was in meinem Leben wichtig war.

Als ich Gran Canaria verließ, hatte ich meinen gesamten Hausstand zurückgelassen. Einen Teil hatte ich noch an arme Nachbarn verschenkt und mir brach das Herz, als ich sah, wie diese zum Beispiel meine Gitarren und andere, mir viel bedeutende Dinge, aus dem Haus trugen.

Aber im Flugzeug konnte ich nur das übliche Gepäck mitnehmen. Also packte ich mir einen Rucksack, in den ich wirklich alles hineintat, was wichtig ist, wenn man sein gesamtes Leben zurücklässt. Er enthielt zum Beispiel unser Stammbuch der Familie. Mit den Geburtsurkunden meiner Eltern, meiner Schwester und mir. Viele Zertifikate, die ich mir erworben hatte, Fotos und andere Kleinigkeiten, die jedoch unersetzbar waren und natürlich alle Personalpapiere.

Der Verlust dieses Rucksacks war für mich schlimmer, als der Verlust meines gesamten Hausstandes. Und was ich dem oder den Dieben wünsche, brauche ich nicht weiter erklären. Ich war fassungslos über so viel Bosheit und Gemeinheit. Einem armen Menschen noch das allerletzte zu nehmen. Tiefer kann man nicht sinken.

Das hatte allerdings zur Folge, dass ich bei den Behörden nichts erreichen konnte, da bereits bei der Anmeldung nach dem Personalausweis gefragt wurde, den ich nicht hatte. Man riet mir, zum LAGESO (eine Einrichtung in Berlin, wo Obdachlose einen Personalausweis bekommen können) zu fahren und mir dort Ersatzpapiere ausstellen zu lassen. Sonst könne man mir nicht helfen. Aber auch dort blitzte ich ab.

Die Leute fragten nach einer Geburtsurkunde oder irgendetwas anderem, mit dem ich beweisen könne, dass ich André Hoek bin. Das konnte ich natürlich nicht.

Erschwerend kam hinzu, dass ich mich als ich ausgewandert bin, natürlich auch ordnungsgemäß in Deutschland abgemeldet hatte. Ich war also nicht mal mehr im System. Tja, was sollte ich jetzt tun?

Natürlich hätte ich mir eine Ersatz-Geburtsurkunde besorgen können und noch einige andere Dinge, doch wie gesagt, Deutschland war mir fremd geworden. Viele Abläufe, die mir heute ganz normal erscheinen, kannte ich damals überhaupt nicht. Zudem war ich schwer depressiv und obendrein noch alkoholabhängig. In einem solchen Zustand hat man einfach nicht mehr die Energie, um sich mit den Behörden anzulegen. Zudem hatte ich weder Zugriff auf ein Telefon oder das Internet, um mich zu informieren. Das machte es nochmal deutlich schwieriger herauszufinden, welche Ämter in Berlin für mich zuständig sind. Also gab ich auf und fügte mich in mein Schicksal, nun ganz offiziell ein mittelloser Obdachloser zu sein.

Und ich habe auch sehr schnell erkannt, dass ich die Situation für mich vollständig akzeptieren musste, wenn ich überleben wollte. Damals dachte ich anfangs eher an »irgendwie zurechtkommen«. Doch sehr schnell wurde mir klar, dass meine Einstellung eine tatsächliche Überlebensfrage war.

Wenn ich versuchen würde, wie in meinem alten Leben weiterzumachen, nur dass ich eben auf der Straße bin, würde das nicht funktionieren. Man geht psychisch daran kaputt. Später konnte ich das bei anderen Obdachlosen beobachten. Sie kamen neu auf die Straße und versuchten, sich die Situation schönzureden. Also in etwa wie: »Ich bin ja überhaupt nicht richtig obdachlos.« oder »Ist ja nur für ein paar Tage.«

Alle, die so dachten, bauten in den nächsten Wochen psychisch extrem ab, bekamen von anderen Obdachlosen viel Gegenwind, weil sie sich eben »für etwas Besseres« hielten und auch nach außen kommunizierten, dass sie nicht obdachlos seien, obwohl die Tatsachen eine ganz andere Sprache sprachen.

Also ließ ich mich mit meinem ganzen Sein darauf ein, obdachlos zu sein. Psychisch, emotional und physisch. Wenn ich das hier wieder hinbekommen wollte, musste ich mich verhalten wie ein Obdachloser, musste deren Überlebensstrategien erlernen und musste mich auch ihnen zugehörig zeigen. Und am Anfang war dies unglaublich schwer auszusprechen: »Ich bin ein Obdachloser.«

Da stand ich nun auf dem Alex und musste mir irgendwie Geld beschaffen. Doch wie kommt man als Obdachloser an Geld?

Ich wusste damals nicht mehr über das Thema als die meisten Deutschen. Ich wusste, dass Obdachlose draußen schlafen, meist schmutzig sind, zu viel Alkohol trinken und sie vom Betteln lebten. Und da ich auch keine bessere Idee hatte, entschloss ich mich, es damit zu versuchen.

An Flaschensammeln zum Beispiel dachte ich überhaupt nicht, da es in Spanien kein Pfandsystem gibt und ich vergessen hatte, dass ein solches in Deutschland existiert.

Ich setzte mich also wieder in die U-Bahn und fuhr einfach ins Blaue. Am U-Bahnhof Magdalenenstraße stieg ich aus und besorgte mir aus einem Imbiss in der Nähe einen Plastikbecher, setzte mich damit ins Zwischengeschoss, stellte mir diesen vor die Füße und harrte der Dinge, die da nun kommen sollten.

Und dies war der Moment, an dem ich unsichtbar wurde.

Wenn ich vorher auf der Straße Menschen ansprach und zum Beispiel nach dem Weg fragte, bekam ich normale Antworten und Reaktionen. In dem Moment, als ich mich dort mit dem Becher auf den Boden setzte, nahm mich niemand mehr wahr. Die Leute schauten mit maximaler Konzentration an mir vorbei, über mich hinweg, starrten auf ihr Handy oder ließen ihren Blick an mir vorbeischweifen, ohne mich im Geringsten zu beachten. Zuerst begriff ich das gar nicht und hielt es für Zufall, doch als ich begann, die Leute höflich anzusprechen, ihnen zum Beispiel einen schönen Tag zu wünschen oder einfach mal »Moin« zu sagen, wenn sie an mir vorbeigingen und noch immer niemand von mir großartig Notiz nahm, begann ich zu begreifen: Mit bettelnden Obdachlosen möchte niemand etwas zu tun haben.

Damals nahm ich es einfach erst mal hin und dachte mir: »Ist eben so ...«, doch im weiteren Verlauf meiner Obdachlosigkeit, musste ich feststellen, wie weit diese Nichtbeachtung geht und wie schlimm das ist. Dazu aber später mehr.

Das Betteln an der Magdalenenstraße war sehr wenig lukrativ. Meine Tageseinnahmen beliefen sich auf drei bis sieben Euro. Das reichte hinten und vorn nicht.

Das Geld ging schon mal dafür drauf, dass ich regelmäßig in den Imbiss musste, um mich aufzuwärmen und dann musste ich natürlich etwas zu trinken bestellen, meist ein Bier. Dann hatte ich aber noch nichts zu essen, keinen Tabak und erst recht nicht genug, um in der Jugendherberge schlafen zu können.

Zudem war ich zu dieser Zeit schon alkoholabhängig und brauchte den Alkohol, wie die Luft zum Atmen, sonst ging es mir wirklich schlecht. Als Alkoholiker verzichtet man eher auf Essen als auf den Alkohol, da der Hunger leichter zu ertragen ist als die Entzugserscheinungen. Also musste eine andere Lösung her.

An der Magdalenenstraße war sehr wenig Publikumsverkehr, also entschloss ich mich, mir einen Bettelplatz zu suchen, wo mehr los war und fuhr mit der U-Bahn ein paar Stationen stadteinwärts.

Wenig später stieg ich aus der Bahn und sah im Zwischendeck einen anderen Obdachlosen sitzen. Nun konnte ich mich schlecht mit meinem Becher neben ihn setzen, das würde sicher Ärger geben, also stellte ich mich in einiger Entfernung hin, trank ein Bier und beobachtete, wie der Kollege es anstellte.

Bei ihm lief das deutlich besser als bei mir. Alle paar Minuten kam jemand vorbei, warf ein paar Münzen in den Becher und unterhielt sich kurz mit dem am Boden sitzenden. Dieser gab kleine Zettel heraus, die er vorher von anderen Leuten bekommen hatte und für die ihm die Leute Geld gaben. Zudem hatte er noch einen Hund dabei, der auf einer Matte lag, in eine Decke eingemummelt war und der merkwürdigerweise eine Sonnenbrille trug. Aber genau das schienen die Leute gut zu finden.

Nach einer Weile fasste ich mir ein Herz und sprach ihn an. Ich erklärte ihm, dass ich ganz neu war auf der Straße und berichtete auch von meinen recht erfolglosen Versuchen, an Geld zu kommen. Er fing an laut zu lachen und begann zu erzählen, was ich alles falsch gemacht habe.

Das Erste was er bemängelte, war meine Standortwahl.

»Da ist überhaupt nichts los. Du musst viel weiter in die Innenstadt. Allerdings sind da viele Obdachlose. Wird schwer werden, dort noch einen guten freien Platz zu bekommen. Und du musst die Leute entertainen. Wenn du mit traurigem Gesicht da sitzt, wirst du kein Geld bekommen. Guck mal, wie ich das mache. Aber vorher gehst du uns ein paar Bier holen.«

Ich hatte zwar fast kein Geld mehr, da ich aber wissen wollte, ja es wissen musste, wie man auf der Straße überlebt, tat ich, wie geheißen.

Als ich zurückkam, herrschte bei ihm schon wieder fast so etwas wie Hochbetrieb. Als Erstes fragte ich, was es mit diesen ominösen kleinen Zetteln auf sich hat. »Das sind Fahrkarten, die noch nicht ganz abgelaufen sind«, erklärte er mir. »Vor einiger Zeit habe ich angefangen, die Leute danach zu fragen, weil ich selbst fahren musste und jetzt schenken mir die Leute ihre Tickets, die manchmal noch mehr als eine Stunde gültig sind. Und dann kommen andere Leute, die wenig Geld haben und ich gebe ihnen diese. Dafür fällt ein bisschen Geld in meinen Becher.«

Eigentlich ein cooles Geschäftsmodell, dachte ich mir, doch wahrscheinlich nicht legal. Aber die Not rechtfertigte so etwas in meinen Augen. Zumindest aus moralischer Sicht. Und dann sah ich, was er mit Entertainment gemeint hatte. Für jeden, der etwas in seinen Becher tat, hatte er einen lustigen Spruch auf Lager und er war auch insgesamt sehr schlagfertig. Und dann wies er mich noch auf seinen Hund hin.

»Wir beide sind schon mehr als 12 Jahre zusammen. Als ich ihn damals bekam, ging es mir noch gut und ich hatte ein normales Leben. Heute ist er so etwas wie meine wichtigste Einnahmequelle.«

Als ich fragte, wie er das meinte, gab er mir folgende Erklärung: »Die Leute haben eher Mitleid mit einem Tier als mit einem Menschen, der in Not ist.« Diese Aussage konnte ich viel später aus eigener Erfahrung bestätigen.

Ich lebte damals für etwa drei Monate am Alexanderplatz. In der Nähe der Weltzeituhr, wo sich heute der Tchibo-Laden befindet. Damals stand dieses Geschäft leer.

Einer meiner Kollegen hatte einen Schäferhundmix, den wir »unseren Balu« nannten, da sich alle um ihn kümmerten. Nachdem wir uns zusammengetan hatten, gaben uns die Leute tatsächlich viel mehr für das Tier als für uns.

An einem Tag hatten wir so viel Hundefutter geschenkt bekommen, dass wir einen Einkaufswagen organisieren mussten, um alles abtransportieren zu können. Und das obwohl wir schon den ganzen Tag Tierfutter an andere Obdachlose verschenkt hatten, die immer mal wieder vorbeikamen. Allerdings hatten wir an diesem Abend selbst nichts zu essen und diskutierten ernsthaft darüber, ob man Hundefutter essen könne.

Und mein neuer Kollege begann, mir einen Grundkurs zum Thema Überleben auf der Straße zu geben. Er erklärte mir, dass es Kleiderkammern, Notübernachtungen und Stellen gibt, wo man kostenlos essen kann. Er nannte auch die Orte dazu. Doch Berlin war mir in den Jahren sehr fremd geworden und ich hatte viele Straßennamen vergessen. Er hätte mir also auch Straßennamen in Warschau nennen können. Für mich waren das alles unbekannte Orte. Ich fragte aber auch nicht nach, weil ich nicht als völlig blöd dastehen wollte und dachte mir, dass ich die schon irgendwie finden werde.

Er nahm eine sehr wichtige Rolle ein, denn er gab mir absolut wichtige Tipps.

Zwischendurch musste ich seinen Vortrag immer wieder unterbrechen, weil ich mich selbst um Geld kümmern musste. Ich ging dazu einfach an den anderen Ausgang, stellte meinen Becher auf und versuchte, das eben Gelernte in die Praxis umzusetzen. Der Preis für seine Ausführungen war, dass ich regelmäßig für Biernachschub zu sorgen hatte. Aber das war es mir wirklich wert. Ich hatte jetzt erst mal eine grobe Orientierung und wenigstens ansatzweise eine Idee, wie es weitergehen könnte.

Am Abend trennten wir uns und versprachen einander, dass wir uns bald wiedersehen. Daraus ist leider nie etwas geworden. In den nächsten Wochen hatte ich einfach zu viel Stress und da ich selbst Geld verdienen musste und sein Platz bereits durch ihn belegt war, verschlug es mich in eine ganz andere Ecke der Stadt. Als ich nach längerer Zeit mal wieder dort vorbeikam, war er nicht da und mir konnte auch niemand etwas über ihn sagen. Falls du das hier zufällig liest. Ich danke dir!

Ich hatte jetzt zwar etwas Geld in der Tasche, aber zum Übernachten in der Jugendherberge reichte es nicht. Wenigstens konnte ich mich ein paar Stunden im Imbiss aufhalten. Problematisch war nur, dass man mich dort nicht schlafen ließ. Nachts war dort zwar fast nichts los, aber immer wenn mir die Augen zufielen, wurde ich wieder aufgeweckt. Auch änderte sich der Umgangston ziemlich drastisch. In der ersten Zeit behandelte man mich wie einen normalen Gast, als man dann aber merkte, dass ich nicht wusste, wo ich hingehen kann, wurden die Leute dort extrem abweisend und unfreundlich. In der dritten Nacht wurde ich hinausgeworfen. Ich hatte es gewagt, auf den gewischten, in der Zwischenzeit aber längst trockenen, Fußboden zu treten.

Mit hängendem Kopf verließ ich den Laden und wusste auch gar nicht so recht, wie ich mit der Situation umgehen soll, weil ich das aus meinem alten Leben überhaupt nicht kannte.

Die erste Nacht auf der Straße

Nach dem Rauswurf verbrachte ich meine erste Nacht wirklich auf der Straße. Ich erinnere mich noch daran, als wenn es gestern gewesen wäre.

Das Wetter war noch so wie bei meiner Ankunft in Berlin. Temperaturen etwa um null Grad, ziemlich heftiger Wind und ein dauerhafter Nieselregen, in den sich gelegentlich ein paar Schneeflocken mischten. Da ich jahrelang die hohen Temperaturen auf Gran Canaria gewohnt war, fror ich entsetzlich. Zudem war meine Kleidung sehr unzureichend. Nach acht Jahren in der Wärme hat man natürlich auch keine richtige Winterjacke mehr.

Zudem besaß ich keinen Schlafsack und keine Isomatte, um mich vor der Kälte zu schützen. Am Frankfurter Tor suchte ich mir eine windgeschützte Ecke und versuchte, dort zu schlafen. Allerdings war dies eine Hauseingangstür und trotz der späten Stunde kamen immer wieder Hausbewohner, die zwar meist nichts sagten, aber denen ich immer wieder den Weg frei machen musste. Und schließlich wurde ich weggejagt. An alle anderen Plätzen zog es mehr oder weniger stark und meinen Plan etwas zu schlafen, legte ich hier zu den Akten. Zudem schlotterte ich inzwischen vor Kälte. Um warm zu bleiben, lief ich ziellos durch die Stadt.

Übrigens etwas, das viele Obdachlose während des gesamten Winters begleitet. Man muss irgendwie ständig in Bewegung bleiben, was natürlich ab einem gewissen Punkt auch anstrengend ist. Besonders vor dem Hintergrund, dass man so gut wie nie dazu kommt, sich mal richtig auszuruhen. Wenn man diesen Umstand mit all den anderen, sehr belastenden Faktoren zusammen addiert, denen Obdachlose ausgesetzt sind, gerät man sehr schnell in einen Zustand der permanenten Überlastung, von dem es nie eine Erholung gibt. Das führt dazu, dass man jeden Tag ein kleines bisschen mehr erschöpft ist, was zu Depressionen und auch vergleichsweise oft zum Burn-out führt. Nur dass man sich als Obdachloser deswegen nicht krankschreiben lassen kann, sondern gnadenlos weitermachen muss. Bis es irgendwann gar nicht mehr geht und man einfach an dauerhafter Erschöpfung und Überlastung verstirbt oder an den indirekten Folgen dieses Umstandes.

Aber zurück zu mir.

Weil ich kein Geld mehr hatte, um irgendwo im Warmen sitzen zu können, lief ich durch die kalte Februarnacht. Mir wurde gefühlt jede Minute kälter. Da kam mir die Idee, mich in die U-Bahn zu setzen.

Also lief ich den ganzen Weg zurück zum Frankfurter Tor und freute mich schon, gleich in einer warmen U-Bahn sitzen zu können. Meine Enttäuschung war riesig, als ich den Eingang zur U-Bahn mit einem Gitter verschlossen vorfand. Noch an einen Zufall oder eventuelle Bauarbeiten denkend, lief ich alle anderen Eingänge ab, aber nur um festzustellen, dass diese auch verschlossen waren. Und dann fiel es mir wieder ein. In der Nacht kommt man in Berlin nur mit dem Bus durch die Stadt und im Bus muss man beim Fahrer einen Fahrschein kaufen oder vorzeigen. Sonst lässt der einen nicht einsteigen.

Da ich keinen hatte und auch kein Geld, um mir einen zu kaufen, hockte ich mich vor das Gitter und wartete darauf, dass dies geöffnet wird. Nach einer Weile ging ich nach oben auf die Straße und als irgendwann ein Passant vorbeikam, fragte ich, wann denn die Tore zur Bahn geöffnet werden. Er sagte, so etwa gegen vier Uhr, und als ich fragte, wie spät es ist, war die Antwort, kurz vor zwei. Innerlich verdrehte ich die Augen und dachte: »Wirklich? Noch zwei Stunden?« Ich zitterte jetzt schon und die Hände und die Ohren waren so kalt, dass es wehtat.

Irgendwann kamen dann zwei BVG-Mitarbeiter und öffneten das Tor. Da ich keinen Fahrschein hatte, ließ ich sie erst mal gehen und wartete noch einige Minuten. Ich war inzwischen so durchgefroren, dass mir der eigentlich auch kalte Bahnsteig richtig warm vorkam. Zuerst setzte ich mich auf eine Bank und da ich inzwischen schon einige Tage nicht mehr richtig geschlafen hatte, fielen mir auch sehr schnell die Augen zu. Als ich wieder wach wurde, waren etwa zwei Stunden vergangen, der morgendliche Berufsverkehr war in vollem Gange und mir war schon wieder kalt. So wie es eben ist, wenn man nicht in seinem Bett aufwacht. Außerdem tat mir der Rücken ziemlich weh.

Also wechselte ich in die U-Bahn, wo ich auch gleich wieder einschlief. Gegen acht Uhr stieg ich in der Innenstadt wieder aus und begann, mir Geld zu erschnorren, um über den Tag zu kommen.

So ging das einige Tage, bis ich dann an einem Morgen mal in eine Fahrkartenkontrolle kam. Der Kontrolleur weckte mich mit mehreren Hallo-Rufen, die ich erst gar nicht auf mich bezog und verlangte dann den Fahrschein, den ich natürlich nicht besaß. Dann verlangte er die Papiere und während ich im Rucksack, den ich zu dieser Zeit noch besaß, nach meinem Reisepass suchte, versuchte ich, ihm meine Situation zu erklären. Ich sagte ihm, dass ich obdachlos sei und eben deswegen in der U-Bahn, weil es draußen so kalt sei und dass ich überhaupt kein Geld habe. Alle, die in der Nähe saßen, hatten sichtbar Mitleid mit mir, dem Kontrolleur war das alles egal. Auch als ich ihm sagte, dass ich nicht mal in Deutschland gemeldet sei, setzte er seine Prozedur trotzdem fort. Ich hatte Glück und brauchte in diesem Fall keine Strafe zahlen. Da im Pass naturgemäß keine Adresse steht, nannte ich ihm eine, wo ich vor vielen Jahren mal gewohnt hatte.

Die allgemeine Regel ist jedoch, dass bei Obdachlosen immer dann die Polizei kommt, wenn man keine gültigen Papiere hat. Dazu zählt zum Beispiel auch das Fehlen einer Adresse im Reisepass. Dann wird eine Strafe von 60 Euro verhängt, die sich bereits nach 14 Tagen durch das Schreiben vom Inkassobüro verdoppelt. Durch Zinsen und Kosten für Beitreibungsversuche laufen in wenigen Monaten Kosten von etwa 350 Euro auf (für eine Fahrt im Wert von 2,90 Euro) und dann wird ein Haftbefehl erlassen, wenn nicht gezahlt wird. Da bei Obdachlosen in der Regel ein Tagessatz von zehn bis zwölf Euro veranschlagt wird, geht man dann für mindestens einen Monat ins Gefängnis. Und da Obdachlose sehr oft kein Geld für eine Fahrkarte haben, sich aber auch irgendwie durch die Stadt bewegen müssen, zum Beispiel zur Kleiderkammer, dem Arzt oder zur Notschlafstelle, wird man naturgemäß auch sehr häufig erwischt. Ich kenne viele obdachlose Menschen, die wegen so etwas sechs Monate oder mehr in Haft mussten. Einfach nur, weil sie arm sind. Ich finde das furchtbar.

Ich für meinen Teil hatte nach der ersten Kontrolle die Nase voll und dachte über eine andere Lösung nach. Als ich gegen Abend immer noch mit meinem Bettelbecher im Zwischendeck zur U-Bahn saß, kam ich mit einem jungen Paar ins Gespräch und sie erzählten von dieser Notschlafstelle, von der ich ja bereits gehört hatte. Sie erklärten sich netterweise bereit, mich dorthin zu bringen.

So kam ich zum ersten Mal in meinem Leben mit einer dieser wirklich schlimmen Einrichtungen in Kontakt. Wenn man in den Medien Bilder von diesen Notübernachtungen sieht, sehen diese eigentlich ganz annehmbar aus. Man sieht zwei Betten, Schränke und Nachttische. Auf dem Fensterbrett steht vielleicht noch ein Pflanze und auf einem Tisch in der Mitte des Zimmers liegt ein hübsches Deckchen. Alles zwar sehr spartanisch, doch wenn die andere Alternative eine Brücke und eisige Kälte ist, scheint dies doch ganz gemütlich.

Als sich das junge Paar von mir am Eingang verabschiedet hatte, lief ich die letzten paar Meter allein weiter und sah schon von Weitem eine ziemlich lange Warteschlange, oder besser gesagt einen Pulk von Wartenden, die sich zu etwas ähnlichem wie einer Schlange in Dreierreihen formiert hatten. Vor mir standen etwa 100 Leute.

Ich stellte mich ans Ende, grüßte erst mal freundlich die Leute, die vor mir standen und begann, mich vorsichtig zu erkundigen, was mich im Inneren erwarten könnte.

Die Auskünfte waren knapp und ausweichend. Der allgemeine Tenor war aber etwa, dass es schlecht bis sehr schlecht sei, der Teufel jedoch in der Not Fliegen frisst. Und es werde um 21 Uhr geöffnet. Das war eine gute Nachricht. Nur noch eine Viertelstunde und ich bin wieder im Warmen, dachte ich. Allerdings dauerte es tatsächlich noch fast 90 Minuten, bis es so weit war.

Das lag daran, dass zur Öffnungszeit nicht einfach die Türen geöffnet wurden, sondern die Leute wurden immer nur in Dreiergruppen eingelassen. Warum das so war, wurde mir klar, als ich an der Reihe war. Nach dem Einlass wurde man kontrolliert. Man musste sich abtasten lassen, ob man eventuell verbotene Gegenstände dabei hatte. In erster Linie Drogen, Waffen oder Alkohol. Diese Dinge waren streng verboten, weswegen die Unterkünfte von vielen Obdachlosen gemieden werden.

Geschätzt leben in Berlin etwa 4000 Menschen direkt auf der Straße. Dem gegenüber stehen zurzeit (2021) etwa 1100 Plätze in Notübernachtungen. Nun könnte man meinen, dass es jeden Abend großes Gerangel um diese wenigen Plätze gibt. Doch die Realität sieht so aus, dass die Auslastung nur bei etwa 70 bis 80 Prozent liegt. Mehr als etwa 3000 Menschen entscheiden sich freiwillig dafür, die Nacht lieber irgendwo im Freien zu verbringen, als in diese Unterkünfte zu gehen. Und dafür gibt es einige gute Gründe.

Wenn sich in der Presse Fachleute zu diesem Thema äußern, hört man oft folgende Argumente: Es gäbe eben viele Obdachlose, die es nicht mehr in geschlossenen Räumen aushalten. Zudem dürfe man dort keinen Alkohol trinken und Haustiere seien ebenfalls verboten. Also alle selbst schuld. Wenn man auf der Straße lebt, braucht man ja nicht auch noch ein Haustier. Psychische Befindlichkeiten könne man nicht auch noch lösen und saufen und Party machen müsse man in einer solchen Lebenssituation schließlich nicht auch noch.

Tatsächlich ist die Realität ganz anders und die immer wieder genannten Argumente sind einfach nicht stichhaltig, wenn man es genauer betrachtet. Und dies will ich im Folgenden mal machen.

Erstes Argument: Die Obdachlosen gehen nicht in diese Einrichtungen, weil sie dort keinen Alkohol trinken dürfen.

Klingt erst mal so, als wenn die Leute dort nicht hingehen, weil sie ihre Dauerparty, welche sie ja eh schon den ganzen Tag auf der Straße haben, nun nicht auch noch in der Nacht fortsetzen können. Wenn auch sehr unterschwellig. Sie brauchen ja nicht auch noch während der Nacht zu saufen.

Tatsache ist, dass viele Obdachlose alkoholkrank sind. Wenn ein solcher Mensch sich Alkohol kauft, hat er keinen vergnügten Abend mit Freunden, bei dem es lustig zugeht und an dem man viel Spaß hat, sondern er bekämpft damit knallharte Krankheitssymptome. Krankheitssymptome, die tödlich sein können. An einem Alkoholentzug kann man sterben! Ein Alkoholentzug fühlt sich wirklich scheußlich an, wie ich aus eigener Erfahrung weiß.

Man hat schwerste Kreislaufstörungen, kann sich kaum auf den Beinen halten. Kalter und heißer Schweiß rinnt teilweise in Strömen den Körper hinab. Irgendwann beginnt man zu zittern. Zuerst nur die Hände, doch bereits kurze Zeit später der gesamte Körper, bis man irgendwann einfach nur noch schlottert. Und spätestens ab hier wird es ernst, weil lebensgefährlich. Die nächste Stufe sind Krampfanfälle, ähnlich wie bei Epilepsie. Die Menschen fallen um, wie vom Blitz getroffen und werden steif wie ein Brett. Viele verletzen sich bereits beim Sturz, andere beißen sich Teile der Zunge ab. Einige sterben während dieser Anfälle. Also alles in allem ein Zustand, der furchtbar ist.

Und das Einzige was dagegen hilft, ist Alkohol. Es gibt in diesem Moment keine andere Medizin.

Natürlich ist der bessere Weg, diesen Menschen in eine qualifizierte Entgiftungsbehandlung mit anschließender Entwöhnungstherapie zu schicken. Doch diese Möglichkeiten stehen einem obdachlosen Menschen nur sehr eingeschränkt zur Verfügung. Und egal, warum er zum Alkoholiker wurde. Jetzt in diesem Moment helfen keine Vorträge und Moralpredigten über die Nachteile des

Trinkens, diese kennt der Abhängige übrigens viel besser als der Predigende, sondern es hilft nur eins: dem Entzügigen so schnell wie möglich was zu trinken zu besorgen.

Viele obdachlose Menschen sind sogar so stark abhängig, dass sie bereits nach wenigen Stunden ohne Alkohol erneut entzügig werden. Bei mir war dies am Ende bereits nach etwa vier Stunden der Fall. Dann musste ich trinken oder es ging mir sehr schlecht.

Nun ist es aber in diesen Notübernachtungen so, dass Alkohol strikt verboten ist. Und man kann auch nicht während der Nacht schnell mal rausgehen, etwas gegen den Entzug tun, indem man schnell irgendwo vorher versteckten Alkohol trinkt und sich wieder im Warmen hinlegt, sondern wenn man die Einrichtung verlässt, ist man bis zum nächsten Abend draußen. Die lassen einen nicht mehr rein.

Dann muss man sich einen Schlafplatz draußen suchen, was auch wieder mit Lauferei und Aufwand verbunden ist. Also entschließen sich viele, lieber gleich draußen zu bleiben und sich den ganzen Stress mit stundenlangem Anstehen, Leibesvisitationen und eventuellem Ärger, der während der Wartezeit auf Einlass immer entstehen kann, gleich ganz zu sparen und von vornherein unter einer Brücke zu bleiben.

Regelmäßig muss am Morgen der Krankenwagen in diese Einrichtungen kommen, weil mal wieder ein Mensch einen lebensbedrohlichen Krampfanfall erlitten hat. Diesem Umstand wird in diesen Einrichtungen in keiner Weise Rechnung getragen und es werden bewusst Menschenleben gefährdet. Wem dies nicht passt, der muss eben draußen bleiben. Da bekommt die Aussage, dass Obdachlose diese Einrichtungen nicht aufsuchen, weil sie dort keinen Alkohol trinken dürfen, ganz plötzlich eine ganz andere Bedeutung.

Zweites Argument: Die Obdachlosen suchen diese Einrichtungen nicht auf, weil sie ihre Haustiere nicht mitbringen dürfen.

Das klingt bei flüchtigem Hinhören so, als wenn man auf irgendeinen Luxus verzichten müsste. Wer auf der Straße lebt, der hat doch bitte schön genug mit sich selbst zu tun. Muss man dann noch ein Haustier haben?

Tatsächlich ist es so, dass die wenigsten Obdachlosen überhaupt einen Hund haben. Und die meisten Menschen mit Hunden, die auf der Straße leben müssen, hatten diesen sehr oft schon, bevor sie obdachlos wurden.

Der Hund ist oft das letzte, was ihnen aus ihrem alten, normalen Leben geblieben ist. Zudem ist der Hund der beste und auch sehr oft der einzige wirkliche Freund, den man auf der Straße hat. Jemand, der einen auch in widrigsten Situationen niemals verlässt, obwohl dies die meisten Menschen aus dem alten Leben getan haben. Der Hund ist auch Beschützer und Alarmanlage in der Nacht, wenn sich jemand mit unlauteren Absichten dem Schlafplatz nähert. Bei manchen Obdachlosen sogar fast etwas wie ein Kind.

Ich glaube dies ist fast bei allen Hundebesitzern so.

Wenn der Obdachlose mit seinem Hund nun in so eine Einrichtung möchte und man ihm bei minus zehn Grad sagt: »Binde deinen Hund bitte für eine ganze Nacht draußen vor der Tür an, dann darfst du hinein«, was glauben Sie, was der Obdachlose dann tun wird?

Niemals würde man dies seinem besten Freund antun. Lieber friert man mit ihm gemeinsam in einem Schlafsack unter irgendeiner Brücke in der Stadt. Was würden Sie als Leser dieser Zeilen in einem solchen Fall tun?

Das dritte Argument, dass es viele Obdachlose nicht mehr in geschlossenen Räumen aushalten, trifft nur sehr bedingt zu. Ich persönlich kenne nicht einen Menschen, der auf der Straße leben muss, dem es so geht.

Es gibt sicher einige wenige, doch damit kann man die Zahl von 3000 Menschen, welche allein in Berlin nicht in diese Notunterkünfte gehen, einfach nicht erklären.

Vielmehr liegt es an den allgemeinen Zuständen, die in diesen Einrichtungen herrschen. Wenn man in den Medien Bilder dieser Unterkünfte sieht, dann sieht dies in der Regel ganz akzeptabel aus, und man denkt sich, da würde ich doch lieber hingehen, als nachts in der Eiseskälte zu liegen und dabei unter Umständen das eigene Leben zu riskieren, weil eben auch immer wieder Menschen erfrieren. Im reichen Deutschland, im Jahr 2022!

Die Realität, die Obdachlose dort jeden Abend vorfinden, sieht anders aus als die Darstellungen in den Medien. Dies liegt auch daran, dass den Pressevertretern die Räumlichkeiten immer nur in Abwesenheit der Obdachlosen präsentiert werden.

In den Einrichtungen, die ich persönlich kenne, sind die Gegebenheiten völlig anders. In einem Raum, der etwas größer ist als ein normales Wohnzimmer, liegen Isomatten am Boden. Dicht an dicht nebeneinander. Dort werden jede Nacht zwölf bis fünfzehn Menschen hineingepfercht.

Diese Menschen sind zwischen 18 und 88 Jahren alt. Es werden die unterschiedlichsten Nationalitäten durcheinandergewürfelt, was große Schwierigkeiten bei der Verständigung mit sich bringt, da man vielfach ganz einfach keine gemeinsame Sprache hat.

Die meisten dieser Menschen sind sehr stark betrunken. Um einem Alkoholentzug während der Nacht vorzubeugen, machen viele Obdachlose vor dem Betreten dieser Notunterkünfte eine sogenannte »Druckbetankung«. Im Klartext, sie schütten so viel Alkohol wie nur irgend möglich in sich hinein. Ganz einfach, weil sie es müssen. Mit nachvollziehbaren Folgen.

Und dann gibt es auch schon die ersten Streitereien: Fenster auf oder Fenster zu. Heizung an oder Heizung aus. Der eine ist von dem kalten Tag auf der Straße völlig durchgefroren und möchte es gern warm haben, der nächste kann so nicht schlafen. Durch die oft vorhandene Sprachbarriere und den hohen Alkoholisierungsgrad gibt es manchmal schon an dieser Stelle die ersten Gewalttätigkeiten.

Irgendwann geht das Licht aus. Nach 30 Minuten muss jemand zur Toilette und schaltet das Licht an. Fünf Leute beschweren sich wegen der Helligkeit und fünf weitere darüber, dass die sich Beschwerenden laut sind und man beim Schlafen gestört wird.

Der nächste versucht es im Dunkeln. Doch aufgrund der immensen Enge fällt der über drei andere Obdachlose, welche sich natürlich lautstark beschweren. Das Licht geht an, fünf Leute beschweren sich wegen des Lichts, fünf andere weil die erste Gruppe laut ist. Und so geht das die liebe lange Nacht.

Über die Schnarchkulisse von 15 betrunkenen, erwachsenen Männern brauche ich eigentlich auch nichts weiter schreiben, sie ist sehr leicht vorstellbar.

Es gibt psychisch kranke Obdachlose, für die es völlig normal ist, sich über Stunden hinweg lautstark mit der Wand zu unterhalten und sie sind durch nichts davon abzuhalten. Um es kurz zu sagen: Es ist entsetzlich laut während der Nacht und es gibt permanente Störungen des Schlafes, den man aufgrund der besonders harten Lebensbedingungen auf der Straße dringend nötig hat.

Zudem besteht die Gefahr, während der Nacht bestohlen zu werden. Ich hatte einmal meine Kleidung als Kissen unter den Kopf gelegt. Während der Nacht wurde ich wach und bemerkte, dass der Obdachlose von der Nachbar-Matratze meine Taschen durchsuchte, um mir das bisschen, was ich besaß, auch noch zu stehlen.

Das Allerschlimmste für mich war, dass man sich dort gefährliche Krankheiten und Ungeziefer einfangen kann. Längst ausgestorben geglaubte Krankheiten wie Hepatitis und Tuberkulose werden massiv in diesen Notunterkünften übertragen. Ebenso Kopf- und Kleiderläuse. Ich hatte mir dort mal Kleiderläuse geholt. Vorher wusste ich nicht einmal, dass es so etwas gibt. Ich bekam einen sehr starken Juckreiz am ganzen Körper und ging von einer allergischen Reaktion gegen irgendetwas aus. Als ich es nicht mehr aushielt, wurde ich in der Obdachlosen-Ambulanz vorstellig, wo man mir mitteilte um was es sich handelte.

Völlig angewidert fragte ich, was ich nun tun könne. Man gab mir ein Mittel zum Duschen und erklärte mir Folgendes: Man muss die Kleidung bei 60 Grad waschen oder diese für vier Wochen luftdicht verpacken. Möglichkeiten, welche mir als Obdachlosem nicht zur Verfügung standen. Die letzte Möglichkeit war, alles wegzuwerfen, was irgendwie textil war. Und das war so ziemlich alles, was ich hatte. Kleidung, die Winterschuhe mit Fütterung, Schlafsack, Rucksack, Zelt …

Ich musste mich tatsächlich fast vollständig von meinem gesamten Besitz trennen. Zwar bekam ich aus der Kleiderkammer Ersatz, doch dieser war sehr unzureichend. Hose und Jacke waren für Personen gedacht, die deutlich kleiner sind als ich. Zudem war die Kleidung sehr dünn.

Es dauerte etwa drei Wochen, bis ich mir aus der Kleiderkammer oder Bahnhofsmission am Bahnhof Zoo wieder halbwegs adäquaten Ersatz besorgt hatte. Drei sehr kalte Wochen … Unter den obdachlosen Menschen haben die Notunterkünfte auch den Beinamen »Läusepensionen«.

Auch die Schlafplätze an sich sind wirklich ekelhaft. Die Isomatten sind mit einem Laken versehen und es gibt eine bezogene Wolldecke. Kein Kopfkissen. Allerdings wurde zu meiner Zeit diese Wäsche nur alle drei Tage gewechselt und man bekam nicht jeden Abend den gleichen Schlafplatz, sondern musste dort liegen, wo eben gerade Platz war.

Wenn ich mir dann vorstellte, dass dieser eine, ganz spezielle Obdachlose, der völlig verwahrlost war und der sich ständig am ganzen Körper kratzte am Abend vorher dort gelegen hatte, dann hatte man nachvollziehbarerweise nicht besonders viel Lust, sich dort hinzulegen.

Und die Schlafenszeit ist nicht nur sehr unruhig, sondern auch deutlich zu kurz. Die Einrichtung die ich kenne, öffnet um 21 Uhr. Und zwar exakt um 21 Uhr. Die Tür geht nicht eine Minute früher auf. Es ist ganz egal, welche Temperaturen draußen wüten.

Dann finden ja erst die schon erwähnten Personenkontrollen statt, was wieder Zeit beansprucht. Damals zu meiner Zeit wurden die Menschen in Dreier- oder Vierergruppen eingelassen. Dann Gepäck abgeben, Durchsuchung und dann die nächste Gruppe. Wenn man als letzter in der Warteschlange steht, kann es sein, dass man um 22.30 Uhr überhaupt erst drin ist.

Dann noch essen, eventuell duschen, sofern man es schafft, einen Platz unter den zwei vorhandenen Duschen zu bekommen und vielleicht auch einfach noch 20 Minuten in Ruhe im Warmen sitzen. All dies nimmt Zeit in Anspruch. Wenn es richtig schiefläuft, ist man erst um 23.30 Uhr oder später erst im Schlafraum. Und um 6 Uhr wird man gnadenlos geweckt. Um 8 Uhr muss man wieder raus in die Kälte des Tages.

Bereits nach wenigen Tagen ist man völlig erschöpft, da zu dem stressigen und äußerst anstrengenden Leben auf der Straße in der Kälte des Winters nun auch noch Schlafmangel hinzukommt, der sich mit jedem Tag stärker bemerkbar macht. Irgendwann ist man nur noch total müde und möchte in Ruhe schlafen. Dies war bei mir der Punkt, an dem ich mir einen Schlafsack und eine Isomatte von verschiedenen Hilfsstellen organisierte und freiwillig unter eine Brücke ging zum Schlafen. Und die allermeisten Obdachlosen machen dies aus den eben genannten Gründen genauso.

Es gibt einige, wenige Einrichtungen mit nur wenigen Schlafplätzen, wo es etwas besser ist. Dort gibt es Betten und es ist auch etwas hygienischer, doch gerade diese Plätze werden gleich zu Anfang des Winters von straßenerfahrenen Obdachlosen okkupiert, die sich dann immer für die kommende Nacht ihren Schlafplatz dort reservieren. In der Regel hat man fast keine Chance, dort unterzukommen.

Was könnte man tun? Einrichtungen mit Mindeststandards schaffen. Einfache Betten hinstellen, Tisch und Stuhl, einen Schrank, wo man seine Sachen aufbewahren und abschließen kann, und man müsste die Menschen pro Raum limitieren, Einzelzimmer, Doppelzimmer für Paare. Wo möglich, Waschbecken mit fließend kaltem und warmem Wasser auf dem Zimmer, gemeinschaftlich nutzbare Duschen und Toiletten auf der Etage. Am besten wäre eine ganztägige Öffnung der Notschlafstellen.

Denn wider Erwarten ist der Tag die kälteste Zeit auf der Straße und nicht die Nacht. Wenn man es geschafft hat, sich einen guten Mumienschlafsack und eine Isomatte zu besorgen, ist es darin warm wie in einem Bett.

Kalt wird es am Tag.

Wenn man auf zugigen Bahnhofsvorplätzen die Obdachlosenzeitung verkauft oder wenn man viele Stunden lang auf dem kalten Beton mit einem Becher vor den Füßen in der Kälte sitzt.

Moderates Trinken müsste erlaubt sein. Zum Beispiel könnte man es so regeln, dass mitgebrachter Alkohol in einem gewissen Quantum in geeignete Gefäße umgefüllt wird und man könnte den Obdachlosen die Möglichkeit geben, zum Beispiel ab 2 Uhr nachts diesen Alkohol zu trinken und dann weiterzuschlafen. Haustiere müssten grundsätzlich erlaubt sein.

Am allerbesten wäre jedoch, wenn überhaupt niemand mehr genötigt würde, diese unwürdigen Zustände zu akzeptieren. Obdachlosigkeit in Deutschland muss nicht sein! Es gibt genug Geld und auch gute Ideen, um die Menschen von der Straße zu holen oder noch viel besser, dafür zu sorgen, dass sie überhaupt nicht dort landen.

Ausgrenzung von Obdachlosen

Ich hatte ja etwas weiter vorn geschrieben, wie ich mich das erste Mal in der Magdalenenstraße zum Betteln auf die Straße setzte und plötzlich unsichtbar wurde. Niemand beachtete mich mehr und alle sahen irgendwie zwanghaft an mir vorbei oder über mich hinweg. Dies war praktisch ein leichter Vorgeschmack der massiven Ausgrenzung, der ich mich als Obdachloser in der Zukunft ausgesetzt sehen sollte.

Wenn man auf der Straße lebt, wird man auf extreme Weise vom normalen Leben ausgeschlossen. Bei jeder Gelegenheit wird einem klar gemacht, dass man nicht mehr dazugehört. Man ist kein normaler Teil der Gesellschaft mehr. Diese Ausgrenzung ist wirklich allumfassend und so gut wie jeder beteiligt sich daran. Und viele Menschen tun dies, ohne es richtig zu bemerken. Ganz einfach weil man mit Obdachlosen eben auf eine bestimmte Weise umgeht. Also eher gedankenlos als vorsätzlich. Es beginnt damit, dass obdachlose Menschen oft vollständig ignoriert werden. Und setzt sich dann fort, dass man oft wie ein kleines, dummes Kind behandelt wird und gipfelt in Beschimpfungen und auch tätlichen Angriffen.

Ich möchte an dieser Stelle mal einige eigene Erlebnisse schildern: Man kommt zum Beispiel auf einen Bahnsteig der S-Bahn und wartet auf den nächsten Zug. Und auch wenn man nicht besonders schmutzig ist oder schlecht riecht, rücken alle Leute sofort ein Stück weg von einem. Einfach nur, weil man am Gepäck Isomatte, Schlafsack, Rucksack und am Äußeren als Obdachloser erkennbar ist.

Irgendwann kommt die Bahn, man setzt sich und das Paar von der gegenüberliegenden Bank steht auf und sucht sich einen anderen Platz. Sehr oft begleitet von abwertenden und missbilligenden Blicken. Oder es wird einem schon beim Versuch sich zu setzen sehr unfreundlich mitgeteilt, sich woanders einen Platz zu suchen.

Wenn man durch die Straßen läuft, ist man ebenfalls permanent diesen Blicken ausgesetzt. Ich saß mal am Berliner Hauptbahnhof in meinem Rollstuhl, machte eine Pause vom Verkaufen der Obdachlosenzeitung und rauchte eine Zigarette. Da kamen drei junge Leute auf mich zu. Zwei junge Männer und ein Mädchen. Schon von Weitem konnte ich sehen, dass sie über mich sprachen und an ihren Gesichtern konnte ich sehr deutlich erkennen, dass das nichts Angenehmes war.

Als die drei auf Sprechweite an mich heran waren, begannen sie, mich als Penner und Assi zu beschimpfen. Ich gehöre eingesperrt und sei ein Stück Dreck. Als sie auf meiner Höhe angekommen waren, rotzte einer der jungen Männer mir auf die Hose und dann gingen sie, mich weiter beleidigend weiter. Ich hatte nichts Böses gemacht, sondern war einfach nur da. Und das reichte diesen Menschen offensichtlich, um mich so zu demütigen.

Das waren jetzt nur einige wenige Beispiele, doch diese Ausgrenzung ist äußerst massiv und praktisch allgegenwärtig. Bei jeder sich bietenden Gelegenheit wird einem klar gemacht, dass man nicht mehr dazugehört.

Von wirklich fast jedem!

Am Anfang wehrt man sich noch dagegen, doch irgendwann akzeptiert man es einfach. Die Menschen WOLLEN einen nicht mehr als gleichwertigen Menschen wahrnehmen.

Beim Betteln am Berliner Hauptbahnhof ergaben sich gelegentlich auch mal Gespräche mit den Reisenden und wenn ich da mal was von meinem tatsächlichen Intellekt zeigte, wurde auch das nicht anerkannt. Man fand das eher niedlich. Ähnlich wie bei einem Affen im Zoo, dem man beigebracht hatte, mit Messer und Gabel zu essen. »Guck mal, Mutti, fast wie ein richtiger Mensch …«

Das tat jedes Mal richtig weh. Aber es geht sogar noch schlimmer. Ich muss dazu etwas weiter ausholen, um die Zusammenhänge besser darstellen zu können.

Obdachlosigkeit hat mit Sicherheit extrem viele Nachteile, aber einen wirklich großen Vorteil. Das ist die enorme Freiheit, die man auf der Straße genießt und die ich auch heute noch sehr vermisse. In meinem alten Leben auf Gran Canaria war ich vielen Zwängen unterworfen.

Zum einen musste ich als Freelancer sehr viel arbeiten. Ein Zwölf-Stunden-Tag war eher die Regel als die Ausnahme. Ebenso nahm ich mir zwar regelmäßig vor, die Wochenenden arbeitsfrei zu sein, doch genauso regelmäßig saß ich dann doch am Samstag vor dem Computer. Zusätzlich hatte ich noch meinen täglichen Sport, der jeden Tag auch noch etwa 60 bis 90 Minuten in Anspruch nahm.

Dann gab es einen sehr großen Freundes- und Bekanntenkreis, der auch noch regelmäßig gepflegt werden wollte. Sehr oft kam es vor, dass wir am Samstag Spontanbesuch erhielten, nur zum Kaffeetrinken, und sich daraus eine Grillparty entwickelte, die oft bis in den Sonntagmorgen ging. Zusätzlich hatte natürlich auch meine Frau noch Rechte an meiner Zeit und gelegentlich wollte ich auch einfach mal auf der Terrasse sitzen und in Ruhe ein Buch lesen. Letzteres geschah äußerst selten.

Egal wo ich war, ich musste danach immer noch irgendwo hin oder hatte noch irgendetwas vor. Ich war also sehr eingespannt.

Auf der Straße stellte ich plötzlich fest, dass ich frei war wie der Wind. Ich konnte praktisch tun und lassen, was ich wollte und musste mich lediglich darum kümmern, wo ich am Abend meinen

Schlafsack und meine Isomatte ausrollte und wie ich die paar Euro zum Leben zusammenbekam. Keine Briefe, keine E-Mails und keine Termine. Das war für mich ein völlig neues Gefühl und ich habe dies genutzt und bin gereist.

Damals kam man mit dem FlixBus, wenn man nachts fuhr, für ganz wenige Euro in fast jede deutsche Stadt. Den ganzen tiefen Süden mal ausgenommen. Und immer wenn mir Berlin oder eine andere Stadt auf die Nerven ging, bin ich am Abend zum Zentralen Omnibusbahnhof gegangen, schaute, welche Busse innerhalb der nächsten Stunde abfuhren und wenn mein Geld reichte, stieg ich ein und fuhr dorthin. Von meinen Erlebnissen auf diesen Reisen werde ich später noch mehr erzählen.

Auf einer dieser Reisen gelangte ich mal nach Hannover. Eines Nachts schlief ich mit einem anderen Obdachlosen unter einer Brücke in der Nähe des Hauptbahnhofs und wurde dadurch geweckt, dass mir jemand mit voller Wucht an den Kopf trat. Also eigentlich realisierte ich erst später, was sich ereignet hatte, in dem Moment wusste ich nur, dass gerade etwas Schlimmes passierte. Schmerzen hatte ich in dem Augenblick noch keine, aber ich hatte einen sonderbaren metallischen Geschmack im Mund, den ich immer habe, wenn es richtig gefährlich wird. Keine Ahnung, woher der kommt.

Ich sah, dass ein junger Mann vor mir stand und ich hatte eigentlich mehr aus einem rudimentären Überlebensinstinkt heraus das Gefühl, sofort auf die Beine kommen zu müssen, um mich zu verteidigen. Ich wusste, wenn ich am Boden blieb konnte alles Mögliche passieren. Im schlimmsten Fall wird man gnadenlos zusammengetreten, ohne dass man sich großartig dagegen wehren konnte. Also auf die Füße und noch irgendwie versuchen, sich zu wehren.

Allerdings war ich überhaupt nicht wehrfähig. Bevor ich am Abend schlafen ging, trank ich regelmäßig größere Mengen Alkohol, um überhaupt einschlafen zu können. Ich war also sehr betrunken. Dann hatte ich eben noch tief geschlafen und war entsprechend schlaftrunken und orientierungslos. Und natürlich auch noch geschockt. Man kann sich das so vorstellen, als wenn jemand in der Nacht heimlich ins Schlafzimmer kommt und man an Armen und Beinen aus dem Bett gezogen und dabei noch angebrüllt wird. Und ich hatte natürlich auch noch den Tritt an den Kopf abbekommen und war entsprechend benommen. Aber trotz allem, zwang ich mich aufzustehen und wenigstens noch einen Verteidigungsversuch zu unternehmen.

Der Angreifer bückte sich, nahm meine Bierflasche, die vom Abend noch an meinem Schlafsack stand, zerschlug diese auf dem Gehsteig und begann, mich damit zu attackieren. Alle seine Angriffe gingen in Richtung Gesicht und da erst realisierte ich, wie ernst die Situation war. Der wollte mich wirklich schwer verletzen oder töten!

Da ich nichts weiter hatte als meine nackten Hände, um mich zu verteidigen, nutzte ich diese entsprechend. Einige Attacken konnte ich an meinem Kopf vorbeileiten, indem ich diese von meinem Unterarm abgleiten ließ. Doch dies gelang nicht immer und bei sehr vielen Angriffen konnte ich nur die offene Hand vor die Glasflasche halten und so verhindern, dass ich im Gesicht getroffen wurde.

Der Kampf hat vermutlich weniger als eine Minute gedauert, mir kam das jedoch sehr viel länger vor. Es war irgendwie alles extrem verlangsamt. Gefühlt hatte ich sehr viel Zeit, die Angriffe wahrzunehmen und mich entsprechend zu verteidigen, doch tatsächlich hat sich das sehr viel schneller abgespielt.

Schmerzen hatte ich keine, ich war so voller Adrenalin, dass mir die Verletzungen nicht viel ausmachten. Was ich jedoch wahrnahm war sehr viel Blut. Es war irgendwie überall. Am Angreifer, an mir und auf dem Boden.

Plötzlich hörte ich links und rechts von mir lautes Gebrüll und als ich hinsah, bemerkte ich Polizisten, die mit ihren Waffen auf den Angreifer zielten. Ich vermute, die sind dort vorbeigefahren und haben gesehen, was sich abspielte.

Der Typ war extrem aggressiv und stand vermutlich unter der Einwirkung von irgendwelchen Drogen und unternahm noch einen Angriffsversuch auf die Polizisten, von dem er aber zu seinem Glück abließ. Der war richtig im Blutrausch und hatte extrem viel Glück, dass die Polizisten kühlen Kopf bewahrten und nicht auf ihn schossen.

Der Täter wurde überwältigt und in Handschellen gelegt und noch während er verhaftet wurde, stieß er Morddrohungen gegen mich aus und dass er mich schon finden würde.

Und jetzt tauchte auch der andere Obdachlose wieder auf. Zu Beginn des Kampfes hatte ich ihn hinter mir vermutet und dass er mir den Rücken deckt. Doch als ich während des Kampfes einmal in diese Richtung schauen konnte, sah ich, dass ich ganz allein war. Jetzt kam der feige Typ hinter einem Brückenpfeiler hervor und tat ganz besorgt.

Dann war auch schon ein Krankenwagen da, den vermutlich die Polizisten verständigt hatten. Eine junge Frau verband mir meine Hände und als ich auf ihre Frage hin von den Geschehnissen berichtete, spuckte ich während des gesamten Gesprächs Teile meiner Zähne aus. Durch den Tritt waren so ziemlich alle Backenzähne auf der rechten Seite abgesplittert oder abgebrochen. Wir wurden dann gebeten, mit zur Polizeiwache zu kommen und dort eine Aussage zu machen.

Während wir in einem Raum darauf warteten vernommen zu werden, bin ich eingeschlafen. Geweckt wurde ich durch einen Polizisten, der mich fragte, wo mein Begleiter sei. Ich sagte, dass ich dies nicht wisse, weil ich geschlafen habe. Als der Polizist dann den Raum verließ, schimpfte er laut vor sich hin. »Da reißt man sich den Arsch auf, um diesen Pennern zu helfen und dann hauen die einfach ab.«

Danach wollte auch ich keine Aussage mehr machen, ganz einfach weil ich einem Polizisten, der sich so äußert, nicht mein Vertrauen schenken konnte. Wer so redet, hat mit Sicherheit keine wirkliche Intention, jemandem wie mir zu helfen. Ich wartete noch zehn Minuten, ob der Kollege nicht doch noch auftauchte. Als dies nicht geschah, nahm ich meinen Rucksack und ging einfach.

Wegen der Morddrohungen des Täters wollte ich auch nicht mehr in Hannover bleiben. Denn ich wusste nicht, ob die Polizei ihn in Untersuchungshaft steckte oder ob der nicht in ein paar Stunden wieder auf freiem Fuß ist und beginnt, mich zu suchen. Ich machte mich auf den Weg nach Bremen, wo ich vorher schon einige Male gewesen war.

Etwa gegen Mittag kam ich dort an und nachdem ich alle mir aus früheren Besuchen in der Stadt bekannten Obdachlosen begrüßt und eine Einstandsrunde Bier spendiert hatte, begann ich zu schnorren.

Am frühen Abend machte ich eine Pause und weil ich in der Nacht vorher sehr wenig geschlafen hatte, schlief ich ein. Als ich wach wurde, war es gegen 22 Uhr und die anderen Obdachlosen waren alle weg. Ich wusste zwar, dass sie auf einer Verladerampe eines alten Güterbahnhofs schliefen, da ich vorher dort auch schon einige Male genächtigt hatte, doch ich wusste nicht, wie ich dorthin gelangen sollte. Wenn wir sonst immer gemeinsam vom Bahnhof aufbrachen, bin ich den anderen immer nur hinterhergelaufen, ohne großartig auf den Weg zu achten.

Also beschloss ich, am Hauptbahnhof zu bleiben und die Nacht dort zu verbringen. Ich suchte mir eine Nische links vom Haupteingang, rollte meine Isomatte aus und verkroch mich in meinen Schlafsack. Die Nacht war ruhig, ich wunderte mich nur darüber, dass hin und wieder Leute kamen, um ganz in der Nähe zu pinkeln. Ich ärgerte mich zwar darüber, hatte aber auch keine Lust aufzustehen und mir einen anderen Platz zu suchen.

Am Morgen stand ich auf, und es dauerte auch nicht lange, bis die ersten Kollegen eintrudelten. Man fragte mich, wo ich geschlafen hätte und ich zeigte auf die Nische am Bahnhofseingang. Völlig ungläubig wurde gefragt, wo denn genau und ich zeigte wieder auf die Nische. Mir wurde dann erklärt, dass dort der gesamte Bahnhof pinkeln gehe. Ich hätte kotzen können und entsorgte erst mal meine Isomatte im nächsten Papierkorb.

Was jetzt zunächst eher lustig klingt, hatte für mich ziemlich dramatische Folgen. Erst eine Nacht zuvor waren meine Hände wirklich schwer verletzt worden und da in so einer Ecke, wo seit Monaten hingepinkelt wird, naturgemäß viele Keime vorhanden sind, war es nicht verwunderlich, dass diese in meine Wunden gelangten.

Gegen Mittag bekam ich immer stärker werdende Schmerzen in den Händen und hohes Fieber. Ich fühlte mich überhaupt nicht gut. Schließlich fragte ich nach dem nächsten Krankenhaus und ließ mir den Weg erklären.

Als der Arzt die Verbände von meinen Händen wickelte, bekam er ein wirklich ernstes Gesicht. Und auch ich schaute mit einiger Verwunderung auf meine rechte Hand. Die Finger hatten in etwa die Dicke von Bockwürsten. Zudem hatte sich nicht nur in den Fingern Eiter angesammelt, sondern auch in den Wunden. Die Keime in der Pinkelecke hatten mir eine schwere Infektion verpasst.

Der Arzt wickelte die Hände wieder notdürftig ein und bat mich, draußen im Flur zu warten. Nach etwa einer Stunde stand er wieder vor mir, erklärte, dass er sich mit seinen Kollegen beraten hätte und offerierte mir in einem Tonfall, als wenn er Regen am Abend ankündigt, dass man mir meine rechte Hand amputieren müsse.

Ich dachte erst, ich hätte mich verhört, doch auf meine Nachfrage bekam ich zur Antwort, dass meine Hand extrem geschädigt und bereits dabei sei abzusterben.

Ich erlebte das alles, als wenn ich überhaupt nicht gemeint wäre, sondern empfand das eher als abstrakt. Wie? Meine Hand abschneiden? Ich begriff das gar nicht.

Natürlich fragte ich, ob es noch andere Möglichkeiten gäbe, doch mir wurde gesagt, es gäbe nur diese eine Alternative. Mit der Ansage, dass ich es mir überlegen solle, ging der Arzt und kündigte sein Wiederkommen in 30 Minuten an.

Tja, da saß ich nun und sollte entscheiden, ob ich in einigen Stunden eine rechte Hand habe oder nicht. Eine Million Gedanken gingen mir durch den Kopf und kein einziger klarer war dabei. Doch zum Ende der Frist wurde mir immer klarer, dass ich mich nicht von meiner Hand trennen würde. Dies sagte ich dem Arzt auch, als er wieder vor mir saß.

Seine Antwort war, dass ich dann sterben müsse. Und es mag jetzt merkwürdig erscheinen, aber mir war das egal. Ich wollte mir unter keinen Umständen ein Körperteil abschneiden lassen.

Vor dem Sterben hatte ich keine große Angst. Was war mein Leben denn noch wert? Niemand interessierte sich für mich und ich war für niemanden wichtig. Mein Leben war wirklich schwer geworden und ich hatte keinerlei Hoffnung, es irgendwie wieder in normale Verhältnisse zu schaffen. Wenn ich tot wäre, dann hätte diese ganze Quälerei endlich ein Ende.

Der Arzt ging weg, stand aber zehn Minuten später wieder vor mir. Er meinte, wenn nicht Amputation der Hand, dann wenigstens die beiden mittleren Finger. Ich kam mir vor wie auf einem orientalischen Basar. Und wieder verweigerte ich mich und machte mich innerlich schon bereit zu gehen, weil ich annahm, man würde mir jede weitere Hilfe verweigern. Doch zu meinem großen Erstaunen kam der Arzt nach wenigen Minuten wieder und verkündete mir, dass man nun doch einen Versuch unternehmen würde, mir die Hand in der Handchirurgie zu retten. Mir fielen tausend Steine vom Herzen. Meine Beharrlichkeit hatte sich ausgezahlt.

Nach der Operation wurde ich in ein Krankenzimmer geschoben und durfte insgesamt fast drei Wochen in diesem Krankenhaus bleiben. Wohlgemerkt: Ich hatte keine Krankenversicherung. Die Leute dort hatten mich operiert und wieder aufgepäppelt. Ich weiß bis heute nicht warum, aber ich hatte dort Narrenfreiheit. Gleich am ersten Abend erklärte ich, dass ich alkoholabhängig sei und Medikamente gegen einen Alkoholentzug brauche, wenn ich bleiben soll. Nach einer Weile kam die Schwester zurück und teilte mir mit, man würde solche Alkoholbehandlungen in diesem Krankenhaus nicht durchführen, aber ich könne Alkohol trinken. Erst dachte ich, ich hätte mich verhört, aber an dem Gesicht der Krankenschwester konnte ich sehen, dass sie es ernst meinte. Als ich daraufhin fragte, wo ich den Alkohol denn herbekommen solle, entgegnete sie mir, dass immer wenn ich entzügig werden würde, ich zum Schwesternzimmer kommen solle und mir da einen halben Plastikbecher Schnaps abholen könne. Ich solle mich nur nicht betrinken. Ich hielt mich eisern an dieses großzügige Entgegenkommen.

Bei meiner Entlassung wurde mir dann noch mitgeteilt, dass alle Schwestern und Pfleger ihre privaten Alkoholvorräte für mich geplündert hatten und teilweise den Schnaps sogar extra für mich gekauft hatten.

Da ich kein Geld hatte und auch keinen Tabak, um mir Zigaretten zu drehen, verließ ich an einem Morgen das Krankenhaus, um am Hauptbahnhof ein bisschen Geld zu schnorren. Irgendwie wurde das zur Normalität. Jeden Morgen nach dem Frühstück fuhr ich zum Bahnhof und kehrte am Nachmittag ins Krankenhaus zurück, wo man mir mein Mittagessen aufgehoben hatte.

Ich konnte mich dort erholen und als mir an einem Morgen eine Ärztin erklärte, dass man mich heute entlassen müsste, klang das fast ein bisschen entschuldigend. Ich machte es ihr nicht schwer. Obwohl ich es sehr bedauerte, gehen zu müssen, tat ich so, als wenn ich mich freuen würde, wieder auf die Straße zurückzukehren.

Ich bin diesen Menschen noch heute wirklich äußerst dankbar. Das war eines der wenige Male in dieser Zeit auf der Straße, dass ich guten Menschen begegnet bin.

Die zwei mittleren Finger an meiner rechten Hand, werden bis an mein Lebensende steif bleiben.

Mit solchen und ähnlichen Überfällen wie dem in Hannover muss man als Obdachloser jederzeit rechnen. Es kann auf der Straße jederzeit alles passieren. Jederzeit. Alles.

In der Nacht muss man immer ein Auge offen lassen. Das bedeutet, dass man bei jedem ungewöhnlichen Geräusch automatisch in einen Alarmzustand schaltet. Man ist sofort hellwach und MUSS nachsehen. Tut man dies nicht, kann es passieren, dass man nur wenige Momente später zusammengetreten wird oder andere schlimme Dinge geschehen.

Ich habe auf der Straße besondere Instinkte und Sinne entwickelt. In meinem letzten Winter schliefen wir in einer kleinen Gruppe von Obdachlosen unter einer Brücke, am Spreeufer gleich unterhalb des Bundestages, bis etwa Mitte November auf Isomatten und in Schlafsäcken. Dann wurde es zu kalt und wir schnorrten uns Geld für Zelte zusammen, die wir in einem großen Sportgeschäft einkauften.

Ein Zelt bot einem wenigstens ein bisschen Schutz gegen den Wind und man musste nicht befürchten, am nächsten Morgen in einer Schneewehe aufzuwachen. Zudem speichert es ein wenig die Wärme. Allerdings hat ein Zelt einen entscheidenden Nachteil: Wenn man nur mit Schlafsack und Isomatte schläft und etwas Ungewöhnliches hört, braucht man nur den Kopf zu heben und weiß sofort, was gerade los ist. Im Zelt hat man diese Möglichkeit nicht.

Wenn also in der Nacht Schritte zu hören waren, die ungewöhnlich waren, entweder zu langsam oder zu dicht an den Zelten, oder wenn diese plötzlich verstummten, weil die betreffende Person irgendwo in Zeltnähe stehen geblieben war, dann war sofort Alarmstufe Rot. So schnell es ging musste man den Schlafsack öffnen und sofort aus dem Zelt schauen, was dort vor sich ging. Tat man dies nicht, konnte es passieren, dass wenige Sekunden später dein Zelt oder das eines anderen Obdachlosen in Flammen stand.

In dieser Situation entwickelte ich einen sechsten Sinn. Ich konnte allein an den Schritten erkennen, welcher von meinen Kameraden gerade am Zelt vorbeiging, weil er zur Toilette musste.

Als Obdachloser ist man in einem permanenten Alarmzustand. Als ich wieder von der Straße runter war, begann ich mit speziellen

Obdachlosen-Stadtführungen. Ich ging mit den Leuten an die Orte, wo ich selbst als Obdachloser gelebt hatte und berichtete von meinen eigenen Erlebnissen auf der Straße. Ich wollte Aufklärung über Obdachlosigkeit betreiben und den Menschen helfen, ihre Vorurteile und falschen Paradigmen aus dem Kopf zu bekommen. Ich machte dies damals für den Berliner Verein Querstadtein e. V. Die Damen aus dem Verein wollten natürlich vorher wissen, was ich den Leuten dort erzählen würde und ich musste eine Probeführung mit ihnen machen.

Zu dieser Zeit war ich seit etwa einem Jahr nicht mehr an diesen Örtlichkeiten gewesen und unter einer Brücke bekam ich einen emotionalen Flashback. Von einer Sekunde zur anderen fühlte ich mich plötzlich wieder wie ein Obdachloser. Und das war äußerst unangenehm. Mein Adrenalinspiegel stieg um das Doppelte und ich begann unwillkürlich, meine Umgebung nach potenziellen Gefahren abzuscannen.

Das macht man als Obdachloser eigentlich immer und es wird zu einer unbewussten Handlung. Auch heute noch, wenn ich Obdachlosen auf der Straße helfe, bemerke ich oft, dass wir uns bei Gesprächen nicht ansehen, sondern nebeneinander stehen, miteinander reden und die Blickrichtung immer in eine andere Richtung geht und man tatsächlich die Umgebung beobachtet. Besonders am Berliner Hauptbahnhof, wo ich selbst als Obdachloser gelebt hatte, fällt mir dieses automatische Verhalten an mir immer wieder auf. Man muss das tun, weil auf der Straße jederzeit alles passieren kann.

Man hat zum Beispiel seine Obdachlosenzeitung verkauft und setzt sich auf einen Stein, um eine Pause zu machen und plötzlich kommen die fünf falschen Leute, mit denen man vielleicht eine Woche vorher Streit gehabt hatte, durch den Ausgang des Bahnhofs. Und wenn man die auf einen zusteuern sieht, weiß man, in fünf Sekunden muss man kämpfen. Ob man will oder nicht. Man wird permanent in solche Situationen hineingezwungen. Dieser Dauer-

Ausnahmezustand fühlte sich sehr unangenehm an und ist sehr stressig und kräfteraubend.

Ein anderes Mal zum Beispiel schlief ich allein unter einer Brücke in der Nähe des Berliner Hauptbahnhofs. Diese befindet sich praktisch an der Rückseite des Futuriums, dort wo die Deutsche Bahn die Fahrradständer für ihre Mitarbeiter hat. In dieser Gegend ist schon am Tag sehr wenig los, doch in der Nacht trifft man dort außer vielen Ratten niemanden mehr. Damals saß ich im Rollstuhl (wie es dazu kam, erzähle ich gleich) und konnte nur ein bisschen auf meinen Füßen stehen und nicht mehr als zehn Schritte gehen. Ich war also total wehrlos.

In der Nacht kam ein Mann zu mir unter die Brücke. Also mir sind in meinem Leben sehr viele schräge Vögel untergekommen. Dabei waren auch einige äußerst gewalttätige Menschen gewesen, von denen einige eine lange Knastvergangenheit hatten. Mit diesen konnte ich ohne Probleme umgehen. Doch dieser Mann dort unter der Brücke war richtig furchterregend. Obwohl er äußerlich ganz ruhig schien, trug allein seine Anwesenheit dazu bei, dass mir sämtliche Haare zu Berge standen. Ich hatte noch nie in meinem Leben eine unnatürlichere und unheimlichere Person kennengelernt als diesen extrem merkwürdigen Typen. Er wirkte wie fremdgesteuert. Und er wollte mir etwas Schlimmes antun. Ich konnte das ganz deutlich spüren.

Er setzte sich einen Meter entfernt von mir auf den Beton und begann ein belangloses Gespräch. Er war die ganze Zeit irgendwie lauernd. Wie ein Raubtier, das auf die beste Gelegenheit zu einem Angriff wartet. Ich überlegte fieberhaft, wie ich aus dieser Situation herauskommen könnte. Da erinnerte ich mich an eine Dokumentation über Geiselnahmen. In der wurde geschildert, dass es das Ziel von Unterhändlern ist, die Geisel gegenüber dem Geiselnehmer als menschliches Wesen darzustellen und nicht als unpersönliches Opfer. Und genau diese Strategie wandte ich an. Ich begann, ganz beiläufig persönliche Dinge von mir zu erzählen. Ich redete von meiner

Trennung, von meinem Leben auf Gran Canaria und warum ich nach Deutschland zurück musste. Nach und nach taute dieser Typ auf und die entsetzliche Anspannung wich.

Nun begann ich, davon zu berichten, wie schwer das Leben auf der Straße ist und dass ich im Rollstuhl sitze, weil ich gerade ein paar Tage vorher aus einem mehrwöchigen Koma erwacht war.

Das ganze Gespräch dauerte etwa zwei Stunden. Zwei Stunden, in denen ich buchstäblich um mein Leben geredet habe. Wenn ich das heute so aufschreibe, kommt mir die Situation total surreal vor. Ich meine, das muss man erst mal hinbekommen.

Irgendwann fragte mich der Typ, wie er mir helfen könne, und ich bat ihn um eine warme Jacke, die er mir aber nie brachte, und er ging.

Ich war hinterher so fertig, dass ich trotz der gerade durchgestandenen Situation sofort wieder einschlief.

Wenn man als Obdachloser auf der Straße lebt, ist es also schon fast normal mit schlimmen Ausgrenzungen oder sogar Angriffen auf Gesundheit und Leben rechnen zu müssen.

Obdachlose werden getreten und geschlagen, mit Messern angegriffen, ihnen werden im Schlaf die Haare angezündet oder sie werden sogar mit Benzin überschüttet und in Brand gesetzt, wie im September 2018 in Berlin Schöneweide geschehen. Einer dieser bedauernswerten Menschen hat die ganze Sache nicht überlebt. Er starb nach längerem Krankenhausaufenthalt. Der andere wurde sehr schwer verletzt.

Obdachlose werden im Schlaf mit Farbe überschüttet oder samt Zelt ins Wasser gezogen und obendrein noch mit schweren Gegenständen beworfen, damit das Zelt schneller versinkt. Und man muss sich so ein Zelt im Wasser mal vorstellen! Alles wabert hin und her. Es gibt ein Chaos aus Isomatten und Schlafsäcken. Man findet also auch den Ausgang nicht so leicht. Hinzu kommt der große Überraschungsmoment, mit dem man auch erstmal fertig werden muss.

Mir hat mal ein Obdachloser erzählt, wie er in einem brennenden Zelt erwacht ist. Er schilderte mir die Schrecklichkeit der Situation in nur einem Satz: »Ich wurde wach und sah nur noch Flammen um mich herum.« Er hat es irgendwie aus dem Zelt herausgeschafft und wurde zum Glück nur leicht verletzt. Aber das war wirklich extrem großes Glück. Alles in so einem Zelt ist hoch brennbar. Das Zelt selbst, die Schlafsäcke und auch die Isomatten. So etwas brennt in Sekundenschnelle, vor allem wenn dann auch noch ein Brandbeschleuniger im Spiel ist. Und regelmäßig sterben Obdachlose in solchen Situationen.

Aber nicht nur die Menschen mit einer Wohnung begegnen Obdachlosen auf diese Weise. Die Ausgrenzung hat noch viel größere Ausmaße! So gut wie jeder beteiligt sich daran. Auch die Polizei, Krankenhäuser und auch Behörden.

Ich will mal ein paar Situationen beschreiben, die ich selbst erlebt habe.

Die Polizei

Nur die allerwenigste Obdachlose wenden sich an die Polizei, wenn sie Hilfe brauchen. Aber nicht weil sie irgendwie gesucht werden oder sie etwas auf dem Kerbholz haben, sondern weil es in der Regel sinnlos ist, da die Polizei einem nicht hilft.

Nun kann man dies sicher nicht pauschal über alle sagen. In Hannover hat mir die Polizei wahrscheinlich das Leben gerettet und wir haben in Berlin auch den Verein Polizisten für Obdachlose, die wirklich sehr gute Hilfen leisten. Etwa wie im großen Rahmen Schlafsäcke oder warme Kleidung sammeln und diese beispielsweise bei der großen Obdachlosen-Weihnachtsfeier von Frank Zander im Berliner Estrel-Hotel verteilen. Ich habe bei dieser Gelegenheit mal einen guten Pullover bekommen, wie ihn Polizisten im Winter tragen. Ich habe diesen heute noch, weil er mir so gute Dienste geleistet hat. Er liegt mit einigen anderen Gegenständen, die ich aus meiner Obdachlosen-Zeit noch besitze, in einer Vitrine in meiner Wohnung.

Oder auf dem Alexanderplatz gibt es Frau A., eine Polizistin, die obdachlosen Menschen hilft, wo sie nur kann. Sie leistet so gute Arbeit, dass alle Obdachlosen die sie kennen, in einem fast andächtigen Tonfall von ihr reden. Niemand dürfte etwas Negatives über Frau A. sagen …

Aber leider sind solche Beispiele eher die Ausnahme als die Normalität.

Ich wurde mal am Berliner Hauptbahnhof von anderen Obdachlosen misshandelt. Sie kippten mehrfach meinen Rollstuhl um, indem sich eine Frau immer irgendwie von der Seite anschlich und dann den Rollstuhl am Rad anhob. Wenn man in so einem Ding drinsitzt, hat man keine Chance, das zu verhindern. Ich wurde geschlagen, mit Bier begossen und mir wurden die Flaschen an den Kopf geworfen. Da ich damals so gut wie gehunfähig war, konnte ich mich nicht im Geringsten dagegen wehren. Die ganze Tortur dauerte etwa zwei Stunden, dann ließen sie endlich von mir ab.

Das erste, was ich machte, war, im Hauptbahnhof zur Wache der Bundespolizei zu fahren, um mir von diesen Hilfe zu erbitten und um eine Anzeige zu machen. Ich rollte mit meinem Rolli an den Tresen und begann zu schildern, was vorgefallen war. Plötzlich fragte mich die Polizeibeamtin, ob sich das alles im Obdachlosen-Milieu ereignet hätte. Ich sagte ihr, dass ich obdachlos bin und wollte in meiner Schilderung fortfahren, weil ich nicht annahm, dass dies irgendwie von Bedeutung für den Sachverhalt sein könnte. Da unterbrach sie mich wieder und forderte mich auf zu gehen. Erst dachte ich, sie hätte nicht verstanden, was ich ihr erklären wollte und sagte, sie solle sich doch mal die Videobänder ansehen, da ich wusste, dass der gesamte Hauptbahnhof videoüberwacht war. Doch ich wurde abermals unterbrochen und noch mal, während sie um den Tresen herumkam und mich weiter aufforderte zu gehen. Ich versuchte immer noch zu erklären, doch sie drängelte mich Schrittchen für Schrittchen in Richtung Tür und beachtete überhaupt nicht, was ich sagte. Irgendwann stand ich draußen und sie zog die Tür zu – und das war es dann gewesen mit meinem Versuch, Anzeige zu erstatten.

Gerade die Polizei am Hauptbahnhof ist dafür bekannt, sich nicht um die Belange von Obdachlosen zu kümmern.

Eine Polizistin, die von den Obdachlosen nur »Schöni« genannt wird, da sie sehr attraktiv ist, sagte mal in meiner Gegenwart zu einem Kollegen: »Das sind nur die Obdachlosen. Die klären das untereinander.« Ich dachte, ich hätte mich verhört. Das ist praktisch ein Freibrief für gewalttätige und kriminelle Obdachlose, die es nun mal auch hin und wieder gibt. Wie sollte ich denn als wehrloser Rollstuhlfahrer gegen solche Leute vorgehen? Damit war ich diesen Leuten schutzlos ausgeliefert. Und das ist wirklich kein angenehmes Gefühl, wenn man realisiert, dass man ganz auf sich allein gestellt ist und mit allem allein fertig werden muss. Egal was es auch ist.

Wenn man als Obdachloser versucht, dort eine Anzeige zu machen, wird die in der Regel nicht angenommen. Besteht man jedoch darauf, wird man in einen Wartebereich gesetzt. Und da sitzt man dann. Sechs Stunden, acht Stunden, zehn oder zwölf. Man wird nicht aufgerufen. Und dann geht man eben irgendwann. Nur äußerst selten wird eine Anzeige geschrieben, aber hinterher passiert nie etwas.

Als ich später im Rahmen meines Streetworkings dort war, wurde ich von einem rumänischen Obdachlosen angesprochen, der irgendetwas wissen wollte. Plötzlich stürzte »Schöni« im Beisein eines Kollegen auf mich zu und pampte mich an, warum ich mit dem Obdachlosen rede. Ob ich denn nicht wisse, was man für Probleme mit diesen Leuten hier am Bahnhof habe.

Ich kannte die Probleme sehr genau. Einige von diesen Leuten sind äußerst gewaltbereit und als Diebe und Räuber bekannt. Und man kam nicht gegen die an, weil sie immer in einer größeren Gruppe gegen Einzelne vorgingen, oder in Abwesenheit der Obdachlosen und eventuell vorhergegangen Streitigkeiten, deren Zelte zerstörten oder diese stahlen. Ich kannte diese Probleme also sehr genau, da auch ich schon Opfer dieser Leute geworden war. Und was ich auch noch wusste, war, dass die Polizei mir dabei nicht geholfen hat.

Auf jeden Fall gingen die beiden auf mich los und ich sollte plötzlich mein Handy entsperren, das ich wegen eines vorhergegangenen Anrufs noch in der Hand hielt. Die dachten wirklich, ich hätte gerade Diebesgut angekauft! Ich versuchte trotzdem noch zu erklären, dass ich heute Obdachlosen helfe und einfach mit dem anderen geredet hätte. Doch das interessierte alles nicht. Beide schnauzten wechselseitig auf mich ein und gingen dann. Als ich einige Minuten später mit einem anderen Obdachlosen den Bahnhof betrat, weil wir zu einem Behördentermin mussten, gingen die zwei ein weiteres Mal auf mich los und fingen an, mich zu bedrohen. Der letzte Satz war an meinen Begleiter gerichtet. Er solle mich mal schnell mitnehmen, bevor hier noch etwas passiert.

Das waren jetzt nur zwei Beispiele, doch diese sind exemplarisch dafür, wie die Bundespolizei am Berliner Hauptbahnhof mit Obdachlosen umgeht. Das Problem besteht bis heute und ist auch bekannt, da bereits verschiedene Medien darüber berichtet haben[1] und es außerdem Thema in einigen Gerichtsverhandlungen war – aber es wird nichts dagegen unternommen.

Und so wie mit der Bundespolizei verhält es sich fast überall und dies ist auch der Grund, warum man sich als Obdachloser nie oder äußerst selten hilfesuchend an die Polizei wendet. Die helfen einem meistens einfach nicht.

Krankenhäuser und Ärzte

Vor meiner Obdachlosigkeit hatte ich immer eine sehr hohe Meinung von Ärzten. Aus meiner damaligen Sicht waren dies Menschen, die ein wirklich schweres Studium hinter sich gebracht hatten, um anderen Menschen zu helfen.

In der Zeit, in der ich als Obdachloser auf der Straße leben musste, veränderte sich dieses Bild grundlegend. Natürlich sind auch hier nicht alle so. Ich erinnere nur an das wirklich tolle Krankenhaus-Personal in Bremen, die mir meine Hand gerettet und noch viel mehr für mich getan hatten. Und dann gibt es auch noch die Ärzte, die sehr oft ohne Vergütung Woche für Woche in Obdachlosen-Ambulanzen arbeiten. Und das jahrelang.

Ohne all diese Menschen hätten wir noch viel mehr tote Obdachlose zu beklagen. Diese Ärzte und Krankenpfleger sind in meinen Augen Engel ohne Flügel, und wenn es diese Menschen damals nicht gegeben hätte, würde ich heute nicht hier sitzen und dieses Buch schreiben können. Sie haben mir mehrere Male das Leben gerettet und das Gleiche für Hunderte wenn nicht Tausende andere Obdachlose getan. Ihnen gehört mein ganzer Respekt, tiefste Hochachtung und unendlicher Dank! Doch leider sind diese Ärzte in der Minderheit. Hinzu kommen noch massive Vorurteile gegenüber Obdachlosen. Und wie immer trifft es die Schwachen zuerst. Obdachlose gehören zu den aller schwächsten Mitgliedern unserer Gesellschaft.

Aber lest selbst, was mir passiert ist.

Das Folgende spielte sich etwa im Juli oder August 2016 ab. Ich war seit Februar auf der Straße und war inzwischen auch sehr deutlich als Obdachloser zu erkennen. Zu dieser Zeit trank ich bereits Unmengen an Alkohol. Hatte ich mich zu Beginn meiner Obdachlosigkeit auf Wein aus Tetrapaks beschränkt, stand jetzt regelmäßig harter Schnaps auf der Tagesordnung. In der Regel so ein bis zwei Flaschen am Tag, zu denen sich noch diverse Biere gesellten.

Ich lebte damals mit B., seinem Hund Balu und zwei anderen jungen Obdachlosen aus Leipzig auf dem Alexanderplatz. Unser Stammplatz war in der Nähe der Weltzeituhr vor dem Laden, in dem sich heute eine Tchibo-Filiale befindet. Damals stand dieser Laden leer. Wenn es nicht regnete, hingen wir vor dem Laden ab, und bei Regen gingen wir unter die Brücke ganz in der Nähe. Geschlafen haben wir entweder an Ort und Stelle oder wir sind ein paar Meter vom Alexanderplatz weggegangen und haben uns dort einen Platz gesucht.

Die Wochen oder Monate (so genau weiß ich das tatsächlich nicht mehr) waren insgesamt eigentlich ganz cool. Da es sehr viele Menschen dort gibt, war das Schnorren ziemlich einfach. Die drei anderen Kollegen blieben eigentlich fast nur vor dem Laden sitzen und stellten Bettelbecher vor das Lager, während ich den ganzen Tag über den Alex zog und Passanten ansprach und um Geld bat. Immer Balu im Schlepptau, der auf diese Weise seine Bewegung bekam. Außerdem erleichterte er das Betteln sehr, da die Leute einfach lieber für ein Tier spenden als für einen Menschen, der zudem noch offensichtlich betrunken und schmutzig ist.

Irgendwann gesellte sich auch noch ein junges, obdachloses Paar zu uns, an die ich mich jedoch aufgrund des vielen Trinkens nicht mehr gut erinnern kann und es tauchten von irgendwo zwei Zelte auf, die wir einmal sogar unter der Brücke aufgebaut hatten, was natürlich sofortigen Ärger nach sich zog. An die letzte Zeit auf dem Alex habe ich nur sehr fragmentarische Erinnerungen und einiges weiß ich auch nur, weil es mir sehr viel später erzählt wurde. Ich kann mich noch erinnern, dass ich mich plötzlich in einem unser Zelte befand. Und ich erinnere mich an eine Situation, die für mich damals einer Katastrophe gleichkam. Ich war extrem abhängig vom Alkohol und mein ganzer Körper brüllte förmlich nach dem Teufelszeug, wenn ich nicht rechtzeitig nachgetankt hatte. Doch immer wenn ich Alkohol trank, erbrach ich diesen sofort wieder. Das war irgendwie ein letzter Abwehrmechanismus des Körpers, um sich vor diesen Alkoholmengen zu schützen. Für mich hatte das allerdings dramatische Folgen. Ich kann mich noch ganz rudimentär an den Aufenthalt im Zelt erinnern und auch daran, dass ich alles vollgekotzt hatte. Den Rest weiß ich nur aus späteren Berichten.

Die Leute, die bei mir waren, hatten mir noch Alkohol ins Zelt gestellt, aber da ich ihn nicht bei mir behalten konnte, erlitt ich wohl mehrere Krampfanfälle. Jeder einzelne von diesen hätte mich töten können. Die sind wirklich gefährlich!

Das nächste, das ich wieder weiß, ist, dass wir irgendwo durch die Straßen liefen. Ich hatte damals so etwas Ähnliches wie eine Sackkarre, auf der mit Gummibändern meine ganzen Sachen befestigt waren. Diese zog ich hinter mir her und ich wusste weder, wo wir uns befanden, noch wo wir hingingen. Ich war total am Ende meiner Kräfte und weiß bis heute überhaupt nicht mehr, was mich noch auf den Beinen hielt. Ich weiß noch, dass meine Brille von der Nase zu rutschen begann und ich nicht mehr die Kraft hatte, diese hochzuschieben. Ohne meine Brille sehe ich überhaupt nichts und seit meiner Kindheit achte ich deswegen absolut auf diese Brille. Dann reißt meine Erinnerung ab und ich habe erst wieder Erinnerungen, wie ich in einem Krankenbett aufgewacht bin. Eine Krankenschwester versuchte, mir meinen Oberlippenbart abzurasieren, was ihr aber nicht gelang und ordentlich ziepte. Ich wunderte mich nicht mal darüber, da ich in einem merkwürdigen Dämmerzustand war.

Ich lag auf dem Rücken und hörte irgendwelche Maschinen neben mir arbeiten. Als ich an mir hinuntersah, sah ich ein ganzes Bündel von Kabeln und Schläuchen aber auch das berührte mich in keiner Weise.

Also lag ich über einen längeren Zeitraum einfach da und schaute an die Zimmerdecke. So ging das wohl einige Tage, doch genau kann ich das nicht sagen. Allerdings wurde ich jeden Tag ein bisschen wacher. Meine stärkste Erinnerung an diese Zeit waren schlimme Halsschmerzen, die, wie man mir später erklärte, von einem Tubus kamen, der mir im Hals gesteckt hatte.

Eines Morgens kam eine junge Schwester ins Zimmer und stellte mir mein Frühstückstablett hin und während sie die Gardinen aufzog und das Fenster öffnete, fragte sie mich ganz beiläufig, ob ich wissen würde, wie lange ich schon hier im Krankenhaus sei. Ich konnte mich bruchstückhaft an die letzten zwei oder drei Tage erinnern, so ganz genau wusste ich das nicht und erzählte ihr das auch so. Da sagte sie ebenfalls wieder ganz beiläufig: »Heute ist der 20. Tag.« Sprach's und ging aus dem Raum.

Ich kapierte erst überhaupt nicht, was sie da gesagt hatte. Wie 20 Tage? Kann doch nicht sein! Wie sollen die denn verstrichen sein, ohne dass ich davon etwas bemerkt hatte. Also nahm ich an, dass ich mich irgendwie verhört hatte und hakte das Thema vorerst gedanklich ab.

Gegen Mittag kam eine andere Schwester mit dem Mittagessen und ich fasste mir ein Herz und fragte sie, was ihre Kollegin heute Morgen mit den 20 Tagen gemeint hätte. Jetzt wurde ich aufgeklärt. Sie berichtete mir, dass ich in akut lebensbedrohlicher Situation eingeliefert wurde, wohl mehrfach reanimiert werden musste und dann ins Koma gefallen bin. Nach etwa zwei Wochen kam ich wieder zu mir, doch mir ging es noch so schlecht, dass die Ärzte mich noch mal für fast eine Woche in ein künstliches Koma legten. Die paar Erinnerungen die ich hatte, stammten aus der Wachwerdephase, die sich über einen längeren Zeitraum hinzieht.

Ich war total sprachlos und hatte Mühe, das eben Gehörte zu verarbeiten. Die Schwester war schon wieder aus dem Zimmer. Über 20 Tage meines Lebens einfach weg? Ich hatte keinerlei Erinnerungen an diese Zeit. Oder doch?

Ich erinnerte mich an nie endende Albträume. So kam es mir auf jeden Fall vor. In diesen wurde ich von einem Mann verfolgt, den ich kannte. Es war der Obdachlose, der sich bei dem Überfall in Hannover so feige hinter einem Brückenpfeiler versteckt hatte. Egal wo ich war, er tauchte immer wieder auf. Auch mit einem veränderten Aussehen. Mal ganz normal und mal als Dämon mit Hörnern auf dem Kopf. Und jedes Mal wollte er mir Schaden zufügen. Ich hatte irgendwann richtige Angst vor ihm. Und in normalen Albträumen ist das der Punkt, an dem man aufwacht. Doch aus einem Koma kann man nicht erwachen. Das war wirklich schlimm!

Zwanzig Tage …

Doch was sollte ich jetzt machen? Manchmal ist das einfach ein klarer Fall von »Is so«. Ich hakte das Thema also ab und musste sehen, wie es weitergeht. Nach ein oder zwei weiteren Tagen wurde ich von der Intensiv- auf die Normalstation verlegt. Ich musste für meine Notdurft das Bettgeschirr benutzen. Also mit der Ente konnte ich mich noch halbwegs anfreunden, doch die Schüssel für das große Geschäft fand ich absolut eklig. Als junger Mann lag ich mal wegen eines Unfalls ein paar Tage im Krankenhaus und musste auch die ganze Zeit im Bett liegen. Bei der Benutzung der Bettpfanne hatte ich mich total beschmiert und hätte kotzen können. Damals habe ich die Ärzte auf Knien gebeten, mir ein paar Krücken ans Bett zu stellen, damit ich normal zur Toilette gehen konnte. Diese Erinnerung kam nun wieder in mir hoch. Doch plötzlich ging mir auf, dass ich die ja überhaupt nicht benutzen musste. Die Kabel und Schläuche waren alle weg und im Zimmer befand sich eine Toilette. Also schienen meine Probleme gelöst.

Als dann die Zeit für den Toilettengang anstand, setzte ich mich auf die Bettkante, stand auf und fand mich plötzlich auf dem Boden wieder. Und richtig schlimm war, ich konnte nicht mehr aufstehen. Ich konnte meine Beine zwar fühlen, aber sie versagten mir völlig den Dienst. Also bat ich meinen Mitpatienten, nach der Schwester zu klingeln. Als diese ins Zimmer kam, half man mir wieder ins Bett und ich wurde während der gesamten Prozedur tüchtig ausgeschimpft. Da lag ich nun in meinem Bett und begriff mal wieder nicht, was gerade geschehen war. Was war mit meinen Beinen los?

Ich schlug die Bettdecke zur Seite und sah, dass sie extrem dünn geworden waren. Meinen Oberarmen ging es ähnlich. Wenn ich meine Daumen und Mittelfinger beider Hände zu einer Raute schloss, konnte ich damit die Mitte meiner Oberschenkel umfassen. Mein gesamter Körper war erheblich abgemagert. Vielleicht lag es ja daran, dass die Beine nicht mehr funktionierten? Und ich erinnerte mich an Fernsehsendungen, in denen Leute nach längerem Liegen Probleme mit dem Laufen hatten. Also nahm ich das erst mal hin und dachte mir, dass die Ärzte dagegen schon irgendetwas machen könnten.

Am Nachmittag untersuchte ein Arzt meine Beine. Er fing von den Füßen an nach oben hin mit einem leicht spitzen Gegenstand in meine Beine zu piksen. Und ich sollte dann sagen, was ich spüre. Wenn er pikste, fühlte es sich an, als wenn ich drei dicke Hosen anhätte. Also überhaupt nicht normal. Beim linken Bein war das bis etwa 15 Zentimeter über dem Knie der Fall und beim rechten ging das merkwürdige Gefühl bis etwas über die Hälfte des Oberschenkels.

Als ich ihn fragte, was mit mir los sei, bekam ich zur Antwort, dass es nicht gut aussähe. Es würde sich um ein multiples Nervenversagen in den Beinen handeln, was sich in den allermeisten Fällen nicht mehr bessert. Ausgelöst wurde dies mit hoher Wahrscheinlichkeit durch den hohen Alkoholkonsum. (Zwei Jahre später hatte ich ein Gespräch mit einer Intensiv-Krankenschwester, die mir sagte, dass es auch durch die sehr starken Medikamente ausgelöst worden sein könnte, die während eines künstlichen Komas verabreicht werden.) Dann kam der entscheidende Satz des Arztes: »Sie werden wahrscheinlich nie wieder laufen können!«

Rumms! Das Ding war ein Volltreffer und hatte gesessen. Mir wurde richtig ein bisschen schlecht, als ich das hörte. Doch bis ich diese Nachricht richtig verarbeitet hatte, sollten noch ein paar Tage vergehen. Es ist eigentlich nicht wirklich begreifbar, wenn man so etwas hört. Eine Sache, die man bisher für absolut selbstverständlich und normal hielt, sollte nun nicht mehr gehen? Und dann ging es mir auch langsam auf, dass sich mein restliches Leben nun in einem Rollstuhl abspielen würde. Der Gedanke war in seiner gesamten Tragweite unfassbar.

Ich lebte auf der Straße und hatte mehrfach andere Obdachlose kennengelernt, die nachdem sie im Rollstuhl gelandet waren, innerhalb kürzester Zeit rapide abgebaut hatten und einige von ihnen sind dann auch gestorben. Andere hatte ich aus dem Blick verloren.

Ich meine, das Leben im Rollstuhl ist schon so nicht leicht, doch wenn man obdachlos ist, ist dies die Total-Katastrophe schlechthin. Der Supergau!

Doch irgendwie gelang es mir, mich dem Sachverhalt in den nächsten Tagen gedanklich anzufreunden. Was sollte ich auch sonst tun? Ich hatte, wie so oft, einfach keine Wahl.

Irgendwann kam der Tag meiner Entlassung und ich saß vor einem jungen Arzt, der mit mir das Entlassungsgespräch führte. Mitten in der Prozedur kam mir der Gedanke, dass ich ja auch draußen einen Rollstuhl brauchen würde und fragte, ob man mir denn einen Rollstuhl mitgeben könne. Ohne von seinen Papieren aufzusehen, sagte der Arzt, dass wir gleich darüber sprechen würden und widmete sich weiter dem Ausfüllen seiner Papiere.

Am Ende wünschte mir der Arzt alles Gute und wies einen Pfleger und eine Krankenschwester an, mich mit dem Rollstuhl bis zum Tor des Krankenhauses zu bringen. Da begann ich schon zu ahnen, was gleich kommen würde, doch wollte ich innerlich nicht gleich vom Schlimmsten ausgehen. Vielleicht hatte das ja versicherungstechnische Gründe?

Am Tor angekommen wurde mir mitgeteilt, dass ich jetzt gehen könne, was ich ja eben genau nicht konnte und ich ihnen auch mitteilte. Dann schoben die beiden mich schräg über die Straße zur nächsten Tram-Haltestelle, hoben mich aus meinem Rollstuhl, setzten mich auf die Wartebank und gingen weg.

Für mich war das alles, als wenn ich einen Film ansähe. Das Ganze war so unfassbar. Das konnte nicht real sein. Aber es war so.

Zur Ehrenrettung der Krankenschwester muss ich sagen, dass man ihr deutlich ansehen konnte, dass sie mit dem, was sie da gerade tun musste, überhaupt nicht einverstanden war und es tat ihr sichtbar leid. Doch bei den Hierarchien, die in einem Krankenhaus herrschen, hatte sie wohl keine Möglichkeit, sich zu widersetzen, ohne ihren Job zu riskieren. Liebe Krankenschwester von damals, falls Sie das jetzt lesen, ich nehme Ihnen das nicht übel.

Immer wenn ich diese Geschichte bei meinen Vorträgen und Obdachlosen-Stadtführungen berichte, blicke ich regelmäßig in ungläubige Gesichter. Doch was ich eben geschrieben habe, wiederhole ich unter Eid vor einem Richter. Es ist tatsächlich genau so passiert. Ich war doch nur ein obdachloser Penner. Wo hätte ich mich schon beschweren können? Mit denen kann man das ja machen.

Das ist übrigens eine Erfahrung, die man als Obdachloser regelmäßig macht. Rechte, die jedem Bürger des Landes ohne die geringste Überlegung zugestanden werden, werden Obdachlosen sehr häufig verweigert – und man kann nichts dagegen unternehmen.

Da saß ich also nun allein und völlig gehunfähig auf meiner Bank und überlegte angestrengt, was ich denn jetzt tun könnte. Ich war völlig ratlos. Dann kam ich auf die Idee, dass ich es einfach irgendwie zum Hauptbahnhof schaffen müsse. Da waren die einzigen Menschen, die ich in Berlin kannte. Wenn mir jemand helfen konnte, dann diese Leute. Wie das praktisch funktionieren könnte, wusste ich nicht, da ja alle genauso obdachlos waren wie ich selbst. Und wie ich es bis zum Bahnhof schaffen sollte, wusste ich ebenfalls nicht.

Da kamen ein paar junge Leute angelaufen, und ich erklärte ihnen meine Situation (was diese mir sichtlich nicht glaubten) und bat sie, mich rüber aufs andere Gleis zu bringen und mich in die Bahn Richtung Hauptbahnhof zu bringen. Bei der dritten Ansprache hatte ich Glück. Zwei junge Männer legten meine Arme um ihre Schultern und ich stolperte mit meinen nutzlosen Beinen irgendwie mit. Tatsächlich wurde ich aber getragen.

Das Hineinbringen in die Bahn wurde natürlich von anderen Fahrgästen beobachtet und ich sprach welche an und bat sie, mich am Hauptbahnhof aus der Bahn zu bringen, was diese dann auch taten.

Nun saß ich also wieder auf einer Wartebank und dazu noch auf der falschen Seite des Bahnhofs. Die Tram hält am Ausgang Europa-Platz und meine Leute waren auf der anderen Seite, am Washington-Platz. Das waren zwar nur ein paar hundert Meter, doch für mich hätten sie auch auf dem Mond sein können. Unerreichbar.

Und ich hatte keine Idee, was ich jetzt tun sollte.

Zudem musste ich inzwischen dringend zur Toilette und konnte ja nun nicht gehen. Irgendwann nach etwa zwei oder drei Stunden kam endlich jemand vorbei, den ich vom Sehen her kannte. Ich winkte ihn heran, schilderte meine Situation und bat ihn darum, auf die andere Bahnhofsseite zu gehen und dort Bescheid zu sagen, dass ich hier sitze und Hilfe brauche. Er sagte zu und nach etwa einer weiteren Stunde standen zwei meiner Leute vor mir.

Erst mal bat ich darum, dass sie mich zum Pinkeln bringen und währenddessen überlegten sie laut, was man denn jetzt machen kann.

»Bahnhofsmission«, rief plötzlich einer. Und das war auch die beste Lösung, auf die ich jedoch selbst nicht gekommen war. Sie legten meine Arme um ihre Schultern und brachten mich dorthin. Ich schilderte dem Chef, den ich flüchtig von meinen Besuchen dort kannte, mein Problem und bat ihn um einen Rollstuhl, der dort normalerweise benutzt wird, um gehunfähigen Reisenden in den nächsten Zug zu helfen.

Mit unendlicher Dankbarkeit hörte ich, wie er ja sagte. Man könne mir den Rolli aber nur für drei Tage leihen, da man ihn selbst benötigte. Doch mir war das erst mal egal. Für den Moment hatte ich eine Lösung und der morgige Tag war eben erst morgen. Mir würde schon irgendwas einfallen.

Drei Tage später kam der Chef dann runter zu uns auf den Bahnhofsvorplatz und als er mir mitteilte, dass er wegen dem Rollstuhl da sei, rutschte mir richtig das Herz in die Hose. Zu meiner großen Erleichterung sagte er, dass der Rolli ein Geschenk sei und ich ihn behalten dürfe.

H., falls du das liest, meinen unendlichen Dank für dieses großzügige Geschenk! Ohne den Rolli wäre ich absolut hilflos gewesen und wer weiß, wie das geendet hätte. Mit großer Sicherheit hast du mir damit das Leben gerettet! Danke, Danke, Danke!

Ja, nun war ich also amtlich ein behinderter Rollstuhlfahrer. In meiner Vergangenheit war es immer meine Vorstellung gewesen, dass die Menschen im Rolli ein extrem schweres Leben haben und furchtbar leiden müssen. Mir taten diese Leute immer sehr leid. Doch zu meinem eigenen Erstaunen stellte sich dieses Leiden bei mir nicht ein. Aber ich empfand das Leben im Rollstuhl als unglaublich anstrengend und kompliziert. Mich nervte die Kiste vielmehr, als das ich unter der Situation litt.

Wenn ich zum Beispiel irgendwo langfuhr und plötzlich zwei Stufen im Weg waren, ging es einfach nicht weiter. Da hätte auch eine Mauer stehen können. Oder wenn wir irgendwo hinwollten, sind die Kollegen halt schnell mit der Rolltreppe nach oben zur S-Bahn gefahren. Ich hingegen durfte erst mal zum Fahrstuhl fahren und wenn es schiefging, stand man dort fünf Minuten, bis der endlich mal kam. Bis ich dann auf den Bahnsteig war, vergingen oft zehn Minuten.

Und schiebt mal so einen Rollstuhl! Das ist wirklich kraftraubend. Bei mir kam noch erschwerend hinzu, dass ich im Koma sehr viel von meiner Muskulatur verloren hatte. Drei Wochen Koma können einen schon sehr schwächen.

Außerdem hatte ich an meiner rechten Hand eine Gipsschiene, die nur Daumen und Zeigefinger freiließ. Damit musste ich dann den Rolli schieben. Am Anfang war das unglaublich anstrengend!

Vor allem als dann noch Schnee fiel. Fahrt mal einen Rollstuhl durch eine festgetretene Schneedecke auf dem Bürgersteig. Das geht nur zentimeterweise vorwärts. Kleinste Steigungen ließen mich schier verzweifeln und sehr oft musste ich mitten auf dem Weg pausieren, um neue Kräfte zu sammeln. Auch wie man über eine Bordsteinkante kommt, musste ich ganz allein lernen. Anfangs bin ich mal mit etwas mehr Tempo auf eine relativ niedrige Bordsteinkante zugerollt und überlegte wie ich da jetzt drüber komme. Und kam auf die Idee einfach mit dem hohen Tempo drüber zu rollen. Der Rolli stoppte, als wenn er gegen eine Wand gefahren wäre und ich bin nur ganz knapp daran vorbeigekommen, nach vorn umzustürzen.

Dann bekam ich den Tipp, es rückwärts zu versuchen, was auch gut ging, aber wieder umständlich war. Doch ich übte weiter und nach nicht allzu langer Zeit ging ich mit dem Rolli um, als hätte ich mein Leben lang nichts anderes gemacht. Ich machte Wheelies, überholte Fußgänger auf dem Bürgersteig und wurde sogar hin und wieder darauf angesprochen, welche Faxen ich mit der Kiste machen konnte.

Einmal wollte ich vom Alexanderplatz mit der U-Bahn abfahren. Als ich kurz vor der Tür war, kam schon das Signal zum Türenschließen. Blitzschnell habe ich den Rollstuhl umgedreht und bin rückwärts über die Türkante gefahren. Leider war ich nicht schnell genug und die Türen schlossen sich, während ich noch dazwischen war. Unter lautem Gerappel kam ich mit dem Rolli in den Wagen, wo ich in viele erschrockene Gesichter blickte. Ich sagte nur »No risk, no fun« und nach drei oder vier Sekunden, die die Leute wohl gebraucht hatten, um das zu verarbeiten, gab es einen großen Lacher.

Wie ich wieder laufen lernte

Heute laufe ich wieder.

Es war etwa im Dezember 2016, als ich mit dem Rollstuhl vor meinem Zelt unter der Brücke beim Bundestag saß. Und der Rollstuhl machte mich zutiefst wütend. Den ganzen Tag kalte und nasse Hände vom Anfassen der Metallringe des Rollis und keine Chance, sich die mal vernünftig aufzuwärmen. Jeder Tag begann damit, dass ich mich die steile Rollstuhlrampe hochquälen musste und an diesem Morgen war die auch noch vereist gewesen und ich musste über die Wiese fahren, was die Geschichte gleich noch mal schwerer macht. Und insgesamt nervte es mich, dass ich nicht laufen konnte. Ich hasste den Rolli richtig.

Ich konnte die Beine bewegen, aber sonst nicht das Geringste mit ihnen anfangen. Und so wütend wie ich war, kam mir plötzlich ein Gedanke: »Ich lasse mir doch von einem Weißkittel nicht sagen, ob ich laufe kann oder nicht!«

Das war wirklich der Wendepunkt. Auch wenn es noch fast zwei Jahre dauern sollte, bis ich wieder halbwegs normal laufen konnte. Also klappte ich die Fußstützen zur Seite, schob den Rollstuhl mit den Armen und bewegte die Beine, als wenn ich laufen würde. Die gesamte Arbeit lag jedoch auf den Armen. Aber das war der Anfang.

Zu Beginn musste ich es tatsächlich üben, länger als fünf Sekunden freihändig zu stehen. Aber ich übte fleißig bei jeder Gelegenheit und so wie es die Schmerzen zuließen, die in den nächsten zwei Jahren mein ständiger Begleiter werden sollten. Unter diesen leide ich auch heute noch manchmal. Ich vermute das diese daher kamen, dass die Nerven sich neu vernetzten. Manchmal schießen die Schmerzen so ins Bein, als wenn man von einer Pistolenkugel getroffen wird. Man zieht dann richtig weg.

Als das Stehen halbwegs klappte, funktionierte ich den Rolli zum Rollator um. Immer wie es ging, lief ich in Trippelschritten hinter der Kiste her.

Eine ganze Weile später übte ich Treppensteigen. An der Brücke an der Spree war eine solche Treppe. Ich kann mich noch sehr lebhaft daran erinnern, wie ich mit einem Fuß auf der ersten Treppenstufe stand und das zweite Bein nicht hinterherbekam. Mich am Geländer hochzuziehen verbot ich mir. So ging das viele Wochen lang und dann endlich im Februar oder März 2017 stand ich das erste Mal mit beiden Füßen auf der Stufe. Es fühlte sich an, als wenn ich zum Mond geflogen wäre und gleich hinterher den Mount Everest bestiegen hätte.

Es geht vorwärts, es lohnt sich also zu trainieren. Ich heulte richtig ein bisschen vor Freude. Irgendwann ging ich Wetten mit anderen Obdachlosen ein. Wir vereinbarten einen Wettlauf über eine Strecke von etwa 120 Metern in drei Monaten. Zu dieser Zeit konnte ich etwa zehn Meter weit gehen. Als es so weit war, hat mein Kontrahent gekniffen und lieber die zehn Euro Wetteinsatz bezahlt. Obwohl er eigentlich gute Chancen hatte. Die Strecke hätte ich schon geschafft, aber ich war immer noch so unsicher auf den Beinen, dass ich Angst hatte zu stürzen.

Und dann habe ich mir eine Deadline gesetzt. Zu dieser Zeit war ich schon im Obdachlosenheim. Mein Datum war willkürlich festgelegt. Es war der 15. Juni 2017. Ab diesem Tag wollte ich den Rollstuhl nicht mehr benutzen.

Und dann war der Tag da.

Als ich mich am Morgen vom Obdachlosenheim auf den Weg zum Hauptbahnhof machte, traute ich mir selbst nicht. Konnte ich das wirklich schaffen? Meine Antwort war ein ganz klares Vielleicht. Doch Deadline war Deadline. Mutig lief ich also zur U-Bahn und bedauerte bereits hier meine Entscheidung. Als ich in der Bahn saß, taten mir die Beine so weh, dass ich hätte heulen können. Aber die kurze Fahrzeit zum Alexanderplatz verschaffte mir ein wenig Erleichterung. Dann von der U-Bahn in die S-Bahn umsteigen und ich dachte ernsthaft darüber nach, wieder kehrtzumachen. Doch ich sagte mir, wenn du das jetzt machst, machst du das immer wieder. Und dann kommst du nie aus der Kiste raus. Also Augen zu und weiter.

Ich verkaufte am Haupti meine Obdachlosenzeitung, was auch wieder mit viel Lauferei verbunden war und musste nach einer Stunde abbrechen, weil mir die Beine so wehtaten, dass mir davon schlecht wurde. Zurück im Obdachlosenheim schaffte ich mit allerletzter Anstrengung die zwei Etagen in mein Zimmer. So ging das viele Wochen und Monate.

Einmal hatte ich vergessen, mir Tabak zu kaufen und merkte das erst, als ich schon wieder auf meinem Zimmer war. Ich kam zu dem Schluss, dass ich die Treppen an diesem Tag kein zweites Mal schaffen würde und war traurig, weil ich nun bis zum nächsten Tag nicht rauchen konnte. Zum Glück kam am Abend ein Besucher, der zum Späti lief und mir dort Tabak kaufte.

In den ersten Monaten brauchte ich am Tag dreimal Ibuprofen 800, um überhaupt halbwegs schmerzfrei zu sein. Aber ich wollte laufen! Und wenn es das Letzte wäre, was ich in diesem Leben mache. Ich wollte wieder laufen können.

Heute, fünf Jahre später, schaffe ich wieder Strecken von zehn Kilometern, muss aber an manchen Tagen aufpassen, dass ich mich nicht übernehme. Falls ich den Punkt nicht mitbekomme, tut immer noch alles weh. Doch es geht vorwärts. Aber seeehr langsam.

Wenn man auf der Straße krank wird

Hier noch ein weiteres, schlimmes Erlebnis, das ich mit Ärzten hatte. Ich weiß nicht mehr so ganz genau, wann das war, vermute aber den Februar 2017. Wenn ich zwischendurch immer wieder sage, ich wüsste nicht genau, wann, dann liegt das daran, dass Zeit auf der Straße andere Dimensionen hat als in einem Leben mit Wohnung und Arbeit. Wichtig ist einfach nur die Tageszeit. Ist es morgens, mittags oder abends?

Der Wochentag oder das Tagesdatum spielen schon eine eher untergeordnete Rolle. Den Sonntag merkt man oft erst daran, dass der Supermarkt erstaunlicher Weise geschlossen ist. Und dann sind noch die Jahreszeiten wichtig, also ob es warm oder kalt ist. Welcher Monat gerade ist, spielt keine Rolle, weil es keine Bedeutung hat.

Ich hatte mal eine Situation am Hauptbahnhof, da fragte ich mich, welcher Monat wohl gerade sei und stellte zu meinem eigene Erstaunen fest, dass ich dies nicht wusste. Ich hätte auch für eine Million Euro nicht sicher sagen können, ob Juni, Juli oder August war. Es war warm, also Sommer, doch mehr wusste ich nicht. Am Ende musste ich tatsächlich jemanden fragen.

Etwa im Februar 2017 merkte ich auf jeden Fall, dass es mir sehr schlecht ging. Schon am Morgen konnte ich mich vor Schmerzen nur mit großer Mühe von meiner Isomatte aufrichten. Ich dachte erst, ich hätte blöd gelegen und das die Schmerzen daher kämen. Doch mit mir stimmte noch mehr nicht. Ich sah manchmal farbige Schlieren vor meinen Augen und mein Hörvermögen war auch beeinträchtigt. Manchmal als wenn ich Wasser in den Ohren hätte, manchmal mit Hall und leichtem Echo. Als ich oben am Hauptbahnhof war, begann ich plötzlich zu frieren. Mir war so kalt wie selten zuvor in meinem Leben. Ich dachte wirklich, ich schaffe die nächste Minute nicht mehr.

Als ich zu den anderen Obdachlosen sah, um zu prüfen ob denen genau so kalt ist, stellte ich fest, dass die meisten keine Handschuhe trugen und auch die Kapuzen der allgegenwärtigen Hoodies abgesetzt waren. Sooo kalt konnte es also nicht sein, aber warum fror ich dann so? Außerdem hatte ich die ganze Zeit schwere Schmerzen in der Nierengegend, die ich für Rückenschmerzen hielt.

Gegen 11 Uhr beschloss ich, meine tägliche Stunde Aufwärmzeit in der Bahnhofsmission jetzt schon zu nutzen, was ich sonst immer erst am Nachmittag machte. Nachdem ich eine halbe Stunde im Warmen war, fror ich noch immer so wie draußen auf dem Bahnhofsvorplatz. Außerdem fühlte ich mich sehr schlecht und entsetzlich schwach. Jetzt realisierte ich, dass es nicht nur ein schwacher Moment war, wie man ihn öfter auf der Straße hat und der schon irgendwann wieder vorbeigeht, sondern mit mir irgendetwas anderes nicht stimmte und ich bat die Mitarbeiter der Bahnhofsmission, mir einen Krankenwagen zu rufen, der auch irgendwann kam und mich in eine Notaufnahme brachte. Hier maß man mir Fieber und meine Temperatur betrug um die 40 Grad und es wurde eine Nierenbeckenentzündung diagnostiziert.

Ich wurde an eine Infusion angeschlossen, in der sich Paracetamol und ein Schmerzmittel befanden. Langsam ging es mir besser. Ich ging davon aus, dass man mich irgendwann auf eine Station bringt und ich im Krankenhaus in Ruhe gesund werden könne, doch ich hatte falsch gedacht.

Etwa gegen halb elf abends stand plötzlich eine Ärztin an meiner Liege, erkundigte sich nach meinem Befinden und teilte mir fast beiläufig mit, dass ich nun wieder gehen müsse. Man hätte (in Berlins größtem Krankenhaus) kein freies Bett mehr. Zusätzlich wurde ich ermahnt, strenge Bettruhe einzuhalten, da mir sonst ein Nierenversagen drohen könnte. Ich wiederholte noch mal, dass ich in einem Zelt unter einer Brücke schlafe, doch das beeindruckte sie keineswegs. Und sie wiederholte die Ermahnung mit der Bettruhe und ging.

Ich war auf der einen Seite total fassungslos, doch auf der anderen Seite hatte ich mich an die massiven Ungerechtigkeiten, denen man als Obdachloser permanent ausgesetzt ist, schon fast gewöhnt. Als wenig später eine Schwester in den Raum kam, bat ich darum, ob man denn vielleicht eine Ecke in einer Abstellkammer hat, wo ich mich mit meinem Schlafsack und meiner Isomatte hinlegen könnte, damit ich wenigstens noch eine Nacht im Warmen und halbwegs unter ärztlicher Kontrolle sei, aber auch das wurde mir verweigert.

Also zog ich mich an, kletterte in meinen Rolli und machte mich auf den Weg in Richtung Ausgang. Auf dem Weg kam ich an einem

Aufenthaltsraum vorbei, in dem Schwestern und Pfleger gerade zu einer Pause oder Besprechung versammelt waren. Ich rief dreimal laut und deutlich in den Raum hinein und bat darum, ob mir jemand noch mal Fieber messen könnte. Ich wurde vollständig ignoriert. Niemand gab mir eine Antwort. Also machte ich mich auf den Weg und fuhr mit meinem Rolli wieder in den Regen und die Kälte hinaus.

Die nächsten zwei Wochen waren für mich die Hölle. Ich wusste vor Schmerzen nicht, wie ich in meinem Zelt liegen sollte. Die Isomatten, die man als Unterlage benutzt, halten zwar die Bodenkälte von einem ab, doch sind sie als Polsterung denkbar ungeeignet. Es fühlt sich fast genauso an, als wenn man direkt auf dem Beton liegt. Am allerschlimmsten jedoch war, dass ich stündlich zur Toilette musste.

Wenn man in einer Wohnung lebt, kann so etwas ja auch schon schnell lästig werden. Aber man steht halt schnell auf, geht ins warme Bad, erledigt sein Geschäft und legt sich wieder ins warme Bett, um weiterzuschlafen. Unangenehm, aber auszuhalten.

Auf der Straße ist das anders. Wenn man einen guten Schlafsack hat, ist es in diesem zwar warm wie in einem Bett, doch wenn man ihn verlässt, um zur Toilette zu gehen, kühlt der innerhalb von einer Minute komplett aus und es dauert, je nach Temperatur, manchmal bis zu 15 Minuten, bis man den wieder warm gezittert hat.

Wenn man also stündlich raus muss, raubt einem das fast vollständig den Schlaf. Man öffnet den Schlafsack, in dem es etwa 30 Grad warm ist. Wenn die Außentemperatur bei minus zehn Grad liegt, hat man in diesem Moment einen Temperatursturz von 40 Grad in einer Sekunde. Das ist wirklich ekelhaft! Dann die Schuhe anziehen und halbangezogen raus in die Eiseskälte. Man sucht sich eine Stelle etwas weiter weg, um sein Geschäft zu erledigen. Dann schnell zurück ins Zelt und in den Schlafsack, der inzwischen kalt geworden ist. Also liegt man zitternd und bibbernd da und wartet darauf, dass es wieder warm wird. Irgendwann schläft man wieder ein, doch nur, um gefühlt fast zeitgleich wieder durch den Drang zur Toilette zu müssen, wieder geweckt wird. Dass man das nicht lange durchhält, liegt auf der Hand, da man bereits nach zwei Tagen unter einem erheblichen Schlafdefizit leidet. Irgendwie habe ich auch diese schlimme Zeit hinter mich gebracht, aber es war wirklich schwer.

Zusammengefasst kann man sagen, dass man als Obdachloser nicht immer mit der Hilfe der Ärzte rechnen kann. Natürlich gibt es Ausnahmen wie die tollen Leute im Bremer Krankenhaus und auch die Ärzte und Pfleger in den Obdachlosen-Ambulanzen, doch das sind wirklich Ausnahmen.

So wie es mir erging, so ergeht es Obdachlosen mit konstanter Regelmäßigkeit. Und das hat sich bis heute nicht geändert. Wenn ich auf den Straßen als Streetworker unterwegs bin und auf kranke Obdachlose stoße, ist es fast jedes Mal mit mühevoller Überzeugungsarbeit verbunden, die Krankenwagenfahrer dazu zu bringen, den Obdachlosen überhaupt mitzunehmen. Denn meist wollen sie diesen schmutzigen Menschen nicht in ihrem Auto haben. Und es ist ja sowieso nur ein Obdachloser, also kein »voll gültiger« Mensch mehr.

Hier mal eine Geschichte, die exemplarisch für die Situation ist: In Hamburg wurde ein Passant auf einen Obdachlosen aufmerksam, dem es sehr schlecht ging. Er informierte Polizei, den Krankenwagen, die Feuerwehr und auch verschiedene Obdachlosenhilfseinrichtungen. Niemand fühlte sich zuständig. Am nächsten Tag war der Obdachlose, ein junger Mann etwa Mitte 30, tot. Das ging damals auch groß durch die Presse, jedoch ohne dass sich jemals Konsequenzen irgendwelcher Art daraus ergeben hätten. Zumindest habe ich nie etwas erfahren.

Und selbst wenn es mir schließlich gelungen ist, dass die Obdachlosen vom Krankenwagen mitgenommen werden, muss ich immer hinterherfahren, um zu prüfen, ob diesem denn auch wirklich geholfen wird. Es kommt sehr häufig vor, dass die Obdachlosen nach einer kurzen Notversorgung wieder aus der Notaufnahme geworfen werden, so wie es mir auch passiert ist. Manchmal sind diese gehunfähig und manchmal auch orientierungslos. Das ist vorsätzliche Gefährdung von menschlichem Leben, wird aber immer wieder praktiziert.

Ich bekam mal an einem Sonntag einen Anruf, dass ein Obdachloser auf der Straße liegt. Er sei gehunfähig und da er nicht mehr aufstehen konnte, um zur Toilette zu gehen, pullerte er natürlich da, wo er gerade war und war demzufolge völlig durchnässt. Die Temperatur betrug etwa null Grad.

Ich machte mich sofort auf den Weg. Als ich bei der beschrieben Adresse ankam, sah ich, dass der arme Mann direkt vor dem Eingang einer Notaufnahme lag. Seit drei Tagen! Anwohner brachten ihm zwar Decken, Kleidung und warme Getränke, doch aufgrund seines sehr geschwächten Zustands war er nicht mehr in der Lage, seine Kleidung selbstständig zu wechseln. Ich war völlig entsetzt.

Der Mann hatte es wahrscheinlich mit letzter Kraft geschafft, sich bis dorthin zu schleppen, in der Hoffnung, dort Hilfe zu finden und wurde dann einfach ignoriert.

Als ich in die Notaufnahme ging, sprach ich einen Arzt auf den Obdachlosen vor seiner Tür an und der teilte mir mit, dass man ihn durchaus aufgenommen hatte, er aber am nächsten Morgen wieder raus wollte, weil ihm seine Sauferei wichtiger sei.

Innerlich mit dem Kopf schüttelnd erklärte ich dem Arzt, dass dies keine freie Entscheidung gewesen sei, sondern der Obdachlose alkoholkrank sei und dass wenn man ihm nicht entsprechende Medikamente gibt, dieser dann unter schlimmen Entzugserscheinungen leidet. Diese sind so stark, dass man auch einen potenziellen Tod in Kauf nimmt, um sie zu lindern. Deshalb sei der Obdachlose wieder gegangen, einfach weil es ihm Krankenhausbett schlechter ging als auf der Straße und nicht weil er lieber besoffen ist.

Er wurde dann in die Notaufnahme gelassen, was aber auch wieder viel Überredungskunst bedurfte und dann dort noch zwölf

Stunden warten gelassen, bis er endlich ein Bett bekam. Auch eine Zeitspanne, in der wieder Entzugssymptome auftreten, welche dazu führen können, dass der Obdachlose wieder geht. Dann hört man wieder Äußerungen, dass »die ja keine Hilfe wollen« und ich könnte jedes Mal kotzen, wenn ich so etwas höre.

Behörden

Und auch Ämter und Behörden gehen mit Obdachlosen um, wie es ihnen gerade passt. Manchmal werden dabei sogar geltende Gesetze gebrochen, indem man den Menschen von der Straße ihnen zustehende Rechte verweigert und dabei auch zu Lügen oder gewaltsamen Maßnahmen greift.

Als ich auf der Straße gelebt habe, erklärte mir jemand, den ich beim Schnorren am Hauptbahnhof kennengelernt hatte, dass wir in Berlin ein Landesgesetz haben, das besagt, dass wenn ein Obdachloser untergebracht werden möchte und dies gegenüber der Behörde auch kundtut, er noch am selben Tag untergebracht werden muss.

Ich konnte es nicht fassen. Wirklich? Was quälte ich mich dann noch hier draußen herum. Allerdings nach meinen bisherigen Erfahrungen mit Behörden und auch in Anbetracht der Tatsache, dass ich noch immer keinen Personalausweis vorweisen konnte, ahnte ich schon, dass dies wohl nicht so ganz einfach werden würde.

Doch ich hatte ja den Arztbrief aus einem Aufenthalt in der Notaufnahme und auf diesem stand mein Name und mein Geburtsdatum. Vielleicht genügte dies ja? Um auf dem Amt beweisen zu können, dass ich wirklich obdachlos bin, ließ ich mich mit meinem Handy fotografieren. Im Rollstuhl sitzend, im Schnee vor meinem Zelt unter der Brücke.

In Berlin gibt es eine sogenannte Geburtsdatenregelung. Nach dieser werden Menschen ohne festen Wohnsitz auf die Ämter der Stadt verteilt. Also Geburtsdatum von x bis y müssen in diesen oder jenen Stadtbezirk. Ich fuhr also in den für mich zuständigen Bezirk und erfuhr dort, dass dies eine Sache der Sozialen Wohnhilfe sei. Also fuhr ich dorthin, zog eine Wartenummer und harrte der Dinge, die da kommen sollten.

Irgendwann wurde ich aufgerufen und kam in ein Büro mit zwei Schreibtischen, an denen jeweils immer zwei Leute mit ihren Anliegen saßen. Man war also genötigt, seine Angelegenheiten im Beisein von völlig fremden Menschen vorzubringen. Und da man ja gerade, wenn man dort um Hilfe bittet, in einer extremen Notsituation ist, bezweifle ich, dass es viele Leute gibt, die sich deswegen beschweren und das Risiko eingehen, den Sachbearbeiter, der über Wohl und Wehe entscheidet, gegen sich aufzubringen.

Also schilderte ich mein Anliegen, zeigte das vor dem Zelt aufgenommene Foto vor und erzählte, was ich über das Landesgesetz wusste. Die Antwort lautete »Wir haben nichts frei!« und das Ganze in so einem gelangweilten und desinteressierten Tonfall, dass ich mich praktisch genötigt fühlte zu widersprechen. Was ich auch tat. Ich verwies noch mal auf das Gesetz und die Antwort war die Gleiche wie vorher. Irgendwie war ich an diesem Tag besonders mutig, vielleicht auch, weil ich ein Gesetz im Rücken hatte, das mir eindeutig mein Recht auf Unterbringung zusicherte.

Also entgegnete ich, dass ich das Büro nicht eher verlassen werde, bis man mich unterbringt. Die Sachbearbeiterin zuckte nur die Schultern und rief die nächste Wartenummer auf. Um dem Nächsten Platz zu verschaffen, rollte ich in eine Ecke und etwa anderthalb Stunden wurden dort in meinem Beisein Klienten bedient, die zutiefst persönliche Angelegenheiten aus ihrem Leben schildern mussten. Ich selbst wurde total ignoriert.

Bis die Sachbearbeiterin mich darüber in Kenntnis setzte, dass die Besuchszeit nun vorbei sei und ich jetzt raus müsse. Ich weigerte mich wieder, worauf die gute Frau den Raum verließ. Mein erster Gedanke war, dass die mich ja schlecht über Nacht hier sitzen lassen können, doch so ganz sicher war ich mir nicht.

Und dann war auch die Sachbearbeiterin schon wieder da, gefolgt von drei Sicherheitsmitarbeitern. »Da isser« war die Ansage an die Wachleute, die mich nun ziemlich barsch und auch bedrohlich aufforderten zu gehen. Ich sagte weiterhin nein. Da nahm einer der Wachleute einfach meinen Rollstuhl von hinten und begann, mich aus dem Raum zu schieben. Ich versuchte noch kurz, mit den Händen zu bremsen, doch das ist aussichtslos, wenn hinten einer schiebt.

So ging es durch Flure und Gänge, bis vor den Eingang. Die Tür wurde hinter mir zugezogen und abgeschlossen – und das war es dann gewesen mit meinem Versuch, untergebracht zu werden. Ich war total fassungslos, schimpfte laut vor mich hin, aber hinter mir war schon niemand mehr zu sehen. Also ging ich und fühlte mich wie ein geprügelter Hund.

Dieses Beispiel ist geradezu exemplarisch, wenn man als Obdachloser zum Amt geht. Es wird einem unglaublich schwer gemacht. Eine ganz beliebte Methode ist es, unendliche und niemals erfüllbare Unterlagenforderungen zu stellen. Besonders nicht zu erfüllen, wenn man obdachlos ist.

Wenn Menschen mit einer Wohnung zum Amt gehen und Leistungen beantragen, müssen diese natürlich auch Unterlagen beibringen. In der Regel die letzten Gehaltsabrechnungen, Kontoauszüge, Nachweis über Mietzahlungen und vielleicht noch ein oder zwei andere Dokumente, die in besonderen Situationen nötig sein können. Geht man als Obdachloser zum Amt sieht die ganze Angelegenheit schon anders aus.

Das beginnt oft schon mit dem Personalausweis. Auf der Straße wird man oft bestohlen und wegen der besonderen Lebenssituation verliert man auch ziemlich oft etwas. Das liegt einfach daran, dass man alles, was man besitzt, mit sich herumtragen muss. In meinem Fall war mir ja damals beim Schlafen in der Bahn der Rucksack mit allen Papieren gestohlen worden. Ohne einen Personalausweis kommt man auf dem Amt nicht mal an der Anmeldung vorbei.

Ich hatte mal einen Fall als Streetworker, da habe ich einem jungen Paar aus Österreich geholfen, in den Leistungsbezug zu kommen. Beide hatte keine originalen Papiere mehr, jedoch sehr gute Fotografien der Vorder- und Rückseite ihrer Personalpapiere. Die Dame am Empfang wollte diese absolut nicht anerkennen. »Wir brauchen Originale, sonst dürfen wir hier nichts tun!« Ich schilderte die besondere Dringlichkeit der Situation (es ging nebenher noch um die Kostenübernahme für einen Platz im Wohnheim), aber die gute Frau ließ sich auf nichts ein. Erst ein sehr ernstes Gespräch zwischen dem Teamleiter und mir brachte eine Lösung des Problems.

Als Obdachloser hat man jedoch nicht mehr das nötige Selbstvertrauen, um nach dem Chef zu fragen. Und wenn man sich dann doch traut, bekommt man ihn einfach unter Vorgabe aller möglichen und unmöglichen Gründe nie zu sehen. Man wird eben nicht für voll genommen.

Doch selbst wenn man noch einen Personalausweis sein Eigen nennt, ist man nicht aus dem Schneider. Neben den eben bereits erwähnten Papieren werden von obdachlosen Leuten oft die unmöglichsten Unterlagen gefordert, die sehr oft mit dem eigentlichen Sachverhalt gar nichts mehr zu tun haben. Ich selbst habe mal folgende Geschichte erlebt:

Gegen Ende meiner Obdachlosigkeit, war ich mithilfe meiner Betreuerin dabei, ALG II zu beantragen. Dazu musste ich vorher zum Arbeitsamt, um mir eine Bescheinigung abzuholen, dass diese keine Zahlungen an mich leisten. Einen sogenannten Ablehnungsbescheid. Als ich mit meinem Rolli ins Zimmer kam, begrüßte mich die Sachbearbeiterin mit einem »guten Tag« und da sie nicht mal hochgesehen hatte, forderte sie mich auf Platz zu nehmen. Hmmm …, ich saß ja bereits in meinem Rolli und als ich ihr sagte, dass der Witz gut war, lachte sie nicht, sondern ihr Gesicht verfinsterte sich sichtbar.

Ich schilderte also meine Anliegen genau so, wie es mir meine Betreuerin erklärt hatte. Die Sachbearbeiterin klickte eine Weile auf ihrem PC hin und her und fragte mich dann, wo mein Lebenslauf sei.

Meine Betreuerin hatte mir zugesichert, dass ich alle nötigen Unterlagen dabei hätte und dies sagte ich auch. Nein, man brauche einen Lebenslauf, ohne diesen könne man überhaupt nichts machen.

Ich nahm dann mein Telefon, um meine Betreuerin anzurufen, da wollte die Sachbearbeiterin mir das Telefonieren verbieten. Das sei hier nicht erlaubt. Mir war das egal und ich rief trotzdem an und schilderte, was gerade vor sich ging. Meine Betreuerin bat darum, mit der Sachbearbeiterin reden zu dürfen, was diese rigoros ablehnte. Mir wurde dann von der Betreuerin gesagt, ich solle hartnäckig bleiben.

Mit dieser Rückendeckung hatte ich den Mut, den ich nie gehabt hätte, wenn ich allein dorthin gegangen wäre. Die Sachbearbeiterin lenkte plötzlich ein und bot mir an, dass gleich an Ort und Stelle nachzutragen. Ich wurde dann nach meiner Lehrausbildung und meiner ersten Arbeitsstelle gefragt und plötzlich bekam ich die Ansage, dass man nun alles Nötige wisse und mir die Bescheinigung ausstellen könne.

Aus heutiger Sicht total unfassbar. Und wie mir ergeht es vielen Obdachlosen. Beim ersten Besuch beim Amt bekommen sie die Unterlagen aufgezählt, die sie beim nächsten Mal mitbringen sollen und sehr oft hört man dann noch dazu, man könne den Antrag sonst nicht annehmen. Was natürlich Blödsinn ist, denn Unterlagen können unabhängig von der Antragsstellung nachgereicht werden. Doch wenn man das nicht weiß …

Das hat natürlich zur Folge, dass kein Geld fließt. Denn Leistungen werden immer erst nach Antragstellung gewährt. Wozu tatsächlich auch eine mündliche Willensbekundung reicht, denn die Anträge und Vordrucke sind nur eine Arbeitshilfe für die Mitarbeiter. Aber auch das wissen nur die wenigsten.

Und dann geht man los, die ganzen Papiere beschaffen. Dazu muss man sich natürlich auch durch die Stadt bewegen und da Obdachlose selten das Geld für eine Fahrkarte haben, sind diese genötigt schwarz zu fahren und müssen riskieren eine Strafe von 60 Euro zu kassieren, was in sehr vielen Fällen mit Haft endet, weil diese Strafe von einem Obdachlosen in den allermeisten Fällen nicht bezahlt werden kann. Aus einmal Schwarzfahren und erwischt werden, wird in der Regel ein Monat Haft. Was für ein Irrsinn!!! Aber was will man machen, wenn man fahren muss und kein Geld hat. Berlin ist eine ziemlich große Stadt.

Dann hat man bei den verschiedenen Anlaufstellen natürlich auch noch Wartezeiten in Kauf zu nehmen. Und es passiert sehr oft, dass wenn man als Obdachloser erkennbar ist, extra lange Warten muss.

Die Zeit, die hierbei verloren geht, braucht man jedoch eigentlich, um Geld zu besorgen. Man müsste eigentlich unterwegs sein und Betteln, Zeitungen verkaufen oder Flaschen sammeln. Bekommt man dies nach dem Gang zum Amt nicht mehr hin, ist von dem sowieso schon immer sehr knappen Geld, nun noch weniger da. Wenn es schiefläuft, ist am Abend der Teller leer. Wortwörtlich!

Dann kann es zudem noch passieren, dass man, um ein Dokument zu erlangen, vorher noch andere Dokumente, beibringen muss. Und es geschieht nicht selten, dass Obdachlose dabei in unlösbare Situationen geraten. Stelle A gibt den benötigten Stempel nicht, bevor ein Schreiben der Stelle B vorliegt. Und die geben dies wiederum nicht ohne den Stempel der Stelle A …

Hinzu kommt noch das Problem der Aufbewahrung der Unterlagen. Man hat nur einen Rucksack – wenn man Glück hat. In den allermeisten Fällen ist es nur die abgeranzte Plastiktüte. Und egal wie viel Mühe man sich gibt, nach spätestens einer Woche ist aus dem Stapel Papier ein Klumpen geworden. Und wenn es einem trotz aller Widrigkeiten gelungen ist, alle Unterlagen zu besorgen und diese dem Sachbearbeiter auf den Tisch legt, kommt sehr oft das Obligatorische: »Wir brauchen aber noch …«

Das kann einen in den Wahnsinn treiben!

Selbst heute noch, nach so langer Zeit, muss ich mich jedes Mal zusammenreißen, um nicht unfreundlich zu werden, wenn mir ein Sachbearbeiter sagt »Wir brauchen aber noch …« Ich kann das wirklich nicht mehr hören.

Und dann kann es passieren, dass man sich trotz des extrem harten Lebens auf der Straße, vier oder sechs Wochen sehr angestrengt hat und an der eigenen Lebenssituation hat sich nicht das Geringste verändert. Und ab hier geben selbst die stärksten Typen auf und von denen gibt es nicht allzu viele auf der Straße.

So relativiert sich auch das Argument, dass Obdachlose ja nur ALG II beantragen bräuchten und wir ja schließlich ein super Sozialsystem hätten.

Zu Beginn wehrt man sich noch gegen diese massive und ungerechte Behandlung. Aber wenn dir irgendwann so gut wie jeder mitteilt, du seist kein normaler Teil der Gesellschaft mehr und auch kein normaler Mensch, dann glaubt man das irgendwann. Wenn es doch wirklich alle sagen und alle einen so behandeln. Zu dem Mann, der am Hauptbahnhof die Kaugummis aus dem Pflaster kratzt, habe ich aufgesehen. Der hatte ja noch alles. Eine Wohnung und einen Job. Ich hingegen …

Und das war für mich eines der schwersten Dinge, als ich wieder in ein Leben mit Wohnung zurückkehrte. Mich wieder als gleichwertiger Mensch, »zugehörig« zu fühlen und mich nicht wie ein ausgestoßener und unterwürfiger Obdachloser zu benehmen. Das hat sehr lange gedauert.

Step eins war der Platz im Obdachlosenheim. Ich hatte wieder ein Dach über dem Kopf, war also im eigentlichen Sinne kein Obdachloser mehr. Der nächste war, als ich meine eigene Wohnung bezog und der allerletzte große Schritt ist gemacht worden, als ich bei einer großen Kreditberatung als Vertriebler zu guten Konditionen eingestellt wurde.

Der Berliner Kurier schrieb damals den Artikel: »Von der Parkbank zur Kreditbank«. Und wirklich erst nach dem eintreten all dieser Ereignisse fühlte ich mich wieder komplett dazugehörig. Ich war wieder ein vollwertiges Mitglied der Gesellschaft, das nicht mehr auf irgendwelche Hilfe angewiesen ist.

Man wird als Obdachloser einfach nicht mehr wie ein richtiger Mensch behandelt und man fühlt sich dann nach einer Weile auch nicht mehr so. Zumindest ging es mir so. Man wird von so gut wie jedem mehr oder weniger stark ausgegrenzt und das ist extrem belastend.

Ich fühlte mich wirklich irgendwann wie von der normalen Gesellschaft ausgespuckt und völlig auf mich allein gestellt. Niemand würde mir helfen, wenn es mir schlecht ging oder wenn ich eines Tages einfach nicht mehr konnte. Der Moment, in dem mir das so richtig klar wurde, sorgte für erhebliches Unbehagen und einer großen Angst vor der Zukunft. Also nicht so eine diffuse Angst, sondern eine ganz konkrete, die man sehen und anfassen konnte. Die real war.

Unterwegs in Deutschland und Europa

Ich hatte ja bereits erwähnt, dass Obdachlosigkeit nicht nur Nachteile, sondern auch einen sehr großen Vorteil hat und das ist die enorme Freiheit, die man als Obdachloser genießt. Man bekommt keine Post, um die man sich kümmern muss, erhält keine Rechnungen, die bezahlt werden müssen, und es zwingt einen auch niemand, morgens pünktlich um neun an irgendeinem Computer zu sitzen.

Niemand sagt einem, wo man zu sein hat, und man hat auch sehr selten Termine, die man wahrnehmen muss. Man muss keine Steuern zahlen oder sehen, wie man das Geld für die monatlich laufenden Kosten verdient, weil es fast keine gibt. In unserer Gesellschaft ist dies ein Zustand der Freiheit, der nach meinem Dafürhalten einzigartig ist.

Ich war schon immer ein sehr freiheitsliebender Mensch. Mir fällt es bis heute schwer, mich in bestehende Strukturen zu integrieren. Das ist auch mit der Hauptgrund, warum ich fast die gesamte Zeit meines Lebens als Selbstständiger oder als Freelancer unterwegs war.

Und mal ganz ehrlich, so schlimm, wie die Straße auch war, die Freiheit in dieser Form, vermisse ich bis heute. Natürlich hat man auch als Obdachloser Dinge, um die man sich kümmern muss, doch verglichen mit einem Leben mit einer Wohnung, sind diese sehr gering.

Die beiden einzigen Probleme, die man hat, sind: Wie bekomme ich das Geld zusammen, das ich heute brauche? Und wo finde ich am Abend einen halbwegs sicheren und trockenen Platz, wo ich meine Isomatte und meinen Schlafsack ausrollen kann.

Diese Freiheit bemerkt man natürlich nicht gleich am Anfang, wenn man neu ist auf der Straße. Weil gerade die erste Zeit der Orientierung sehr stressig sein kann. Bei mir war das ein Moment im Frühjahr 2016. Ich befand mich am Berliner Hauptbahnhof und es gab mal wieder eine Menge Stress. Mein Zelt, mit allem was darin war, war wiederholt gestohlen worden und die Diebe waren am HBF unterwegs und verhöhnten mich noch damit. Vielleicht auch in der Hoffnung, mich zu provozieren und dann gemeinschaftlich über mich herzufallen. Außerdem ging mir der Mikrokosmos Hauptbahnhof gerade tüchtig auf die Nerven.

Vom Hauptbahnhof leben jeden Tag geschätzt 50 bis 70 Leute. Bettler, Flaschensammler, Verkäufer der Obdachlosenzeitung, Taschendiebe und auch Leute die dies alles in Kombination betreiben. Und es haben sich Strukturen etabliert, die teilweise über Jahre gewachsen sind. Zum Beispiel gehört das Innere des Bahnhofs der einen Gruppe, während sich zwei andere die jeweiligen Vorplätze untereinander aufgeteilt haben. Allerdings sind diese Strukturen in einem dauerhaften Wandel und je nachdem wer gerade die Vorherrschaft hat, kann sich das auch schnell immer mal wieder ändern.

Es gibt also sehr viele Befindlichkeiten und Vorrechte an einem solchen Bahnhof, die man kennen und berücksichtigen muss, wenn man sich dort dauerhaft und ohne täglichen Stress aufhalten möchte.

Natürlich gab es keine offiziellen Mitarbeiter-Versammlungen, auf denen man dies besprach, sondern es hat sich in einem permanenten Gerangel um die besten Verkaufs- oder Bettelplätze mal dieser oder mal jener durchgesetzt, bis irgendwann jemand anderes die Sache anders sah.

Das liest sich jetzt so leicht, doch ich habe selbst beobachtet, dass bei solchen Streitereien Messer gezogen wurden. Mit Schlägereien musste man sowieso ständig rechnen.

Auf jeden Fall ging mir der Bahnhof furchtbar auf die Nerven. Irgendjemand hatte mir erzählt, dass man mit einem FlixBus für wenig Geld praktisch überall hinkommt. Also machte ich mich schlau, wo die Dinger abfuhren.

Ich hatte etwas Geld, vielleicht 50 oder 60 Euro, da in den letzten Tagen das Schnorren recht gut gelaufen ist und ich auch immer versuchte, ein paar Euro als Sicherheitsrücklage zu haben, falls ich mal krank werde und nicht schnorren kann.

Also fuhr ich zum Zentralen Omnibusbahnhof (ZOB) am Kaiserdamm, ohne auch nur die geringste Idee zu haben, wo es nun hingeht. Ich schaute also auf die Anzeigetafeln und sah, dass in 30 Minuten ein Bus nach Hannover abfährt. Der Fahrpreis lag innerhalb meines Budgets, also kaufte ich ein Ticket, einen Sechserträger Bier und war plötzlich auf dem Weg nach Hannover. Wo ich wie schlafen sollte, würde sich schon finden.

Dort angekommen, ging ich als Erstes zum Hauptbahnhof, um andere Obdachlose kennenzulernen und zu hören, wie es in dieser Stadt so lief. Ich kaufte also ein paar Dosen Bier, setzte mich in die Nähe einer kleinen Gruppe Obdachloser und fing nach einigen Minuten ein Gespräch über irgendein belangloses Thema an und als ich eine Runde Bier spendierte, war das erste Eis gebrochen. Ich war also nicht mehr so ganz allein und bekam heraus, wo man duschen konnte, wo es Essen und Kleidung abzuholen gab und wie die Polizei und die Sicherheitsmitarbeiter am Bahnhof so drauf waren. Zusätzlich bekam ich Tipps für Schlafplätze oder wurde manchmal auch gleich eingeladen, am Abend mit auf die Platte der Leute zu kommen.

Eine Platte ist der Ort, an dem man sich als Obdachloser regelmäßig aufhält. In der Regel hat man zwei davon. Eine Schnorrplatte, wo man sein Geld verdiente und auf der man sich während des Tages überwiegend aufhält, und einmal eine Schlafplatte, auf der man während der Nacht ist.

Tatsächlich verrät man als Obdachloser seinen Schlafplatz sehr selten und nur Leuten, die man lange kennt und denen man vertraut. Ganz einfach weil man im Schlaf eben extrem angreifbar ist und man nicht weiß, ob der Obdachlose, mit dem man sich im Moment sehr gut versteht, nicht vielleicht morgen dein Feind ist.

Doch ich bin ein recht kommunikativer Typ und nach der zweiten Runde Bier, mit der Aussicht auf eine Dritte, bekam ich recht häufig Einladungen auf Schlafplatten. Zumal ich auch immer erklärte, nur auf der Durchreise zu sein und dass ich in ein paar Tagen wieder weg sein werde.

Einladungen auf Schlafplatten waren aus Sicht der persönlichen Sicherheit Gold wert. Eine Gruppe von Obdachlosen wird nicht so leicht angegriffen wie ein Einzelner, der sich vielleicht noch irgendwo verkrochen hat und dort zufällig von einer Gruppe betrunkener Jugendlicher aufgespürt wird. Und die Ortskundigen wissen in der Regel auch, wo man besser nicht schlafen sollte.

Nachdem ich alles, was ich wissen musste, in Erfahrung gebracht hatte, begann ich zu schnorren. Wie das genau funktioniert, werde ich später noch genau ausführen. Ich war ein sehr guter Schnorrer.

Zum einen gehörte es früher zu meiner Arbeit, meine eigenen Dienstleistungen zu verkaufen und als Webdesigner hat man zwangsläufig auch mit Marketing in den verschiedensten Facetten zu tun. Und zum anderen war ich viele Jahre im Vertrieb und Verkauf tätig gewesen. Die Kenntnisse, die ich mir während meines Lebens in diesen Bereichen erworben hatte, wandte ich nun ganz einfach auf meine aktuelle Situation an.

Und nicht ohne eine bisschen stolz zu sein, kann ich sagen, dass ich heute als Vertriebler nur deswegen so erfolgreich bin, weil ich damals auf der Straße betteln musste. Dort bekam ich sozusagen den Feinschliff.

Um als Bettler an Geld zu kommen, muss man es schaffen, die Leute zu etwas zu bringen, von dem sie eine Minute vorher noch das krasse Gegenteil zu tun gedachten.

Wenn ich Menschen ansprach und nach Geld fragte, wollten die alles, aber nicht, diesem dreckigen Penner, der zudem noch deutlich nach Alkohol roch, auch nur einen rostigen Cent zu geben. Und die Kunst im Betteln lag darin, eben trotzdem an die begehrten Cents zu kommen.

Doch wer jetzt denkt, dass ich den Leuten irgendwelche Horrorgeschichten erzählt habe, um an mein Ziel zu kommen, der irrt. Ich habe tatsächlich immer die Wahrheit gesagt und die war in der Regel so beeindruckend, dass eben einige Leute doch das Portemonnaie aufmachten und nach Kleingeld suchten. Gelegentlich gab es auch mal einen Fünf- und ganz selten mal einen Zehneuroschein.

In wenigen Worten erklärte ich, dass ich obdachlos bin und auf der Straße schlafen muss und fragte dann direkt und kurz und knapp nach ein bisschen Kleingeld.

Andere Male erzählte ich Witze und brachte die Leute zum Lachen. Und wenn Menschen mit oder wegen dir oder über dich gelacht haben, gibt es auch ganz schnell ein bisschen Geld.

So bin ich in viele Städte Deutschlands gekommen. Ja sogar in Paris war ich einige Wochen, an die ich aber überhaupt nicht gern zurückdenke, denn die Zeit dort war sehr schwer. Ich war in Hannover, Wolfsburg, Göttingen, Hamburg, Bremen und in vielen anderen Städten. In manchen auch mehrmals. Aber immer hat es mich wieder zurück nach Berlin gezogen.

Letzteres trifft übrigens auf mein gesamtes Leben zu. Ich habe in vielen Städten und sogar in anderen Ländern gelebt, aber die Stadt Berlin ist irgendwie wie ein Magnet für mich.

Und ich habe auf meinen Reisen viele coole Menschen kennengelernt. Von einigen möchte ich an dieser Stelle berichten.

Von Wolfsburg nach Paris

Auf einer meiner Reisen bin ich in Wolfsburg gelandet. Ich kam Morgen gegen vier Uhr dort an und machte mich meiner Gewohnheit folgend erst mal auf den Weg zum Bahnhof. In meinem Rucksack befanden sich noch ein paar Bier und so machte ich es mir in der Nähe des Bahnhofs auf einer Bank bequem. Ich wusste, vor neun oder zehn Uhr brauchte ich nicht damit zu rechnen, dass die ersten Obdachlosen am Bahnhof auftauchen würden.

Ich machte mich also zunächst auf den Weg zum nächsten Supermarkt, um mir was zu essen zu kaufen und natürlich, um für Biernachschub zu sorgen. Nach meinem Einkauf setzte ich mich vor dem Supermarkt auf eine Bank. Und dann passierte etwas, das mir weder vorher und auch danach nie wieder passiert ist.

Während ich so an meinem Brötchen kaute, sprachen Leute MICH an und fragten, ob ich obdachlos sei. Als ich bejahte, schenkten sie mir ein paar Euro. Ein wenig verwundert über diese seltene Freundlichkeit, steckte ich das Geld ein und glaubte immer noch an einen glücklichen Zufall. Doch es dauerte nicht sehr lange, da passierte dies gleich noch einmal.

Irgendwann setzte sich auch jemand zu mir und begann, mich über Obdachlosigkeit und meine Geschichte auszufragen. Und am Ende bekam ich wieder Geld geschenkt.

Einer der Leute brachte mir einen alten Teller mit Goldrand, den ich vor mich auf den Weg stellen sollte, damit die Leute ihr Geld dort ablegen können. Ich machte das mehr aus Höflichkeit, da ich eigentlich ein Bettler war, der die Leute proaktiv ansprach, was sozusagen die Königsklasse war. Man sieht doch eigentlich immer so ein bisschen mitleidig auf die Leute herab, die dazu einen

Becher benötigten und die sich nicht trauten, direkt nach Geld zu fragen.

Aber als der Teller am Boden stand, regnete es plötzlich Geld. Auf jeden Fall kam es mir so vor. Die Leute gaben alle einen oder zwei Euro, manche legten auch einen Schein ab und während des gesamten Tages setzten sich Leute zu mir, um sich mit mir zu unterhalten.

Ich kam mir vor wie Tom Sawyer, der herausbekommen hatte, wie man andere Leute dazu bringt, den Zaun der Tante Polly zu streichen. Am Abend bekam ich noch von jemandem die Einladung, bei ihm auf dem Sofa schlafen zu dürfen.

Ich fühlte mich wie jemand, der jahrelang umsonst nach Gold gesucht hatte und der nun den dicken Nugget gefunden hat. Am Abend saß ich also mit meinem neuen Bekannten, dessen Namen ich leider vergessen habe, in seinem Wohnzimmer. Und ich weiß nicht mehr wie, wir kamen auf die Idee, nach Lourdes zu pilgern.

Unsere Idee war, mit dem Bus bis an die Grenze nach Frankreich zu fahren und den Rest des Weges dann zu Fuß zurückzulegen. Leben wollten wir von dem, was ich erschnorrte.

Wir machten uns am nächsten Tag tatsächlich auf den Weg. Irgendwie war ich traurig, Wolfsburg, das mich so cool empfangen hatte, zurückzulassen, doch die Aussicht auf ein neues, tolles Abenteuer überwog. Am Busbahnhof sah ich, dass gleich ein Bus nach Paris abfährt und mein Kompagnon, der etwas Geld hatte, kaufte die Tickets und los ging es.

Die schlimme Zeit in Paris

In Paris angekommen sind wir erst mal in der Innenstadt gestrandet, wo wir ein paar Tage zusammen lebten. Doch dann entwickelte sich mein neuer Reisebegleiter zu einem extrem streitsüchtigen

Menschen. Als er irgendwann dazu überging, mich wirklich auf üble Weise zu beschimpfen und auch mit Bitten und Drohungen nicht davon abzubringen war, ließ ich ihn einfach zurück. Ich hatte ihn in den Tagen vorher schon einige Male davor gewarnt und als er an einem Abend wieder damit begann, mich zu beleidigen und zu beschimpfen, habe ich Isomatte und Schlafsack zusammengerollt und bin einfach gegangen.

Ich muss ehrlich zugeben, dass mir das noch heute leid tut, ihn da einfach in der Fremde allein zu lassen, doch es ging nicht anders. Und er hatte ja noch Geld für eine Rückfahrkarte. Außerdem war ich jetzt ja auch allein.

Wo und wie ich in dieser Nacht schlief, weiß ich nicht mehr. Am nächsten Morgen beschloss ich, da ich ja nun schon mal in dieser berühmten Stadt war, ein bisschen Sightseeing zu machen. Mit Englisch und Spanisch fragte ich mich durch und gelangte auf die Weise zum Arc de Triomphe. Ich spazierte am Moulin Rouge vorbei. Hier sind mir besonders die Prostituierten in Erinnerung geblieben, die dort vor den Etablissements standen und versuchten, Kunden anzusprechen. Ich wurde bei drei Gelegenheiten von ihnen angesprochen, ob ich ein Clochard sei. Und jedes Mal wurde mir bedeutet, ich solle kurz warten, sie liefen nach drinnen und kamen mit ein paar Keksen oder ein bisschen Kleingeld zurück. Das war eine so nette Geste, an die ich mich ewig erinnern werde.

Am Abend kam ich am Eifelturm an und da es schon spät war, beschloss ich, gleich auf dem Platz unter dem Eifelturm zu schlafen. An einem der Pfeiler lag bereits eine kleine Gruppe junger Touristen und ich legte mich einfach in deren Nähe hin und blieb so davor verschont, von der Polizei verjagt zu werden. Das war einer der Höhepunkte auf meinen Reisen. Als ich morgens wach wurde und den großen Eifelturm über mir sah.

Wer von euch hatte dieses Erlebnis denn schon mal …

Irgendwie landete ich schließlich am Gare du Nord, dem Pariser Nordbahnhof. Für diejenigen, die schon mal dort waren, ich lebte auf der Seite des Bahnhofs, wo dieses total schiefe Haus steht. Und hier begann eine der härtesten Zeiten, die ich auf der Straße erlebt habe.

Wenn man Berlin und Paris miteinander vergleicht, leben die Obdachlosen in Berlin wie im Paradies. Es gibt Kleiderkammern, Tagesaufenthalte, Notübernachtungen, Obdachlosen-Ambulanzen und vieles mehr.

In Paris wusste ich von einer Teestube, in die man einmal am Tag für eine Stunde gehen konnte. Und dort gab es, wie der Name schon vermuten lässt, ein Glas Tee und nicht mehr.

Den Pariser Obdachlosen geht es wirklich schlecht.

In der Zeit, als ich dort war, wunderte ich mich darüber, dass viele, trotz der noch relativ kalten Tage und Nächte, ohne ausreichende Kleidung, ja sogar ohne Schlafsack unterwegs waren. Irgendwie versuchte ich zu erklären, sie sollten doch in eine Kleiderkammer gehen und sich da eindecken. Die Leute verstanden überhaupt nicht, wovon ich rede. So etwas gibt es hier nicht, wurde mir dann irgendwann klargemacht.

Heute weiß ich, dass es so etwas natürlich auch in Paris gibt, doch die Obdachlosen wussten davon einfach nichts.

Das ging mir persönlich in Berlin aber genauso. Heute weiß ich von dutzenden Einrichtungen, in die man als Obdachloser gehen kann und wo es Hilfe gibt. Doch damals auf der Straße kannte ich lediglich die Bahnhofsmission und die Einrichtung der Stadtmission in der Lehrter Straße – und das war es gewesen.

Streetworker, die den Obdachlosen erklären könnten, wo sich diese Hilfseinrichtungen befinden, sind auf der Straße so etwas wie mythologische Wesen. Jeder Obdachlose kennt einen anderen Obdachlosen, der schon mal einen Streetworker gesehen hat. Mir ist während meiner gesamten Obdachlosigkeit nicht ein einziger begegnet. Erst ganz am Ende tauchte F. am Bahnhof auf, der uns jedoch half wie kein anderer. Dazu später mehr.

Aber zurück nach Paris.

In den ersten Tagen war ich ganz allein und lernte niemanden kennen. Ich schlief direkt auf dem Vorplatz in einer der drei Nischen, die sich auf der rechten Seite befinden, wenn man aus dem Bahnhof kommt.

Auch das Schnorren war hier deutlich schwerer als in Berlin. Besonders schwierig war, dass ich kein Wort Französisch sprach. Okay, ein paar Worte schon, aber die reichten für meine Belange nicht. Also versuchte ich es mit Englisch und einige Zeit später, als ich merkte, dass Einige dies verstanden, auch mit Spanisch. Doch irgendwie schienen mich trotzdem nur sehr wenige Leute zu verstehen – oder besser gesagt, wollten es einfach nicht. Das scheint eine Eigenart der Franzosen zu sein.

Ich lief den ganzen Tag auf dem Platz hin und her, und musste auch noch während der gesamten Zeit meinen Koffer mit mir herumtragen. Erst wenige Wochen vorher waren in Paris mehrere Terroranschläge verübt worden, und als ich meinen Koffer nur einmal kurz stehen ließ, stürmten nur zwei Minuten später schwer bewaffnete Polizisten aus dem Ausgang. Und ich hatte wirklich Mühe, ihnen zu erklären, dass dies mein Koffer sei und ich ihn nur kurz stehen gelassen habe. Mir wurde strengstens untersagt, dies noch einmal zu tun.

Trotz aller Mühen – ich war etwa zehn Stunden am Tag pausenlos dabei Leute anzusprechen – hatte ich an manchen Tagen keine zehn Euro erbetteln können. Und Paris ist eine sehr teure Stadt. Ein Päckchen Tabak kostete damals sieben Euro. Eine Ausgabe, die ich gedanklich sofort strich, als ich an meine Einnahmen dachte. Zigaretten konnte ich mir schnorren.

Allerdings kostete eine Flasche Bier auch fast zwei Euro und Schnaps war so teuer, dass ich nicht mal im Traum daran denken konnte, mir den zu kaufen. Für mich als Alkoholiker war das wirklich schlimm. Meine Rettung war billiger Wein, der zwar scheußlich schmeckte, meinen Körper jedoch mit dem nötigen Alkohol versorgte. Blöd war nur, dass man keinen Wein mit Schraubverschluss kaufen konnte und ich dann noch äußerst widerwillig Geld in einen Korkenzieher investieren musste.

Hier lernte ich J. kennen. Er war Muslim, hatte einige Zeit in Deutschland gelebt und sprach auch sehr gut Deutsch.

Irgendwie sind wir auf dem Vorplatz ins Gespräch gekommen, fanden uns sympathisch und da wir beide das gleiche Schicksal teilten, beschlossen wir, uns zusammenzutun. Insgesamt hingen wir wohl etwa drei Wochen miteinander ab.

Er zeigte mir auch meinen späteren Dauerschlafplatz für die Zeit in Paris. Gleich rechts neben dem Bahnhof ist eine Busstation. André erklärte mir, dass wir dort geduldet werden würden und es auch halbwegs sicher sei.

Als er hörte, dass ich vorher auf dem Vorplatz geschlafen hatte, verdrehte er die Augen. Er erklärte mir, dass dies ein Drogenumschlagplatz und mit den meist afrikanischen Dealern nicht zu spaßen sei. Die würden nicht einfach nur zuschlagen, sondern haben immer gleich ein Messer in der Hand.

Und auch in den folgenden Wochen, wenn einer dieser Leute mir einen Wink gab, woanders hinzugehen, habe ich immer widerspruchslos gehorcht, obwohl dies eigentlich überhaupt nicht meine Art ist. Mir war das lieber so und wer hätte schon groß nach einem verstorbenen Penner gefragt …

J. und ich sind auch ein Beispiel dafür, dass Christen und Muslime keine Feinde sein müssen. Jeder Tag begann bei uns mit Gebet. Ich half ihm bei seinen zeremoniellen Waschungen und während er zu Allah betete, betete ich zu Gott. Und es war absolut selbstverständlich und normal.

Wir verstanden uns wirklich gut. Doch eines Tages, als wir auf dem Bahnhofsvorplatz des Gare du Nord saßen, hielt eine junge Frau mit einem Fahrrad vor uns an. In wenigen Worten fragte sie meinen Kompagnon, ob er obdachlos sei und ob er nicht mit zu ihr kommen wolle. So eine Chance lässt man sich als Obdachloser natürlich nicht entgehen.

J. sagte zu mir nur: »Dann trennen sich unsere Wege hier!« und ich entgegnete: »Ich weiß.« Wir nahmen uns noch kurz in den Arm und er ging. Es war, als wenn ich einen guten alten Freund davonziehen sehe. Wir haben uns nie wieder gesehen und ich war wieder allein.

An der besagten Busstation lernte ich S. kennen. Sie war eine afrikanische Frau und wir beide hatten leider überhaupt keine gemeinsame Sprache, in der wir miteinander hätten reden können. Und trotzdem wurden wir Freunde.

S. kam jeden Abend mit ihrem Einkaufswagen am Busbahnhof an. Sie lief dann erst ein wenig herum. Irgendwann lehnte sie sich mit dem Rücken an eine Abgrenzung, zog die Knie an den Körper und zog sich eine dünne Decke über den Kopf. In dieser Stellung blieb sie dann bis zum nächsten Morgen. Nur gelegentlich hörte ich, wie sie mit sich selbst sprach und manchmal auch weinte.

In Paris habe ich das erste Mal Hunger kennengelernt. In Berlin und anderen deutschen Städten muss niemand hungern. Auch wenn man kein Geld hat, bekommt man immer irgendwoher etwas zu essen. Entweder schnorrt man Geld und kauft sich Essen oder man geht in eine der vielen Hilfseinrichtungen und bekommt dort etwas. Und wenn aus irgendwelchen Gründen überhaupt nichts funktioniert hat, geht man zu einem türkischen Imbiss und fragt da nach. In der Regel gibt spätestens der Dritte einen Börek und einen Tee heraus.

Das ist auch so eine Besonderheit, die ich an muslimischen Menschen sehr schätze. Sie würden einem niemals Geld für Alkohol geben. Unter keinen Umständen! Aber etwas zu Essen geben die immer. Ist auch ein Geheimtipp unter Obdachlosen.

Als ich in Berlin unter der Brücke in der Nähe des Bundestages schlief, kamen jede Woche junge Leute aus einer Moschee und brachten uns heiße Suppe und Tüten, in denen immer etwas Essbares oder Nützliches war. Ich fand das extrem cool!

Also wie gesagt, Essen ist kein Problem und ich muss auch wirklich sagen, wenn euch jemand in Berlin anbettelt und dies mit Hunger begründet, ist er entweder ganz neu auf der Straße und weiß nicht, wie es funktioniert, oder er lügt euch an. Am Alexanderplatz habe ich mal einen vermeintlichen Obdachlosen deswegen rundgemacht. Er saß, den Kopf fast bis zur Erde nach vorn gebeugt und hatte ein Schild vor sich, auf dem in großen Buchstaben HUNGER stand. Nachdem ich mit ihm fertig war, habe ich ihn nie wieder dort gesehen.

Ich hatte in Paris ja oft nur Tageseinnahmen von etwa zehn Euro und die reichten nicht mal für den Alkohol. Und als Alkoholiker kauft man sich eher Alkohol als Essen, wenn man gezwungen ist, wählen zu müssen.

Wenn man so viel trinkt, geht es einem eigentlich immer irgendwie schlecht. Besonders der Magen macht ständig Probleme. Dies führte dazu, dass ich das Hungergefühl, welches aus Richtung Magen kam erst mal falsch deutete und dachte, der Alkohol sei schuld. Doch wurde ich irgendwie immer schwächer, hatte Schwindelanfälle und nur noch sehr wenig Kraft.

Irgendwann am Abend kam S. und fragte mich mit Händen und Füßen, ob ich etwas zu essen haben möchte. Ich wollte es erst nicht annehmen, denn S. ging es noch schlechter als mir, doch als sie noch mal fragte, nahm ich es an. Es war eine halbe Chinapfanne und erst als ich aß, merkte ich, wie hungrig ich war. Und ich konnte mich nicht daran erinnern, wann ich das letzte Mal etwas gegessen hatte. Gierig wie ein hungriger Wolf schlang ich das Essen in mich hinein und merkte, wie innerhalb weniger Minuten meine Kraft zurückkehrte.

Allerdings geschah es sehr oft, dass ich während eines ganzen Tages nichts aß und auch S. am Abend nichts hatte. Ich musste dann hungrig in den Schlafsack. Und Hunger tut weh! Das flaue Gefühl im Magen, das man hat, wenn man beispielsweise das Mittagessen mal ausgelassen hat, ist mit echtem Hunger nicht zu vergleichen.

Das ist wirklich richtig doll schmerzhaft und es gibt sich erst, wenn man isst. Man kann den Schmerz im Magen auch mit Alkohol betäuben, doch das hilft immer nur kurze Zeit.

Insgesamt baute ich immer mehr ab und ich sah keinen Weg, wie ich es zurück nach Berlin schaffen könnte. Das bisschen Geld, das ich hatte, reichte für gar nichts. Wie ich die 50 oder 60 Euro für ein Busticket bekommen könnte, war mir ein Rätsel. Ich fand mich damit ab, dass es in Paris vielleicht mit mir zu Ende gehen könnte.

An einem Tag überredete mich ein anderer Obdachloser, mit ihm in die Teestube zu gehen. Ich wollte eigentlich nicht mehr dorthin, in der Zeit, die ich dafür aufwandte, hätte ich ein oder zwei Euro erbetteln können, die mir am Abend mit Sicherheit sehr fehlen würden. Doch zum Glück ging ich mit.

Nachdem ich mein Glas Tee bekommen hatte, wurde ich, zu meiner Verwunderung, auf Deutsch angesprochen. Es war ein Herr etwa Mitte Fünfzig. Er teilte mir mit, dass er schon seit 30 Jahren in Paris lebt und er sich mit einer kleinen Gruppe anderer Menschen um Obdachlose kümmert. Er erkundigte sich, woher ich komme und was ich in Paris mache. Ich erklärte meine Situation, woraufhin er mich fragte, ob ich nicht nach Deutschland zurückkehren möchte. Seine Frage klang wie Musik in meinen Ohren und ich bejahte dies natürlich, erklärte aber auch meine finanzielle Situation. Daraufhin bat er mich, in einer Woche wieder in die Teestube zu kommen.

Das klang zu schön, um wahr zu sein und basierend auf meinen bisherigen Erfahrungen auf der Straße misstraute ich ihm zuerst. Mir wurden während meiner Obdachlosigkeit tausende Male Versprechen gegeben, mir in irgendeiner Form zu helfen und diese Versprechen wurden in der Regel fast nie eingehalten. So wurde ich beim Betteln regelmäßig gefragt, ob ich einen Job suchen würde. Zu Beginn bin ich noch ein paar Mal darauf hereingefallen. Doch nur um wirklich jedes Mal feststellen zu müssen, dass zum verabredeten

Zeitpunkt niemand beim Treffpunkt erschien. Irgendwann habe ich dann verstanden, dass die Leute diese Angebote nur machten, um zu sehen, ob man denn tatsächlich arbeiten wollen würde und nicht nur faul und asozial sei. Und einige nahmen es auch als Vorwand, um kein Geld geben zu müssen.

Und einer regelmäßigen Arbeit nachzugehen ist eigentlich nicht möglich, wenn man auf der Straße lebt. Am Morgen mit sauberer Kleidung an einem Arbeitsplatz aufzutauchen ist schon ein Ding der Unmöglichkeit. Wenn man eine Wohnung hat, kann man nach Feierabend einfach dort duschen und im Schrank liegen saubere Sachen für den nächsten Tag.

Über all das verfügt ein Obdachloser nicht. Wenn man Feierabend hat, muss man sich erst mal eine Dusche suchen. Die Hilfseinrichtungen, wo dies eigentlich möglich ist, haben um diese Zeit natürlich geschlossen. Dann ist die einzige Möglichkeit, dies zum Beispiel am Hauptbahnhof zu erledigen, was aber zu meiner Zeit sieben Euro gekostet hat. Außerdem kostet es Zeit. Man muss dort hinfahren, dann Duschen und zum Schlafplatz laufen oder fahren. Dafür können schon mal eineinhalb Stunden der Erholungszeit draufgehen.

Außerdem haben Obdachlose in der Regel nicht viel Kleidung. Kleiderkammern haben nach Feierabend in den allermeisten Fällen auch nicht mehr geöffnet und da man am nächsten Morgen saubere Kleidung braucht, muss man mindestens alle zwei Tage in einen Waschsalon. Und dies kostet auch wieder Zeit und Geld.

Erschwerend kommt hinzu, dass man auf der Straße praktisch keine Zeit hat, sich vernünftig zu erholen. Nach Feierabend hetzt man herum, um sich oder die Kleidung zu waschen und dies kann schon mal bis acht oder neun Uhr abends dauern. Und während der Nacht hat man nicht den gleichen Schlaf wie in einer Wohnung. Dass die Straße ein sehr gefährlicher Ort ist, hatte ich ja schon mehrfach anklingen lassen und man muss während der Nacht immer »ein Auge offen lassen«, da man nie weiß, was passiert.

Und auch auf dem harten Beton zu liegen ist nicht sehr angenehm. Irgendwann tut einem alles weh.

Zudem kommt es regelmäßig während der Nacht zu Problemen. Entweder feiern irgendwo in der Nähe junge Leute, was immer für Gefahren sorgt oder es kommt tatsächlich zu Übergriffen. Also bekommt man nicht die Ruhe, die man braucht, um sich richtig zu erholen. Und es liegt in der Natur der Sache, dass man all das zusammengenommen nicht lange durchhalten kann.

Ich persönlich kenne einen einzigen Obdachlosen, der es geschafft hat, regelmäßig einer Arbeit nachzugehen. Er hat es sogar geschafft, jeden Morgen mit gebügeltem weißem Hemd und schwarzer Hose bei seiner Arbeitsstelle als Barista aufzutauchen. Ich weiß nicht, wie er das gemacht hat, doch es war eine grandiose, schier übermenschliche Leistung. Während der Nacht schlief er am Bahnhof Lichtenberg, an dem ich in dieser Zeit als Streetworker unterwegs war. Und dort war es während der gesamten Nacht immer sehr laut. Es gab Geschrei, laute Musik, permanent Übergriffe durch Passanten und vieles mehr.

Und natürlich gab es irgendwann Probleme auf der Arbeit, weil der Obdachlose entweder zu spät kam oder völlig übermüdet und entsprechend unkonzentriert war. Ich bin dann mit ihm dorthin gefahren und habe den beiden Chefs erst mal erklärt, welche gigantische Leistung der Mann jeden Tag vollbringt. Die fielen aus allen Wolken, haben sich entschuldigt und Hilfe angeboten. Der Obdachlose durfte nach Geschäftsschluss im Laden schlafen und konnte sich dort auch duschen. Falls du das mal lesen solltest, ich spreche dir hiermit meine allergrößte Hochachtung aus.

Ich kenne noch einen zweiten Obdachlosen, der jeden Tag zur Arbeit ging. Unser L. Wir schliefen zusammen unter der Brücke an der Spree in der Nähe des Bundestages. Um seine Persönlichkeitsrechte zu schützen, schreibe ich nicht, in welchem Geschäft er gearbeitet hat, doch er war dort der stellvertretende Geschäftsführer.

Wenn der Chef nicht da war, bestimmte er, wie die Geschäfte zu laufen hatten.

L. war einer der sozialsten Menschen, die mir je im Leben begegnet sind. Er war immer hilfsbereit, auch mit Geld, sehr freundlich und da er körperlich sehr fit war, half er uns auch immer, wenn mal wieder Gefahr drohte.

Allerdings hatte L. eine sehr schlechte Schufa, weshalb ihm niemand eine Wohnung geben wollte. Also war er gezwungen, nach Feierabend unter unsere Brücke zu kommen, sein Zelt aufzuschlagen und dort die Nacht zu verbringen. Doch auch er vollbrachte diese großartige Leistung, trotz Obdachlosigkeit jeden Tag einer Arbeit nachzugehen.

Aber zurück nach Paris.

Wie ich schon schrieb, misstraute ich dem Mann, der mir Hilfe angeboten hatte. Allerdings wirklich zu Unrecht. Als ich nach einer Woche wieder in der Teestube auftauchte, war der Mann nicht da und ich sah schon alle meine Felle davonschwimmen, doch glücklicherweise tauchte er dann doch noch auf. Er erzählte mir von seiner Gruppe und berichtete mir, dass man übereingekommen wäre, mir zu helfen. Allerdings sei man gerade noch dabei, das dafür nötige Geld zu sammeln. Aber in spätestens zwei Tagen könne es losgehen.

Er ließ sich von mir noch beschreiben, wo er mich finden könne. Und nach zwei Tagen stand er wirklich vor mir. Wir gingen dann noch zusammen einkaufen, um mich mit Proviant für die Reise zu versorgen. Blöd war nur, dass ich mich nicht traute, nach Alkohol zu fragen, den ich eigentlich viel dringender brauchte als das Essen, das er mir kaufte. Doch ich wusste nicht, wie der Mann auf diese Bitte reagieren würde und ob er vielleicht auf den letzten Metern noch einen Rückzieher machen würde. Also blieb ich still und hoffte, dass mir noch irgendetwas einfallen würde.

Er brachte mich dann noch zur Busstation und kaufte mir das Ticket. Zum Abschied schenkte er mir noch seine Uhr. Ich hatte vorgehabt, diese Uhr wirklich in Ehren zu halten. Doch als ich einige Wochen später aus dem Koma erwacht war und ich entlassen werden sollte, wurde mir gesagt, dass ich nichts hatte, als ich ins Krankenhaus eingeliefert wurde. Ich fragte dann noch nach, dass es ja nicht möglich sein kann, dass ich nackt ins Krankenhaus gekommen bin, erhielt aber keine Antwort.

Später erfuhr ich, dass eine der Obdachlosen mir sogar noch meinen Rucksack in den Krankenwagen gestellt hatte, nachdem ich zusammengebrochen war. Ich vermute, dass man im Krankenhaus alle meine Sachen einfach weggeworfen hatte. Mit dabei war neben der Uhr auch die E-Mail-Adresse des Mannes. Ich habe dies später sehr bedauert, weil ich mich gern bedankt hätte. Falls Sie das vielleicht mal lesen, Sie haben mir damals das Leben gerettet und ich würde mich freuen, wenn Sie irgendwie Kontakt zu mir aufnehmen würden.

Irgendwann kam also der Bus und ich stieg ein. Die Rückfahrt nach Berlin war einfach nur schrecklich. Zum einen weil ich bereits entzügig war, als ich in den Bus stieg. Der Mann aus Paris hatte mir zwar noch etwas Geld gegeben, doch bei den teuren Preisen im Bus reichte dies nur für drei Flaschen Bier. Diese waren bei meinem Grad der Alkoholsucht jedoch nur Tropfen auf den heißen Stein. Die dreizehn Stunden der Reise waren also für mich sehr unangenehm. Doch das war nicht das Schlimmste.

Bei irgendeiner Gelegenheit hatte ich mir Kleiderläuse eingefangen. Vermutlich als sich in einer Nacht ein anderer Obdachloser auf der Suche nach ein bisschen Wärme mit auf meine Isomatte gelegt hatte.

Die Viecher hatten mich schon in den Tagen davor extrem geplagt, doch ich wusste nicht, wie ich die in Paris loswerden sollte. Besonders schlimm war, dass die Läuse bei Wärme förmlich durchdrehten. Und der Bus war ziemlich überheizt. Ich fühlte mich, als würde ich bei lebendigem Leibe aufgefressen. Auf den Schultern hatte ich etwa daumennagelgroße, offene Stellen. Und die Läuse gingen immer wieder genau an diese Stellen, um mein Blut zu trinken, was sehr starken Juckreiz auslöste. Nun konnte ich ja schlecht aussteigen. Also versuchte ich, den Juckreiz mit dem Händedesinfektionsmittel zu lindern, welches auf der Bustoilette zu finden war. Allerdings half dies nur sehr begrenzt und der Juckreiz war nach wenigen Minuten wieder da. Die Narben von damals kann man noch heute auf meinen Schultern sehen.

Dann kam ich noch auf die dumme Idee, auf der Toilette eine zu rauchen. Als ich die Toilette verließ, kam einer der Fahrer auf mich zu und teilte mir mit, dass ich auf dem nächsten Parkplatz aussteigen müsse. Und ich wusste nicht mal genau, wo wir waren. Wahrscheinlich gerade kurz hinter der französischen Grenze.

Nach einer Weile ging ich nach vorn zu den beiden Fahrern und bat mit Engelszungen darum, mich nicht an der Autobahn stehen zu lassen. Ich wäre dort nie wieder weggekommen. Wer lässt schon einen schmutzigen Penner in sein Auto steigen. Zudem war ich inzwischen schon sehr entzügig und ich konnte mir sehr genau vorstellen, wie es mir in wenigen Stunden gehen würde. Und auf so einem Parkplatz hätte ich nicht die geringste Chance gehabt, an Alkohol zu kommen.

Zum Glück ließen sie sich darauf ein.

Nach einem halben Tag Fahrt kam ich dann endlich in Berlin am Kaiserdamm an. Das Erste, was ich tat, war, sofort ein bisschen Geld zu schnorren, um mir Alkohol kaufen zu können. Nachdem ich die schlimmsten Entzugssymptome gelindert hatte, machte ich mich wieder auf den Weg zum Hauptbahnhof, wo ich mit großem Hallo begrüßt wurde. Allerdings glaubten mir nur die wenigsten, dass ich wirklich in Paris gewesen war.

Schlafen auf der Strasse

Auf der Straße in einer Großstadt zu schlafen ist etwas völlig anderes, als zum Beispiel beim Camping auf einem entsprechend eingerichteten Platz zu sein. Auf letzterem gibt es Duschen, elektrischen Strom und es ist dort sicher. Zum einen weil in der Nähe viele andere Camper sind und zum anderen weil zum Beispiel eine Security regelmäßig ihre Runden dreht. Alles Dinge, die für einen Obdachlosen auf den Straßen Berlins nicht zur Verfügung stehen. Und ein Schlafplatz für Obdachlose muss noch viele andere Eigenschaften haben, um als tauglich zu gelten.

Wenn man an eine Großstadt wie Berlin denkt, kann man schnell den Eindruck gewinnen, dass es sehr viele Orte gibt, wo man seine Isomatte und seinen Schlafsack ausrollen kann. Doch tatsächlich sind gute und sichere Schlafplätze in Berlin seltener zu finden, als man glaubt.

Was ist wichtig, wenn man sich als Obdachloser einen Schlafplatz sucht? Das wichtigste ist der Schutz vor Regen und Nässe. Besonders im Winter. Wenn die Temperaturen unter fünf Grad über Null sinken, trocknet nasse Kleidung nicht mehr oder nur sehr langsam. Wenn man eine Wohnung hat und nass geworden ist, hängt man die Jacke an die Garderobe und verschwendet keinen weiteren Gedanken daran. Wenn man sie am nächsten Tag wieder braucht, ist sie trocken.

Bei Obdachlosen ist dies nicht der Fall. Ab gewissen Temperaturen ist nass ganz einfach nass. Der Supergau ist ein nasser Schlafsack. Wenn man es nicht schafft, sich bis zum Abend entsprechenden Ersatz zu besorgen, kann das auch lebensgefährlich werden.

Unter der Brücke in der Nähe des Bundestages hatten wir einen Kollegen, der kein Zelt hatte und sich daher sein Lager mit Plastikplanen baute. Hört sich erst mal wie eine gute Idee an, doch unter Plastikplanen sammelt sich Kondenswasser. Je kälter umso mehr. Am Zelt gibt es dafür Öffnungen, die für eine Zwangsbelüftung sorgen. Mir hatte einmal der Wind die Klappe für diese Öffnung zugeweht, ohne dass ich dies bemerkte. Und schon nach kurzer Zeit wurde ich davon wach, dass mir Wasser ins Gesicht tropfte. Als ich meine Stirnlampe einschaltete sah ich, dass am gesamten Zelthimmel kleine Wassertropfen hingen. Mit einem alten T-Shirt wischte ich diese erst mal ab, musste dies aber etwa jede Stunde wiederholen. Erst am nächsten Tag fand ich die Ursache dafür.

Durch meine Erfahrungen schlau geworden, warnte ich den Kollegen vor diesem Umstand, doch dieser lebte ein wenig in seiner eigenen Welt und ignorierte meinen Warnhinweis. Einige Male fragte ich ihn, ob seine Schlafsäcke noch trocken sind, was er immer bejahte. Doch an einem Morgen kam er aus seinem Zelt, schlotterte am ganzen Leib und hatte blaue Lippen. Der arme Kerl war völlig unterkühlt. Als ich mir seine Schlafsäcke ansah, fand ich diese klitschnass vor. Ich schimpfte ihn tüchtig aus und nahm ihm die Schlafsäcke einfach weg, um sie zu entsorgen und versprach ihm, am Abend Ersatz mitzubringen. Einen Versuch zu unternehmen, diese zu trocknen, war völlig aussichtslos. Natürlich hielt ich mein Versprechen.

Ein anderer Kollege ist mal in der Nacht, auch mitten im Winter, bei einem Toilettengang in die Spree gefallen. Das war für ihn lebensgefährlich. Aufgrund seines angegriffenen Gesundheitszustandes und wegen der nassen Kleidung schaffte er es nicht aus eigener Kraft, wieder die Leiter zum rettenden Ufer hochzuklettern. Er hing also an der untersten Sprosse und rief um Hilfe. Allerdings schliefen wir anderen tief und fest. Er erzählte mir später, dass nach etwa zehn Minuten auch seine Rufe immer leiser wurden, doch zum Glück wurde er von einem anderen Obdachlosen dann doch noch gehört, der die Feuerwehr rief, die ihn dann rettete.

Die Hose, die er bei der Aktion getragen hatte, hängte er über die Rückenlehne einer Bank. Allerdings war die nach etwa vier Wochen immer noch nass und wir mussten sie dann wegwerfen.

Ein trockener Schlafplatz ist für einen Obdachlosen also absolut überlebenswichtig. Aus diesem Grund schlagen Obdachlose ihr Lager auch meist unter Brücken auf, obwohl diese tatsächlich nicht die angenehmsten Orte sind. Unter Brücken ist es meistens sehr laut. Der Verkehr geht oben drüber oder an den Seiten vorbei.

Ich schlief mal unter einer Brücke, über die oben Eisenbahngleise gingen, welche in einer Kurve verliefen. Dies hatte zur Folge, dass alle Züge die dort drüberfuhren sehr laute Quietschgeräusche verursachten und auch der übrige Lärm sehr laut und störend war.

Ebenso tummeln sich unter Brücken Ratten und Mäuse, doch all diese Umstände nimmt man in Kauf, nur um nicht nass zu werden.

Fast genauso wichtig wie ein guter Regenschutz ist der Schutz vor Wind. Als Obdachloser hat man nicht immer die besten Schlafsäcke, sondern muss eben nehmen, was man irgendwo herbekommt. Wenn man Pech hat, schläft man bis in den Oktober oder November hinein mit einem Sommerschlafsack, der für Campingausflüge im August oder Festivals ausgelegt ist, aber für windige Tage eher ungeeignet.

Ich hatte mal für etwa drei Monate einen Schlafplatz in der Nähe des Berliner Hauptbahnhofs. Wenn man an den Bahngleisen in Richtung Alexanderplatz entlanggeht, muss man erst an der Unternehmensberatung PWC vorbei und dann vor dem Futurium links abbiegen. Dort befindet sich eine Brücke mit runden und ovalen

Pfeilern. Nachteilig ist, dass unter dieser Brücke viel Wind geht und diese Pfeiler baubedingt nur sehr wenig Schutz vor diesem boten.

Wenn ich am Abend dort ankam, lief ich erst mal um den Pfeiler herum, um herauszufinden, auf welcher Seite ich Windschatten finde. In diese Richtung rollte ich dann meine Isomatte und den Schlafsack aus. Wenn der Wind in der Nacht allerdings nur um wenige Zentimeter drehte, lag man wieder voll im Wind. Und sehr oft wurde es dann so kalt, dass man davon aufwachte. Still vor mich hin fluchend stand ich dann also auf, nutzte die Störung natürlich gleich für einen Toilettengang, suchte mir Windschatten und legte mich wieder hin. Wenn man Pech hatte und der Wind sehr unbeständig war, wiederholt sich dieses Spiel bis zu fünfmal pro Nacht.

Der Schlafplatz unter dieser Brücke hatte noch einen weiteren Nachteil. Das Futurium befand sich damals noch im Bau und ein findiger Unternehmer hatte dort eine kleine Imbisshütte hingestellt, um die Bauarbeiter mit Snacks und Kaffee zu versorgen.

An einem Abend kam er zu uns, brachte netterweise eine Flasche Wasser mit und teilte uns dann mit, dass er der Pächter der gesamten Fläche sei. Er erlaube uns dort zu schlafen, aber wir müssten am Morgen, wenn er seinen Laden öffnete, verschwunden sein. Ohne es auszusprechen, sagte er uns auch, dass er seinen Gästen unseren Anblick nicht zumuten wolle. Es wäre ja auch wirklich zu schrecklich gewesen, wenn die Arbeiter sich ihren Morgenkaffee abholen wollten und 30 Meter weiter zwei dreckige Penner liegen und schlafen. Wie so oft wurden wir nicht als Menschen gesehen, die vielleicht irgendwann im Leben einfach viel Pech gehabt haben und die nun das große Unglück haben, unter so schlimmen Umständen leben zu müssen, sondern wir waren dreckige Störenfriede, die man nicht mal sehen wollte.

Da wir keinen Ärger riskieren wollten, sagten wir dies zu. Mir war es egal. Ich bin schon immer ein Frühaufsteher gewesen, doch meine Kollegen jeden Morgen aufzuwecken, brachte mir des Öfteren eine Tirade aus Schimpfwörtern ein.

Hier noch eine kleine Anekdote am Rande: Unter dieser Brücke geschah etwas, was sich jeder Obdachlose insgeheim wünscht, doch was so gut wie nie eintritt. Ich war in dieser Zeit mit G. und noch einem anderen Obdachlosen zusammen, von dem ich berichten möchte, dessen Name mir aber vollständig entfallen ist.

Er war etwa Mitte fünfzig und wie die meisten Obdachlosen erzählte er fast nichts von sich. Aber er war ein ruhiger und freundlicher Mensch, also stellte sich die Frage, ob er mit uns Platte macht überhaupt nicht. Irgendwie entstand bei mir der Eindruck, als wenn er sich selbst für irgendetwas bestrafen wollte. Er lehnte es komplett ab, sich eine Isomatte zu besorgen, sondern schlief auf einer Bastmatte von etwa einem Meter Länge. Zudem wollte er auch keinen Schlafsack, sondern begnügte sich mit einer Decke. Ich bot ihm mehrfach an, ihm diese Dinge zu besorgen, aber er lehnte immer wieder ab.

Am Tag hingen wir am Hauptbahnhof ab. Er hatte sein eigenes Geld, entweder weil er noch etwas auf dem Konto hatte oder Rente bezog. Da er aber von sich aus nichts erzählte, fragte ich höflicherweise nicht nach. Ich schnorrte für G. und mich und G. ging Bier holen oder erledigte andere Wege. So ging das Tag für Tag.

Nach etwas zwei Wochen, wir waren wie immer am Hauptbahnhof, kamen zwei Frauen durch den Ausgang. Eine etwa in dem Alter wie unser Kollege und eine Jüngere.

Den Gesichtsausdruck der älteren Frau werde ich niemals vergessen, als sie unseren Kollegen sah. Es war eine seltsame Mischung aus großer Freude, Schmerz und sehr großer Verunsicherung. Beide blieben stehen wie vom Donner gerührt und trauten sich augenscheinlich nicht näher zu kommen. Da sie nichts weiter unternahmen, schenkte ich ihnen keine weitere Beachtung und begann wieder mit dem Schnorren. Nach einigen Minuten sprachen sie mich an und fragten, ob ich den Kollegen kennen würde. Da ich nicht wusste, was sie von ihm wollten, hielt ich mich erst mal bedeckt. Um sicher zu gehen, wollte ich erst bei unserem

Spannemann nachfragen. Als ich dies tat und auf die Frauen zeigte, die er bis dahin noch nicht bemerkt hatte, machte er ein ähnliches Gesicht wie die Frau zuvor. Da begann ich schon etwas zu ahnen …

Zögerlich gingen alle aufeinander zu, um sich dann mit einer sehr großen Herzlichkeit in die Arme zu nehmen. Sie gingen dann etwas an die Seite, um sich zu unterhalten. Nach 20 Minuten kam unser Kollege zu uns und klärte uns auf.

Es waren seine Frau und seine Tochter. Aus Gründen, die er nie erklärt hatte, ist er auf die Straße gegangen und Frau und Tochter hatten ihn in ganz Deutschland gesucht und ihn hier am Hauptbahnhof gefunden. Sie wollten, dass er zu ihnen zurückkehrt, was er natürlich sehr gern tat. Er ging dann zu seiner Familie, aber nur um kurz danach zurückzukehren und uns noch 20 Euro zu schenken. Er bedankte sich für die gute Kameradschaft und ging. Auch ihn sah ich nie wieder.

Zwischen den ganzen Dramen und dem Elend und der Not, mit denen man als Obdachloser konfrontiert ist, ist dies eine der wenigen schönen Geschichten, die ich erzählen kann. Eine mit einem Happy End, von denen es leider viel zu wenige gibt. Insgeheim wünscht sich jeder Obdachlose, dass ihm so etwas passiert. Dass Menschen aus dem alten Leben beginnen, sich Sorgen zu machen, einen suchen und einem wieder auf die Füße helfen.

Doch fast immer ist das genaue Gegenteil der Fall. Wenn man anfängt abzustürzen, wenden sich alle Menschen von einem ab. Wenn Sie als meine Leserinnen und Leser denken, dass Sie doch ein stabiles Umfeld bestehend aus Familie, Freunden und Kollegen haben, die Ihnen in Notsituationen zur Seite stehen und die Ihnen helfen, kann ich Ihnen ganz klar sagen, dass dies mit großer Sicherheit nicht geschehen würde.

Am Anfang bekommt man hier und da noch eine kleine Unterstützung oder darf für einige Tage auf dem Sofa oder im Gästezimmer anderer Leute schlafen. Doch der Gast und der Fisch haben eines gemeinsam, beide stinken nach drei Tagen, so sagt es jedenfalls ein Sprichwort.

Die Freunde haben alle ihr eigenes Leben und ein Dauergast stört da im Alltag sehr. Wie würde es Ihnen selbst gehen? Dann geht man zum nächsten Bekannten oder Freund, doch irgendwann ist man bei allen gewesen. Und dann?

Sehr oft beginnen die Freunde dann auch noch schlecht zu reden, irgendwie muss man ja rechtfertigen, dass man nicht hilft. Also werden Gerüchte gestreut und als Betroffener mutiert man sehr schnell zur Persona non grata. Niemand will mehr mit einem zu tun haben. Das ist genauso mir und allen mir bekannten Obdachlosen passiert.

Frauen haben es da etwas besser als Männer. Ihnen wird eher und meist auch länger Obdach gewährt als Männern. Wohl weil eine Frau eher des Schutzes bedarf, was auch grundsätzlich gut und begrüßenswert ist, aber auch der Mann braucht diese Hilfe. Auch er muss auf der Straße leben und in sehr vielen Fällen überlebt man das nicht oder mit dauerhaften Schäden psychischer und physischer Art. Und dass jemand aus dem alten Umfeld kommt und einen aus der Obdachlosigkeit heraus rettet, habe ich persönlich nur zweimal erlebt.

Ist man erst mal auf der Straße gelandet, ist man in weiten Teilen auf sich selbst gestellt. Hier gilt der alte Spruch, hilf dir selbst, dann hilft dir Gott.

Tatsächlich müssten wir Menschen uns viel mehr umeinander kümmern. Und nicht erst, wenn jemand auf der Straße gelandet ist. Vom Staat ist hier nicht viel zu erwarten. Der weigert sich seit dem Bestehen der Bundesrepublik, konsequent etwas für Obdachlose zu tun. Falls wirklich Geld locker gemacht wird, dann nur für Maßnahmen, die den Leuten draußen das Leben erleichtern sollen. Wir verteilen Schlafsäcke, geben Suppe und Tee aus und sorgen für Notunterkünfte, die oft den Namen Unterkunft nicht verdienen. Doch alle diese Maßnahmen haben eines gemeinsam. An dem Hauptproblem des Obdachlosen ändert sich nicht das Geringste. Er muss weiter auf der Straße leben.

Dabei ist es in einem absoluten Eigeninteresse, sich gegenseitig zu helfen, denn JEDER KANN DER NÄCHSTE SEIN!!! Gerade in der heutigen Zeit, wo die Kosten für das tägliche Leben explodieren und viele Haushalte selbst mit zwei Einkommen Schwierigkeiten haben, über die Runden zu kommen, ist die Wahrscheinlichkeit, dass man selbst plötzlich unter einer Brücke aufwacht und überhaupt nicht weiß, wie man da hingekommen ist, hoch. So, wie es mir selbst passiert ist. Hätte man mir nur drei Wochen vor meiner eigenen Obdachlosigkeit gesagt, dass ich in Berlin auf der Straße landen würde, hätte ich schallend gelacht und dies niemals für möglich gehalten. Doch tatsächlich geschah mir genau dies und vielen anderen Obdachlosen erging es ähnlich.

Wie schnell man obdachlos werden kann

Es reicht schon, den Arbeitsplatz zu verlieren oder krank zu werden. Ich hatte mal im Leben eine Situation, da hätte es mich fast erwischt. Ich konnte das gerade so noch abbiegen, doch ich hatte mehr Glück als Verstand.

Ich hatte einen Hauptjob, der mir mit Provisionen etwa 6.000 Mark (damals gab es die gute, alte D-Mark noch) einbrachte. Zusätzlich noch einen Nebenjob der mit etwa 2.500 DM vergütet wurde. Zur damaligen Zeit ein kleines Vermögen, dass auf jeden Fall ein sorgenfreies Leben garantierte. Zumindest aus finanzieller Sicht.

Ich hatte ein schönes Haus gemietet mit zwei Terrassen. Eine nach Osten, eine nach Westen. Im großen Garten war ein Swimmingpool und vor dem Haus standen zwei Autos.

Und dann wurde ich krank.

Obendrein wurde ich in dieser Situation auch noch von meiner damaligen Partnerin verlassen.

War vorher alles leicht und ohne Probleme zu bezahlen gewesen, so hatte ich jetzt richtige Sorgen. Das Einkommen aus meinem Nebenjob fiel komplett weg und auch meine Verkaufsprovisionen. Aus 8.500 Mark waren in ganz kurzer Zeit 2.000 geworden. Nach sechs Wochen begann das Krankengeld und es waren dann nur 68 Prozent der 2.000 Mark. Und allein die Kaltmiete für das Haus betrug 1.000 Mark. Hinzu kamen noch die Kosten für die Heizung, die in diesem Haus extrem teuer waren. Als ich einzog erkundigte ich mich beim Vermieter zur Dämmung des Hauses und dieser versicherte mir, dass diese gut wäre. Vertrauensvoll wie ich war, prüfte ich dies nicht nach.

In meinem ersten Jahr bestellte ich Anfang Dezember 1.000 Liter Heizöl und ging davon aus, dass ich weite Teile des Winters damit reiche würde. Am ersten Weihnachtsfeiertag ging meine Heizung aus und ich rief einen befreundeten Heizungsmonteur an und bat ihn zu helfen. Wenig begeistert kam er meiner Bitte nach. Nachdem er ein bisschen am Heizkessel rumgeschraubt hatte, teilte er mir mit, dass meine Heizung absolut in Ordnung sei. Doch auch das beste Pferd arbeitet nicht ohne Futter und eine Heizung nicht ohne Öl. Mein Tank sei leer. Ich entgegnete, dass dies nicht sein kann, da ich ja nun gerade erst 1.000 Liter getankt hatte. Doch ein Blick auf den Füllstand, zeigte mir, dass er Recht hatte.

Und auch die Kosten für Wasser waren durch den Pool im Garten sehr hoch.

Ich hatte in dieser Zeit mal einen Monat, da hatte ich am Ersten alle meine Kosten überwiesen und noch 50 Mark für den restlichen Monat übrig.

Erschwerend hinzu kam, dass die Kündigungsfrist für das Haus neun Monate betrug und der Vermieter ließ überhaupt nicht mit sich reden und bestand auf pünktlicher Zahlung soweit Einhaltung der Kündigungsfrist.

Ich habe die Situation irgendwie überstanden indem ich Untermieter ins Haus nahm und zum Beispiel nur deren Zimmer heizte, während ich im Kalten saß.

Wie gesagt, ich habe es mit Ach und Krach geschafft, diese Situation zu bewältigen, doch es hat nicht viel gefehlt und ich wäre auf der Straße gelandet. Und ich hatte nichts falsch gemacht. Keine Drogen, keinen Alkohol und immer fleißig gearbeitet. Mein einziges Vergehen war, dass ich krank geworden bin.

Und so etwas kann in ähnlicher Form jedem passieren.

Hier noch ein anderes Beispiel: Einer meiner Kollegen von der Straße hatte ein eher spießbürgerliches Leben. Er hatte ein Haus gebaut, das auch zu großen Teilen bezahlt war. Sein soziales Umfeld war auch in Ordnung. Freunde, Kollegen und am Freitag ging es mit dem Stammtisch zum Kegeln. Einmal im Jahr flog die ganze Familie gemeinsam in den Urlaub. Alles chic.

Und dann verließ ihn seine Frau.

Dies warf ihn, ähnlich wie bei mir, völlig aus der Bahn. Er begann zu trinken, die Kinder hielten zu der Frau, die bei der Scheidung natürlich auch noch das Haus bekam.

Innerhalb von wenigen Monate rutschte er aus einem gutbürgerlichen Leben in die Obdachlosigkeit. Und auf der Straße stürzte er richtig tief ab.

Er begann in großen Mengen Alkohol zu trinken und gab sich völlig auf. Keine Körperpflege mehr und auch kein Sachentausch in der Kleiderkammer.

Als er irgendwann unsere Platte verließ, wollten wir sein Zelt abbauen und stellten völlig angewidert fest, dass er wenn er nachts zur Toilette musste einfach unter die Isomatte gekackt hatte, diese dann anschließend darüber gedeckt hatte und sich wieder schlafen gelegt hatte.

Aus einem ganz normalen Mann, der mitten im Leben stand, war innerhalb von wenigen Monaten ein wirklich abstoßendes menschliches Wesen geworden.

Und so wie mir und meinem Kollegen ist es den meisten Obdachlosen ergangen. Irgendwann kamen im Leben einer oder mehrere schlechte Umstände zusammen und ehe man bis drei zählen kann, wird man aus seinem gewohnten Leben herauskatapultiert und wird völlig unvorbereitet in das äußerst harte Leben auf der Straße geworfen.

Und wie bereits weiter vorn schon geschrieben, es kann wirklich jeden treffen. Ich kenne Akademiker, die auf der Straße leben.

Aber zurück zum Thema Schlafen auf der Straße. Neben dem Witterungsschutz ist auch Sicherheit ein äußerst wichtiges Thema. Wenn man auf der Straße lebt, muss man permanent mit allem rechnen. Man ist nie in Sicherheit. Und das fühlt sich wirklich schlimm an.

Der Schlaf auf der Straße ist von Natur aus nicht mit dem zu vergleichen, als wenn man in einem Bett schläft. So eine Isomatte hält zwar die Bodenkälte fern vom Körper, ist aber überhaupt nicht weich. Dies führt dazu, dass schon nach wenigen Tagen der gesamte Körper schmerzt. Bei mir war es so, da ich Seitenschläfer bin, dass die Druckpunkte, auf denen man liegt, also Schultern und Hüfte, sehr wehtaten. Wenn ich mich am Abend zum Schlafen hinlegte, musste ich mir immer eine Liegeposition suchen, die am wenigsten wehtat. Man wird da notgedrungen sehr kreativ und versucht dann zum Beispiel, nicht direkt auf der Hüfte zu liegen, sondern rollt den Körper immer ein bisschen nach vorn und nach hinten. Doch wenn man sich in der Nacht ein bisschen bewegt, liegt man wieder auf den schmerzenden Stellen und wird dann durch den Schmerz geweckt.

Insgesamt wird der gesamte Schlaf durch permanente Störungen unterbrochen. Manchmal sind es Jugendliche, die in der Nähe feiern und die mit steigendem Alkoholpegel immer lauter anfangen herumzugrölen, was am Ende auch gefährlich werden kann.

Unter der Brücke in der Nähe des Bundestages, hatten wir mal so ein Erlebnis. In der Nähe feierten junge Leute und man hörte im Verlaufe der Stunden, wie das fröhliche Singen nach und nach in Gegröle überging, welches immer lauter wurde und aggressiver wurde. Da ich an diesem Abend sehr müde war, bin ich irgendwann trotzdem eingeschlafen. Geweckt wurde ich durch Geräusche, die eindeutig darauf hinwiesen, dass etwas zerstört wurde und die absolut nicht zu den üblichen Geräuschen passten.

Anfangs wusste ich nicht, was gerade passiert und traute mich auch nicht, das Zelt zu öffnen. Aber dann hörte ich wie F., die einzige Frau auf unsere Platte, einen Laut von sich gab, der so angstvoll war, dass ich einfach rausmusste. Wie das enden würde, wusste ich nicht, da ich zu dieser Zeit noch immer im Rollstuhl saß und sehr schlecht auf den Beinen unterwegs war.

Als ich den Reißverschluss des Zelts öffnete, bot sich mir ein Bild der Zerstörung. Das gesamte Spreeufer war mit den Sachen meiner Kollegen übersät. Die Brücke, unter der wir schliefen, verlief in einem leichten Bogen und war durch Betonwände alle paar Meter unterteilt, sodass man nur zwei Abteile weit sehen konnte. Außerhalb meines Sichtbereichs hörte ich deutlich Kampfgeräusche, doch als ich dort hingehumpelt war, sah ich die Täter etwa hundert Meter entfernt laut grölend verschwinden.

Als wir uns alle von unserem Schrecken erholt hatten, fragte ich nach, was passiert ist. Aus verschiedenen Erklärungen meiner Kollegen stückelte ich mir den Ablauf zusammen.

Die jungen Leute sind an unseren Zelten vorbeigelaufen. Ganz am Anfang haben sie den Fahrradanhänger von L. umgeworfen. Zum Glück war dieser an diesem Abend nicht da, denn er hätte sich dies ganz sicher nicht gefallen lassen. Und er allein gegen sechs Leute, das wäre mit Sicherheit nicht gut ausgegangen. Dann ließen sie die nächsten Zelte in Ruhe und auch an meinem gingen sie noch vorbei. Vielleicht auch weil mein Rollstuhl vor dem Zelt stand. In der nächsten Box schliefen vier Leute aus Bulgarien. Sie hatten sich eine Plane von der Rückwand der Brücke, über die davorstehende Bank gespannt und schliefen darunter.

Die Angreifer rissen die Plane weg und warfen ein paar Dinge der Kollegen auf die Uferpromenade. Im nächsten Abteil schlief F., wie gesagt die einzige Frau auf unserer Platte. Deren Lager war vollständig zerstört und F. saß vor Angst zitternd in einer Ecke. In der nächsten Box hatte sich A., ein junger Australier, sein Zelt aufgestellt. Die Täter nahmen das Fahrrad von F. und warfen es auf das Zelt von A. und einer drückte dies noch mit aller Kraft herunter. A. fragte völlig empört aus dem Zelt, ob sie ihn umbringen wollten und kam aus seiner zerstörten Behausung heraus. Einer der jungen Leute warf eine Flasche in Richtung des Kopfes von A. Dieser konnte noch ausweichen aber nur, um im nächsten Moment einen Faustschlag ins Gesicht zu bekommen.

Dann zogen die Angreifer laut grölend weiter.

Inzwischen tauchten auch meine anderen Kollegen auf. Einer hatte sich nicht aus dem Zelt getraut und kam jetzt an und tat völlig unschuldig und fragte, was passiert sei. Niemand antwortete ihm, da alle wussten, dass er doch sicher genau mitbekommen hatte, was sich ereignet hatte. Und auch D., der sonst immer sehr groß und mutig tat, schaute von oben von der Brücke zu uns herunter und tat ebenfalls ganz überrascht. Er sei auf der Toilette gewesen, obwohl er dazu nie nach oben ging. Wahrscheinlich hatte er die Angreifer gehört und ist einfach weggelaufen und hat uns andere im Stich gelassen.

Das Verhalten meiner Kollegen ist übrigens normal, wenn man auf der Straße lebt. Man stellt sich die Obdachlosen oft als homogene Gruppe vor. Wo man sich schon lange kennt und man sich gegenseitig hilft. Doch dies entspricht nicht der Wahrheit.

Die Realität sieht so aus, dass Menschen aus total unterschiedlichen Lebensbereichen mit zum Teil äußerst unterschiedlichen Backgrounds aus ihren Leben geworfen und nun hier auf der Straße zusammengewürfelt werden und miteinander klarkommen müssen. Es bilden sich zwar immer wieder Gemeinschaften von Leuten, die relativ gut miteinander auskommen, doch diese Bündnisse sind sehr fragil und der Kollege mit dem man heute noch seinen Schlafplatz teilt, kann schon am nächsten Tag dein größter Feind sein oder dich bestehlen oder durch das Verbreiten von falschen Anschuldigungen und Gerüchten für eine Menge Probleme sorgen.

Unsere Truppe unter der beschriebenen Brücke hielt relativ lange gut zusammen, zumindest der harte Kern von sechs Leuten, aber wie man an dem Überfall oder an meinem Erlebnis in Hannover, wo man mir die Hände so schwer verletzt hatte, gut erkennen kann, ist es sehr oft so, dass wenn es wirklich ernst wird, man allein gelassen wird und auf sich selbst gestellt ist. Ich habe das auf der Straße sehr schnell verstanden, dass ich komplett auf mich selbst gestellt bin und von niemanden Hilfe zu erwarten hatte. Und dieses Gefühl war sehr unangenehm, sich absolut schutzlos allem nur Möglichen ausgeliefert zu sehen.

Und als es mir zum Ende meiner Obdachlosigkeit sehr schlecht ging und ich mehr tot als lebendig war, wurde ich sogar von den Obdachlosen am Hauptbahnhof ausgestoßen.

An dem Abend nach dem Überfall unter der Brücke halfen wir den Kollegen noch, ihre Sachen wieder aufzusammeln. Mehr konnten wir nicht tun. Währenddessen tauchte merkwürdigerweise auch noch die Polizei auf. Vermutlich hatte ein Passant vom gegenüberliegenden Spreeufer die Szene beobachtet und diese verständigt. Sie fragten, sichtbar desinteressiert, ob wir die Täter kannten. Als wir dies verneinten, sagten sie, dann könne man nicht viel machen und gingen wieder davon. Nichts mit Fahndung im nahen Umfeld, wie es sonst bei ähnlichen Übergriffen üblich ist. Sind ja eh nur Penner. Wen interessieren die schon.

Gewalt ist auf der Straße ein permanentes Thema. Und meistens geht diese von der normalen Bevölkerung aus, also von den Menschen, die eine Wohnung ihr Eigen nennen. Natürlich bekommt man auch mal Streit mit anderen Obdachlosen, doch bis auf wenige Ausnahmen gibt es mal einen Schlag mit der Faust oder eine Backpfeife und dann ist es erledigt und man rauft sich ein paar Tage später wieder zusammen. Doch die wirklich schlimmen Überfälle kommen in der Mehrzahl von ganz »normalen« Menschen. Zumindest Menschen, die die Mehrheit als normal bezeichnen würde.

Um dies ein bisschen anschaulicher darzustellen, möchte ich hier ein paar Beispiele erzählen.

Tod und Sterben auf der Straße

Gegen Ende meiner Obdachlosigkeit tauchte am Hauptbahnhof in Berlin Horst auf. Ich nenne hier ausnahmsweise mal einen Klarnamen, da Horst inzwischen verstorben ist und ich sein Andenken bewahren möchte. Menschen sind erst wirklich tot, wenn niemand mehr über sie spricht.

Horst war Ende sechzig. So genau habe ich das nie herausgefunden, da er permanent andere Angaben zu seinem Alter machte. Als er am Bahnhof ankam, setzte er sich wie selbstverständlich in unsere Nähe, war aber sehr still und ruhig. Ich habe ihn mal angesprochen, aber nur einsilbige und nach meiner Meinung, abweisende Antworten von ihm bekommen. Ich dachte mir, dass er nicht reden möchte und da er keinen Ärger machte, ließen wir ihn einfach dort sitzen, wo er gern sitzen wollte.

Wie sich später herausstellte, bekam Horst eine Rente und war deswegen nicht darauf angewiesen zu schnorren oder Flaschen zu sammeln. Da wir ihn für einen Einzelgänger hielten, kümmerten wir uns auch nicht darum, wohin er am Abend mit seinem Koffer zum Schlafen verschwand.

An einem Morgen kam Horst über den Washingtonplatz in Richtung Hauptbahnhof gehumpelt, wo ich mich damals nur noch zum Verkaufen der Obdachlosenzeitung aufhielt. Ohne seinen Koffer. Als er näher kam, fiel mir als erstes auf, wie grau er im Gesicht war. Das war anders als bei sehr alten Menschen üblich, die ja irgendwie immer ein bisschen grau aussehen. Horsts Gesicht hatte eine Farbe wie Holzasche. Das nächste, das ich wahrnahm, war, dass sein Gesicht heftig angeschwollen war. Er setzte sich wortlos auf einen der würfelförmigen Steine und ließ den Kopf hängen.

Nach einer Weile ging ich zu ihm und fragte, wo denn sein Koffer sei. Seine völlig aufgebrachte Antwort war: »In der Spree!« Und dann begann, er mir die Geschichte zu erzählen, bei der ich heute noch Gänsehaut und sehr schlechte Laune bekomme.

Er ist am Abend, wie immer, unter seine Brücke zum Schlafen gegangen. Diese befindet sich, wenn man vom Hauptbahnhof Richtung Bundestag geht und man kurz vor der grünen Brücke, welche über den Fluss führt, die Treppen nach links runtergeht. Hinten in der Nische war sein Schlafplatz. Ich hatte dort selbst einige Wochen geschlafen.

Er berichtete, dass in der Nacht fünf oder sechs junge Leute über ihn hergefallen sind, die sofort begannen, ihn zu treten und zu schlagen. Einer der jungen Leute fand es wohl witzig, seinen Koffer in hohem Bogen in die Spree zu werfen. In diesem Koffer befand sich seine gesamte Rente für den Monat und noch viel schlimmer, seine Herzmedikamente, die er dringend brauchte. Deshalb war er auch so grau.

Angestrengt dachte ich nach, wie ich ihm helfen kann. Die Idee zur Polizei zu gehen und eine Anzeige zu machen, verwarf ich sofort wieder. Viel wichtiger war, dass er so schnell wie möglich an seine Medikamente kommt. Die Obdachlosenambulanz hatte am frühen Morgen natürlich geschlossen, also blieb nur die Idee, ihn in die Notaufnahme der Charité zu bringen, die in der Nähe des Hauptbahnhofes ist.

Zum Glück waren die Leute dort hilfsbereit, was auch nicht selbstverständlich ist und wir versuchten herauszubekommen, welche Medikamente Horst in welcher Dosierung braucht. Er selbst konnte sich nicht erinnern, was eventuell auch der Aufregung durch die Erlebnisse in der letzten Nacht geschuldet war.

Die Ärzte veranlassten eine Notmedikation, damit er nicht zusammenklappt, und am nächsten Tag organisierte T. (ein wirklicher Engel der Obdachlosen) aus der Obdachlosen-Ambulanz in der Lehrter Straße die richtigen Medikamente. Zum Glück hatte Horst sich an den Namen seines Hausarztes erinnert, den wir per Telefon fragen konnten.

Dann konnte ich Horst natürlich nicht mehr auf der Straße schlafen lassen. Die meisten Unterkünfte, die schnell zur Verfügung standen, boten nur Übernachtungsmöglichkeiten und am Tag musste man wieder auf die Straße. Ich rief in einigen dieser Einrichtungen an und konnte erreichen, dass die Notunterkunft in der Storkower Straße sich bereit erklärte, Horst für drei Tage und Nächte aufzunehmen. Ich rief Horst gleich an und beschrieb ihm, wie er dort hinkommen könne und an wen er sich wenden solle. Am Abend kam noch eine kurze Meldung von ihm, in der er mir mitteilte, dass er gut angekommen sei.

Da er einen wirklich harten Tag hinter sich hatte, ließ ich ihn in Ruhe und stellte keine weiteren Fragen. Nach zwei Tagen hatte ich ihn wieder am Telefon und als ich mich erkundigte ob er zurechtkommt und gut schlafen kann, teilte er mir mit, dass er überhaupt nicht schläft. Auf meine Frage, ob eventuell andere Mitbewohner zu laut sind oder etwas ähnliches vorliegt, kam eine Antwort, die in ihrer Schlichtheit das ganze Drama noch mal richtig deutlich machte.

Er konnte überhaupt nicht schlafen, denn jedes Mal wenn er die Augen schloss, sah er die Gesichter der Angreifer vor sich. Der arme Mann hatte auch noch ein Trauma erlitten.

Als ich gegen Mittag wieder in meiner Unterkunft war, hatte ich denkbar schlechte Laune. Also wütend ist noch zu milde ausgedrückt. In dieser Stimmung setzte ich mich an den Laptop und schrieb auf Facebook einen Brandbrief an die Täter. Sinngemäß in etwa dem Tenor, dass sie auf den Kameras des Hauptbahnhofs von Horst wiedererkannt wurden und es nur eine Frage der Zeit ist, bis es eine Öffentlichkeitsfahndung gibt und ich dann ihre Fotos an jeden Obdachlosen in der Stadt verteilen werde. Dem könnten sie nur dadurch entkommen, dass sie sich bei mir melden und Horst anständig entschädigen. Natürlich haben die feigen Schweine sich nicht gemeldet. Doch der Post ging auf Facebook viral und wurde über 5000-mal geteilt.

Daraufhin rollte eine gigantische Hilfswelle an, die kaum zu koordinieren war. In Antworten auf den Post und in etwa gleich vielen persönlichen Nachrichten boten Leute Hilfe an oder fragten, wie man helfen könne. In den nächsten drei Tagen war ich vollständig mit dem Beantworten dieser Nachrichten beschäftigt.

Die Menschen spendeten Geld, das ich Horst in bar geben sollte. Es wurden Kleiderspenden, Schlafsäcke und vieles mehr angeboten. Es war so viel, dass ich den Leuten ans Herz legen musste, dies an andere Personen zu spenden.

Das Einzige, was nicht angeboten wurde, war eine Wohnung oder ein vernünftiger Platz in einem Obdachlosenheim. Als Horst nach ein paar Tagen seinen Platz in der Storkower Straße verlassen musste, ging es für ihn geradewegs wieder zurück auf die Straße.

Durch die vielen Spenden hatte Horst in den nächsten Wochen zwar ein etwas leichteres Leben, doch als diese aufgebraucht waren, war er wieder in der gleichen Situation wie vor dem Überfall.

In den nächsten Monaten und Jahren wurden Horst und ich Freunde. Ich hatte ihn inzwischen (zu dieser Zeit war ich bereits als Streetworker tätig) auch mithilfe vieler anderer Menschen immer wieder aus schlimmen Situationen gerettet, doch es zog ihn aus verschiedenen Gründen immer wieder zurück auf die Straße.

Am 29. September 2021 erhielt ich einen Anruf aus der Charité. In diesem teilte man mir mit, dass wenn ich Horst noch einmal lebend sehen möchte, ich sofort dorthin kommen sollte. Wahrscheinlich hatte man eine meiner Visitenkarten, die bei vielen Obdachlosen in Berlin kursieren, bei seinen Sachen gefunden.

Auf der Intensivstation machte ich mich auf das Schlimmste gefasst, doch die Pfleger und Schwestern waren sehr einfühlsam und ein Pfleger setzte sich im Warteraum zu mir und erklärte mir, in welchem Zustand Horst ist und dass er im Koma liegt und man beabsichtigt, am Abend die Maschinen abzuschalten. Horst würde sowieso nur noch durch diese am Leben erhalten und die Chancen, dass er sich nochmals erholen würde, lägen in etwa bei null. Und falls es gelingen sollte, ihn wieder von den Maschinen zu entwöhnen, wäre er mit hoher Sicherheit für den Rest seines Lebens ein schwerer Pflegefall. Ich kannte Horst inzwischen gut und wusste, dass er so ein Leben niemals gewollt hätte.

Als ich das Zimmer betrat, erkannte ich Horst fast nicht wieder. Obwohl ich wusste, dass er im Koma liegt, sprach ich ihn an und Horst begann, heftig seine Arme und Augen zu bewegen. Der Pfleger stellte noch ziemlich erstaunt fest, dass Horst ja, trotz der Gabe von schweren Betäubungsmitteln, auf mich reagieren würde.

Ich setzte mich dann zu ihm ans Bett, nahm seine Hand und begann, mich mit ihm zu unterhalten. Fast so, als wären wir wieder am Hauptbahnhof, jeder würde auf seinem Stein sitzen und wir würden ganz normal plaudern. Nach und nach beruhigte er sich und auch sein Herzschlag auf dem Überwachungsmonitor wurde wieder ruhiger.

Und ich bin mir sicher, dass er mich verstanden hat. Als ich nach etwa drei Stunden einem Pfleger sagte, dass ich kurz eine rauchen gehen würde, hielt Horst meine Hand fest. Und als ich ihm sagte, dass ich gleich zurückkomme, ließ er wieder locker. Das war ein Moment in meinem Leben, an den ich mich immer erinnern werde.

Als ich wieder bei Hort zurück war, erzählte ich ihm, dass sein schweres Leben nun eine Ende hätte und alles wieder gut werden würde. Im Himmel würde seine Frau auf ihn warten, deren Tod ihn so aus der Bahn geworfen hatte. Ich sagte ihm, dass sie dort wieder jung und gesund sein werden und sie miteinander tanzen würden wie der Wind.

In der Zwischenzeit kam eine junge Ärztin zu mir und erklärte mir nochmals genau den Zustand von Horst und fragte mich, ob ich dazu bereit wäre, dass man jetzt die Maschinen abschaltet. Völlig entsetzt antwortete ich, dass ich diese Entscheidung nicht treffen könne, da ich zwar ahnte, was sein Wunsch in diesem Fall gewesen wäre, es aber eben nicht wusste. In diesem Moment erkannte die Ärztin auch ihren Irrtum. Sie hatte mich mit seinem gesetzlichen Betreuer verwechselt. Nach etwa vier Stunden kam dieser noch dazu und auch eine Frau, die sich sehr lange und gut um Horst gekümmert hatte.

Als die beiden Abschied genommen hatten, kam ein junger Arzt, dosierte die Schmerz- und Betäubungsmittel hoch und schaltete die Maschinen ab. Es dauerte noch etwa 30 Minuten, bis man auf dem Überwachungsmonitor sehen konnte, wie die Vitalwerte ziemlich schnell nach unten gingen.

Ich sagte: »Jetzt stirbt er« und auch jetzt reagierte Horst noch mal auf meine Worte. Es war, als würde er versuchen, sich noch mal aufzubäumen, doch durch die vielen Medikamente war es nur ein Zucken, das durch seinen Körper ging. Die Frau sagte ihm, dass alles gut sei und wenige Minuten später war aus den Zacken auf dem Monitor, die seinem Herzschlag darstellten, eine gerade Linie geworden. Ich ließ seine Hand los, faltete die Hände über seiner Brust und schloss ein letztes Mal seine Augen.

Als wir den Raum verließen, standen die Pfleger mit gesenktem Kopf da und erwiesen so unserem Horst die letzte Ehre. Ich empfand dies als tolle Geste. Diese Leute sehen jeden Tag Menschen sterben und trotzdem scheint dies für sie nie zur Routine zu werden.

Gern wäre ich noch zu seiner Beerdigung gegangen, doch da ich kein Familienangehöriger war, verweigerte man mir die Auskunft, wann und wo Horst beerdigt wird.

In der Zeit, als ich auf der Straße war, habe ich acht Menschen an den Tod verloren. Menschen, die ich gut kannte. Von denen ich in den meisten Fälle ihre Geschichte kannte, wusste, was sie in ihrem alten Leben gemacht hatten. Also Menschen die mir ans Herz gewachsen waren, soweit dies unter den Verhältnissen auf der Straße überhaupt möglich ist.

Wenn Obdachlose sterben, verschwinden sie in den meisten Fällen einfach. So, als hätte es sie nie gegeben.

Dann gibt es in der hintersten Ecke auf dem Friedhof ein Fläche, die für Sozialbegräbnisse reserviert ist. Und wo der Spaten nicht auf Metall stößt, wird die nächste Urne eingegraben. Kein Grabstein und zu meiner Zeit nicht mal ein Namensschild. Und in den allermeisten Fällen kommen bei Obdachlosen auch keine Angehörigen mehr zur Beerdigung und auch Grabreden werden so gut wie nie gehalten. So endet dann ein sechzig- oder siebzigjähriges Menschenleben.

Ulla war am Hauptbahnhof so etwas wie die graue Eminenz. Als der Berliner Hauptbahnhof im Jahr 2006 eröffnet wurde, war sie eine der ersten Obdachlosen gewesen, die sich dauerhaft am Bahnhof aufhielten. Damals war sie noch fit und gesund gewesen und da sie die ältesten Rechte besaß, bestimmte sie auch eine Zeitlang, wer wo seine Obdachlosenzeitung verkaufen durfte und wer nicht.

Als ich Ulla kennenlernte, war sie schon weit über die 70 hinaus. Sie war alt geworden, musste am Rollator laufen und ging sehr gebeugt, da sie ihren Rücken nicht mehr gerade bekam. Anfangs beachtete ich die alte Frau kaum, doch dann bemerkte ich, mit welch ungewöhnlich hohem Respekt sie von den anderen Obdachlosen behandelt wurde.

Am Hauptbahnhof gab es zu meiner Zeit drei Gruppen von Leuten. Einmal die rumänischen Zigeuner, dann die polnischen und die deutschen Obdachlosen. Und alle waren sich irgendwie feindlich gesinnt. Ich glaube, Ulla und ich waren die einzigen, die von allen Gruppen anerkannt wurden. Sie wegen der langen Zeit, die sie am Bahnhof zugebracht hatte und bei mir lag es daran, dass es mir einfach völlig egal ist, welchen Pass jemand in der Tasche hat, und ich mich auch entsprechend verhalte.

Irgendwann beobachtete ich, wie jemand Ulla anschrie. Der Typ war ziemlich neu am Hauptbahnhof und machte überall Ärger. Bisher war er jedoch ungeschoren davon gekommen. Doch mit ihr hätte er das besser nicht gemacht. Die polnischen Leute standen wortlos auf, führten den Typen in eine Ecke außerhalb des Sichtbereiches der Kameras und schlugen ihn ziemlich schlimm zusammen. Ulla war irgendwie die Mama von allen und auch wegen ihres hohen Alters genoss sie den Respekt aller.

Man hatte ihr auch immer wieder Plätze in Wohnheimen verschafft, doch dort blieb sie nie lange. Zum einen nervten sie die vielen Regeln und ewigen Bevormundungen dort und zum anderen war sie gern am Bahnhof. Dort war sie wer, ihr Wort hatte Gewicht und dort waren ihre Leute und ihr Zuhause.

Einmal erzählte sie mir davon, dass sie nun in eine Seniorenresidenz ziehen könne. Irgendwer hatte ihr diese wohl in den schillerndsten Farben geschildert und sie fieberte dem Tag entgegen, an dem es endlich so weit sein würde. Alle freuten sich mit ihr.

Nach nur wenigen Wochen tauchte sie wieder am Bahnhof auf und ich fragte sie, ob sie zu Besuch gekommen sei. Da fing sie an, fürchterlich über die angebliche Residenz für alte Leute zu schimpfen. Ich zitiere sie hier mal, soweit ich die Worte noch zusammenbekomme. »Die sind doch alle bekloppt da! Ich kann mich mit niemandem unterhalten!«

Nach ein paar Minuten Unterhaltung fand ich heraus, dass man sie in ein Heim für demente Leute gesteckt hatte. Und Ulla gehörte überall, aber nicht dorthin.

Trotz ihres hohen Alters, war sie im Kopf noch ein ganz junges Mädchen. Ich erzählte ihr einmal, wieviel mein Zimmer im Obdachlosenheim pro Tag kostete und schon im nächsten Satz, fragte sie mich: »Was? So viel nehmen die im Monat dafür?« Sie hatte den Gesamtbetrag blitzschnell ausgerechnet.

Als ich später im Obdachlosenheim war, fuhr ich trotzdem an jedem Morgen zum Hauptbahnhof, um die Obdachlosenzeitung zu verkaufen. Ich musste dies tun. Als ich von der Straße kam, besaß ich das, was ich auf dem Leib trug, einen Satz Wechselwäsche, einen Rucksack, Schlafsack und Isomatte sowie meinen Rollstuhl. Damals bekam ich schon Hartz IV. Das Geld reichte hinten und vorn nicht. Ich gönnte mir keinen Luxus außer zwei Päckchen Tabak in der Woche und trotzdem war zwei oder drei Tage vor dem Zahltag das Geld einfach zu Ende. Da konnte man machen, was man wollte. Die 405 Euro, die ich damals erhielt, waren einfach viel zu wenig. Wenn man beim Bäcker einen Kaffee für 1,50 kaufen wollte, um mal eine Weile an einem Tisch vor der Bäckerei in der Sonne zu sitzen, musste man gut darüber nachdenken, ob man sich diese Ausgabe auch leisten konnte.

Sich davon neu einzukleiden, selbst im An- und Verkauf, wo eine Hose für zehn Euro zu bekommen war, war völlig unmöglich. Zur Kleiderkammer wollte ich nicht mehr gehen, da ich ja de facto nicht mehr obdachlos war und ich empfand es extrem unfair gegenüber den Kollegen, die noch draußen unter den Brücken waren, mir dort Kleidung zu holen.

Also musste eine andere Lösung her. Die einfachste wäre natürlich gewesen, arbeiten zu gehen. Doch wenn man ALG II bekommt, darf man nur 100 Euro dazuverdienen. Alles andere wird einem vom Amt weggenommen. Und ein richtiger Job hätte sich auch nicht gelohnt, da ich dann die 750 Euro für mein Zimmer von acht Quadratmetern aus eigener Tasche hätte bezahlen müssen.

Da blieb mir eigentlich nur die Lösung mit der Obdachlosenzeitung. Um den Kollegen nicht zu schaden, die noch viel mehr auf das Geld aus dem Zeitungsverkauf angewiesen waren als ich, begann ich mit dem Verkauf schon um 5.30 Uhr und hörte sofort damit auf, wenn die ersten wirklichen Obdachlosen auftauchten.

Da Ulla auch schon immer früh da war, weil sie oft die Nacht im McDonalds im Untergeschoss des Bahnhofs zugebracht hatte, etablierte es sich, dass wir morgens zusammen unseren Kaffee tranken. Entweder fand ich sie draußen auf dem Washingtonplatz vor, auf ihrem Rollator sitzend mit zwei Bechern Kaffee, oder sie kam kurz nach mir und ich ging dann Kaffee holen. Dann ließen wir den Tag gemütlich beginnen, tranken unseren Kaffee, sprachen über Gott und die Welt und auch über die einen oder anderen Sorgen, die uns plagten.

An einem Morgen war Ulla nicht da und kam auch nicht wie sonst ein paar Minuten nach mir. Doch ich machte mir keine großen Sorgen, da dies gelegentlich schon mal vorgekommen war und sie ja schließlich immer auftauchte. Eher würde der Hauptbahnhof geschlossen bleiben.

Ich begann mit dem Verkauf der Zeitungen, als plötzlich D. sehr aufgeregt vor mir stand. Sie hatte ihren Zeitungsverkaufsplatz auf der anderen Bahnhofsseite. Sie sagte, dass ich schnell kommen solle. Mit Ulla würde irgendetwas nicht stimmen. Natürlich ging ich sofort mit.

Und schon aus dem Bahnhof heraus konnte ich durch die Glaswand sehen, dass etwas absolut nicht in Ordnung war. Ulla saß auf ihrem Rollator und schien ein Nickerchen zu machen, wie sie es oft tat. Doch diesmal war es anders. Sie war ganz extrem in sich zusammengesunken. So sitzt kein Mensch. Auch nicht wenn sich im Schlaf die Muskeln entspannen.

Als ich bei ihr angelangt war, rüttelte ich sie vorsichtig an der Schulter und wusste im gleichen Moment, dass sie tot war. Ich merkte sofort, dass kein Leben mehr in ihr war und hatte im selben Moment einen dezenten Verwesungsgeruch in der Nase.

Die rumänischen Obdachlosen und auch D. sahen mich fragend an und da ich nicht wusste, wie ich es anders ausdrücken sollte, da ich dies in keiner Sprache sagen konnte, die sie und ich gemeinsam hatten, machte ich die Geste des Halsabschneidens.

Per Handy wählte ich die Notrufnummer. Auf die Idee hoch zur Bundespolizei zu gehen, kam ich überhaupt nicht. Zu tief saß das Wissen in mir, dass es dort für Obdachlose keine Hilfe gibt. Nach wenigen Minuten kamen dann auch der Rettungswagen und wenig später die Polizei. Der Platz wurde abgesperrt und Ulla mit einem weißen Tuch bedeckt.

Während die Polizei mich befragte, was sich zugetragen hatte, sagte ich plötzlich unwillkürlich und ohne darüber nachgedacht zu haben: »Sie ist noch hier.« Ich konnte ihre Gegenwart ganz deutlich spüren und damit meine ich nicht den toten Körper.

Die Obdachlosen am Bahnhof kauften Kerzen und Blumen und in der Bahnhofsmission ließ jemand einen Zettel ausdrucken, auf dem Ullas vollständiger Name, sowie ihr Geburts- und Todesdatum standen. Dies wurde in einer Ecke des Washingtonplatzes liebevoll drapiert und gab uns die Gelegenheit, Abschied zu nehmen.

So endeten viele Jahrzehnte eines Menschenlebens.

Und es geschah noch etwas Merkwürdiges, über das ich bisher nur sehr selten gesprochen habe, da es die meisten Menschen nicht für wahr halten würden. Als ich am Nachmittag zu Hause war und auf dem Sofa lag, war der Geruch, den ich an ihrer Leiche wahrgenommen hatte, äußerst präsent in meinem Zimmer. Also nicht leicht und dezent, sondern richtig schwer und deutlich wahrnehmbar.

Erst dachte ich, dass ich diesen Geruch noch irgendwie in der Nase hatte, wie es manchmal geschieht, wenn man etwas nicht Alltägliches gerochen hat. Doch zeitgleich spürte ich wieder ihre Anwesenheit, wie am Vormittag auf dem Bahnhofsvorplatz. Und da ging mir ein Licht auf. Ulla war noch mal gekommen, um Abschied zu nehmen. Ich sagte ihr, dass sie jetzt gehen müsse und kurz danach waren sie und der Geruch verschwunden.

Vielleicht denken jetzt einige, ich hätte nicht mehr alle Tassen im Schrank, doch ich bin mir sicher, dass es sich genauso zugetragen hat. Und wie es Ulla und Horst ergangen ist, geht es vielen Obdachlosen.

Die Straße ist keine Zwischenstation, bis man wieder eine Wohnung hat und erst recht ist es kein Ort, an dem man gut und gern lebt.

Die Straße ist eine Todeszone!

Obdachlose Menschen sterben im Durchschnitt 25 Jahre früher als Menschen mit einer Wohnung. Männer mit 49 und Frauen mit 52. Auch mich hat es einige Male fast erwischt.

Wie mir der Tod begegnete

Am Hauptbahnhof bin ich mal fast erfroren und habe das Ganze nur mit knapper Not überlebt. Lasst mich kurz erzählen, wie es dazu kam:

Es war ein bitterkalter Tag gewesen. Die Temperaturen lagen bei ungefähr zehn Grad unter null und es war schon mehrere Tage lang so kalt gewesen. Und Kälte auf der Straße, wie man sie als Obdachloser empfindet hat eine ganz andere Qualität als die Kälte die man verspürt, wenn man eine Wohnung sein Eigen nennt.

An diesem Tag war ich körperlich und seelisch am Rand meiner Belastungsfähigkeit und dachte mit Grauen an die nächste Nacht im Zelt. Besonders das Aufstehen am Morgen war immer schlimm, da man die eiskalte Kleidung anziehen musste.

Und obwohl ich Notübernachtungen mied, kam ich an diesem Tag auf die Idee, es noch einmal in der Lehrterstraße zu versuchen. Da Rollifahrer aus Brandschutzgründen nicht in die normale Notunterkunft durften, da diese im Keller lag und man nicht garantieren konnte, dass im Brandfall alle die Treppen hochkommen würden, sollten Leute wie ich im Wartebereich der Obdachlosenambulanz schlafen. Dieser lag zu ebener Erde und wurde in der Nacht natürlich nicht benutzt.

Für mich als Obdachlosen hatte es den Vorteil, dass ich nicht mit bis zu 15 anderen Leuten in einen Kellerraum gepfercht wurde, sondern wenn man Glück hatte, waren es nur ein oder zwei andere Rollifahrer und man konnte die Nacht halbwegs in Ruhe zubringen.

Doch als ich am Abend dort ankam, bemerkte ich, dass M., ein polnischer Obdachloser, ebenfalls dort war. M. war ein lieber netter Kerl und wir mochten uns, zumindest die meiste Zeit, gut leiden. Leider ist er an Silvester im Jahr 2018 auf dem Vorplatz am Berliner Hauptbahnhof in seinem Rollstuhl gestorben. Alle dachten, er wäre eingeschlafen, wie er es oft tat. Bis einer von den polnischen Obdachlosen nach einiger Zeit feststellte, dass er sich seit Stunden nicht bewegt hatte. Aber da war er schon nicht mehr hier auf der Erde.

M. hatte leider eine sehr unangenehme Eigenschaft. Wenn er zu viel getrunken hatte, konnte er wirklich lästig werden. Er weckte einen alle zehn Minuten auf und fragte nach einer Zigarette oder Ähnlichem. Und egal ob man ihm etwas gab oder nicht, er fragte nach zehn Minuten wieder und ließ einen so nicht schlafen.

Zudem sah er sich als Boss der Übernachtung in der Ambulanz. Wenn zum Beispiel der Kältebus in der Nacht einen anderen Obdachlosen brachte, wartete M. genau, bis die Tür hinter den Helfern zugegangen war und startete ein wahres Feuerwerk an Maßnahmen um dem »Eindringling« das Leben so sauer wie nur möglich zu machen. Er brüllte herum, warf mit Stühlen und tat alles nur Mögliche, damit der neue Obdachlose wieder ging. In Kombination mit seiner zehnminütigen Dauerfragerei war an Schlaf in einer solchen Nacht nicht zu denken.

An selbigem Abend also war er wieder völlig außer Rand und Band. Schon vor dem Einlass brüllte er alle Umstehenden an und reagierte auf keinerlei Ansprache. Ich hoffte, das er sich gleich beruhigen und hoffentlich schnell schlafen würde. Doch er wurde immer wilder und etwa 15 Minuten nach dem Einlass wurde mir klar, dass ich in dieser Nacht dort kein Auge zumachen würde.

Schweren Herzens, es waren zehn Grad unter null, entschloss ich mich, wieder zu gehen. Mein eigentlicher Plan war, in mein Zelt unter der Spreebrücke zu gehen, doch an diesem Abend hatte ich absolut keine Kraft mehr. Ich hatte sie mir so eingeteilt, dass sie bis zum Einlass reichte. Jetzt war einfach nichts mehr übrig. Zudem hatte ich mich, wie immer, vor dem Betreten der Unterkunft noch mal mit Alkohol zugeschüttet, um in der Nacht nicht total entzügig zu werden. Ich merkte schon nach wenigen Metern, dass ich es an diesem Abend nicht mehr in mein Zelt schaffen würde und entschloss mich dazu, auf dem Gelände der Stadtmission zu bleiben. Auch in der stillen Hoffnung, dass einer der Mitarbeiter sah, wozu man mich genötigt hatte und vielleicht eine Lösung für das Problem fand ... Schließlich hatte ich schon einige Male vorher ihnen gegenüber geäußert, dass M. einen einfach nicht einschlafen ließ. Doch dies wurde permanent und vollständig ignoriert.

Ich legte mich auf eine Betonumrandung eines der Blumenbeete und versuchte einzuschlafen, was mir aber aufgrund der großen Kälte und auch wegen des Fehlens von Schlafsack und Isomatte nur schlecht gelang.

In meinem Rucksack hatte ich noch drei Tetrapacks Wein, die eigentlich für den nächsten Morgen gedacht waren, um den Alkoholentzug zu bekämpfen. Also schüttete ich einen Liter Wein in mich hinein, schlief kurz ein, aber nur um kurz danach wieder vor Kälte aufzuwachen oder weil ich von der schmalen Betonumrandung gerutscht und auf dem Boden gelandet war. Es war eine wirklich schlimme Nacht und ich schickte ein stilles Dankgebet zum Himmel, als die ersten anderen Obdachlosen die Unterkunft verließen und ich somit merkte, dass es Morgen war. Allein bis zu diesem Zeitpunkt hatte ich schon großes Glück gehabt, noch am Leben zu sein. Die Kombination von zu viel Alkohol und einer Nacht bei Minusgraden im Freien hat schon vielen Obdachlosen das Leben gekostet.

Dann weiß ich noch, dass ich mich auf den Weg zum Hauptbahnhof gemacht habe ... und ab diesem Zeitpunkt habe ich keine Erinnerung mehr. Mir wurde später berichtet, dass mich ein Bekannter gegen Mittag auf dem Vorplatz in meinem Rollstuhl sitzen sah. Mit hängendem Kopf und scheinbar schlafend. Er dachte sich nichts dabei, weil ich öfter ein kleines Nickerchen machte, wenn ich zu betrunken war.

Zu meinem großen Glück kam er am Abend gegen 18 Uhr nochmals auf diese Seite des Bahnhofs. Etwas, das er sonst nie tat, da er auf der anderen Seite wohnte. Ich stand mit meinem Rollstuhl noch immer an der gleichen Stelle und hatte meine Sitzposition nicht verändert. Er kam zu mir, sprach mich an und als ich nicht reagierte, rief er meine Betreuerin, Frau Blomberg, an, die ich zu diesem Zeitpunkt bereits hatte. Hier weicht die Geschichte von der Schilderung ab, wie ich sie immer bei meinen Vorträgen erzähle. Einfach aus dem Grund, dass Frau Blomberg es wirklich nicht mag, wenn man sie so in den Mittelpunkt stellt und zum anderen, weil ich den tatsächlichen Hergang der Ereignisse erst viel später erfahren habe. Zu Frau Blomberg, die mir bei meiner Rückkehr ins Leben mehr geholfen hat als jeder andere, werde ich später noch einiges schreiben.

Frau Blomberg kam dann etwas später noch zum Bahnhof gefahren und organisierte einen Transport ins Krankenhaus. Ich bekam von alldem nichts mit. Als ich wieder zu mir kam, lag ich in einem Krankenhausbett. Natürlich in der Psychiatrie, in die Obdachlose im Krankheitsfall fast immer gebracht werden. Wohl weil sie grundsätzlich nicht als normale Menschen angesehen werden, für die natürlich kein Platz auf einer normalen Krankenstation ist. So geschah es mir und auch anderen Obdachlosen. Auch als ich später als Streetworker Obdachlose im Krankenhaus besuchte, fand ich diese immer in der Psychiatrie vor.

Nach einer Weile kam eine junge Ärztin ins Zimmer und erklärte mir, was geschehen war. Zumindest soweit diese es selbst wusste. Ich war mit einer lebensgefährlichen Unterkühlung ins Krankenhaus gebracht worden und meine Körpertemperatur hatte nur noch 29 Grad betragen. Ich habe später nachgelesen, dass bei 27 Grad der Tod einsetzt. Es hatte also nicht viel gefehlt und ich hätte an diesem Tag mein Leben verloren.

Im Krankenhaus hat man mich in ein spezielles Wärmebett gelegt, in dem die Körpertemperatur sehr langsam gesteigert wird, sonst hätte mich das zu schnelle Aufwärmen auch das Leben kosten können.

Ich bekam hier eine kurze Atempause von der Straße von drei Tagen. Danach musste ich wieder raus. Dass ich gerade erst knapp mit dem Leben davongekommen war und nun wieder genau dieser gefährlichen Situation ausgesetzt wurde, interessierte niemanden. Und ich selbst hatte mich inzwischen so sehr an die ungerechte Behandlung gewöhnt, dass es mir normal erschien. Schließlich war ich nur ein Penner …

Richtig schlimm finde ich bis heute, dass mir niemand geholfen hat. Das Ganze spielte sich auf dem Bahnhofsvorplatz auf der Seite Washingtonplatz ab. Dieser Platz wird von sehr vielen Reisenden frequentiert. Auf Google-Maps habe ich später nachgeschaut und gesehen, dass dort pro Stunde etwa 500 neue Leute waren.

An diesem Tag müssen Tausende von Menschen an mir vorbeigegangen sein und nicht ein Einziger kam auf die Idee, mal nach mir zu sehen. Auch wenn ich bei meinen Vorträgen oft sage, dass ich diesen Menschen keinen Vorwurf mache, weil sie mich immer nur für kurze Zeiträume gesehen hatten und nicht wissen konnten, dass ich mehr als 40 Stunden dieser schlimmen Kälte ausgesetzt war, kann ich ein solches Verhalten bis heute nicht verstehen.

Ein nicht mehr ansprechbarer Obdachloser ist genauso eine hilflose Person wie jeder andere Mensch auch. Ich kann wirklich nicht verstehen, wie man da Unterschiede machen kann. Aber wahrscheinlich liegt das an dem aktuellem, nach meinem Dafürhalten, sehr schlechten Zustand unserer Gesellschaft. Jeder schaut nur noch auf sich selbst und andere Menschen sind völlig egal. Besonders wenn sie auch noch obdachlos sind.

Ich glaube, dass dies der für zerfallende Kulturen typische Zustand der extremen Dekadenz ist, der sich immer zeigt, bevor eine Kultur sehr schnell und abrupt zugrunde geht. Sicher, es gibt immer einige Menschen, die anders sind, doch diese sind in der Minderheit und an diesem Tag ist einfach keiner dieser Leute dort vorbeigekommen. Deshalb meine große Bitte an alle Menschen, die dies jetzt lesen, verhaltet euch anders und schaut nach Obdachlosen. Besonders bei großer Kälte.

Achtet auf hilflose Obdachlose

Was viele Menschen zum Beispiel nicht wissen, ist, dass die Symptome, die ein Erfrierender und ein betrunkener Mensch zeigen, sich zum Täuschen ähneln. Bei Erfrierenden ist das Bewusstsein eingetrübt. Sie lallen, reden zusammenhangloses Zeug, ziehen sich bei großer Kälte plötzlich aus, weil ihnen heiß wird und wenn sie sich noch auf den Beinen halten können, taumeln sie, genau wie Betrunkene. Allerdings sind diese Menschen in den letzten Augenblicken ihres Lebens.

Wenn diese dann vorher nur ein oder zwei Bier getrunken haben und dadurch eine Alkoholfahne haben, denkt jeder, dass er es mit einem Besoffenen zu tun hat und überlässt diesen in der Regel seinem Schicksal.

Deshalb ist es wichtig, Obdachlose bei großer Kälte anzusprechen. Dabei muss man jedoch mit einem gewissen Augenmaß vorgehen. Wenn zum Beispiel ein Obdachloser einen dicken Winterschlafsack sein Eigen nennt und eine oder zwei Isomatten unter sich hat und dazu vielleicht noch an einer witterungsgeschützten Stelle liegt, lasst ihn schlafen. Merkt euch aber zum Beispiel die Liegeposition. Findet ihr ihn nach Stunden noch immer in gleicher Position vor, muss man handeln! Wie das genau funktioniert, erkläre ich gleich.

Und man muss die Menschen auch ansprechen, wenn zum Beispiel eine Flasche Schnaps, egal ob leer oder voll, am Schlafsack steht und man denkt, dass der ja nur betrunken ist. Auch

Betrunkene können einen Schlaganfall oder einen Herzinfarkt erleiden.

Sehr ihr jedoch jemanden, der bei großer Kälte irgendwo im Freien liegt, unter sich nur eine Pappe und ohne guten Schlafsack, ist eine Ansprache oberste Pflicht und unter Umständen lebensrettend. Und mit großer Kälte sind nicht nur extreme Temperaturen jenseits von zehn Grad unter null gemeint. Menschen können ohne adäquate Schutzausrüstung bereits bei Temperaturen von fünf Grad über Null lebensbedrohlich auskühlen. Besonders wenn sie vom harten und entbehrungsreichen Leben auf der Straße eh schon sehr geschwächt sind.

Aber auch an allen anderen Tagen muss man nach Obdachlosen sehen. Auch im Sommer können obdachlose Menschen sterben. Viele denken, dass es den Obdachlosen im Sommer gut geht, da es ja warm ist. Doch dies ist ein Irrtum.

Obdachlose haben im Sommer die gleichen Probleme wie im Winter. Ein äußerst stressiges und anstrengendes Leben, bitterste Armut. Ja, Armut auf unterster Stufe. Niemand ist ärmer als ein Obdachloser. Hinzu kommt noch die permanente Angst vor Gewalt oder Gewalt, die tatsächlich ausgeübt wird. Also alles wie immer, nur das es warm ist.

Und die Wärme im Sommer schafft ihre eigenen Probleme. Oft ist nicht mal so viel Geld da, um sich eine Flasche Wasser zu kaufen. Ich hatte ja bereits geschrieben, dass ein alkohol- oder drogenkranker Mensch eher auf Essen und andere Dinge verzichtet als auf seinen Suchtstoff. Ganz einfach weil der Entzug von diesen schlimmer ist als zum Beispiel Hunger.

Alkohol hat zudem noch die Eigenschaft, dehydrierend zu wirken, also dem Körper noch zusätzlich Wasser zu entziehen. Dies hat zur Folge, dass Obdachlose bei großer Wärme in einem dauerhaften Zustand der Dehydrierung sind. Und dies kann sehr schnell lebensbedrohlich werden. Also ist es im Sommer immer eine gute Idee, sich irgendwo einen Sechserträger Wasser zu kaufen und die

Getränke an Obdachlose zu verschenken, die man am Tag in der Stadt trifft.

Am besten in Flaschen, auf denen kein Pfand ist. Wenn man alkoholkrank ist und einem vielleicht gerade die 25 Cent fehlen, um sich die nächste Flasche Alkohol zu kaufen, dann wird das Wasser manchmal auch weggeschüttet, um das Leergut in klingende Münze umzusetzen. Im Zweifelsfall sollte man dieses Risiko aber in Kauf nehmen.

Hinzu kommt, dass obdachlose Menschen per se nicht genügend und fast nie der Witterung angepasste Kleidung besitzen. Und auch die Temperaturunterschiede zwischen Tag und Nacht, die man als Mensch mit Wohnung kaum bemerkt, können erheblich sein. Wenn man am Morgen von seiner Schlafplatze kommt, trägt man in der Regel noch den allgegenwärtigen Hoodie oder andere warme Kleidung. Vielleicht konnte man in der Nacht davor aufgrund irgendwelcher Störungen nicht schlafen und man legt sich in den Schatten eines Baumes, um den versäumten Schlaf nachzuholen. Wenn die Sonne dann weiterzieht, kann es passieren, dass man plötzlich in der prallen Sonne liegt und dies aufgrund der permanenten Dauererschöpfung nicht bemerkt, was dazu führen kann, dass man einen Hitzschlag erleidet.

Aber auch wenn man sich vor dem Niederlegen ausgezogen hat, ist dies keine Garantie dafür, dass alles gut ist. So kann man sich bei weiterziehender Sonne sehr schnell einen Sonnenbrand einfangen. Besonders zu Beginn des Frühlings, wenn die Haut nach dem langen Winter noch nicht wieder an die Sonne gewöhnt ist. Und so ein Sonnenbrand kann einem das Leben auf der Straße richtig sauer machen.

Weil man sich nicht so waschen kann, wie man das gern tun würde, einfach weil man nicht oft Gelegenheit dazu hat, bildet sich auf der Haut ein leichter Salzfilm, der sich ständig mit dem frischen Schweiß vermischt. Dies führt dazu, dass ein Sonnenbrand deutlich schmerzhafter ist, als dies im Normalfall üblich ist.

Außerdem kann man sich in der Nacht nicht ausziehen, da es besonders zu Beginn der warmen Jahreszeit in den Nachtstunden doch noch recht kalt ist. Also muss man warme Kleidung überziehen, was zu einem heftigen Wärmestau auf den verbrannten Stellen führt. Und nun hat man die Wahl zwischen Pech und Schwefel. Entweder frieren oder die Schmerzen aushalten, die durch die Überhitzung entstehen.

Obdachlose sind die ersten, die mit den warmen Temperaturen und der Sonne ganztägig konfrontiert werden, deswegen ist es an den ersten warmen Tagen wichtig, dass ihr den obdachlosen Leuten helft. Ganz wichtig ist es, Sonnenschutzcreme zu verteilen. Am besten in kleinen Abpackungsgrößen, da im Rucksack meist nicht viel Platz ist und man jedes Gramm an unnötigem Gewicht vermeidet.

Genauso wichtig ist es, leichte Mützen, zum Beispiel Baseballcaps, zu verteilen. Auch ein Sonnenstich kann einem die nächsten paar Tage richtig vermiesen. Und ganz wichtig und egal ob es warm oder kalt ist, sprecht hilflose Obdachlose an.

Nach meinen Vorträgen werde ich sehr oft gefragt, wie man obdachlose Menschen denn anspricht. Und mal unter uns gesagt, bin ich über die Frage regelmäßig ein bisschen verwundert, aber das kann auch an meinem Background liegen. Ich möchte hier ein wenig Licht ins Dunkel dieser Thematik bringen.

Also wie spricht man Obdachlose an? Ganz einfach, wie man jeden anderen Menschen auch ansprechen würde. Höflich, freundlich, mit Respekt und Anstand. So, wie man selbst gern angesprochen werden würde.

Hier mal ein Beispiel für den Fall, dass ihr irgendwo jemanden liegen seht und ihr euch nicht sicher seid, ob er Hilfe braucht oder nicht. Man geht zu der Person und könnte in etwa so agieren.

»Hallo, ich mache mir Sorgen um Sie. Geht es Ihnen gut? Können Sie mal bitte die Augen öffnen?« – und das Ganze, ohne den Obdachlosen großartig zu erschrecken. Also mit freundlicher und ruhiger Stimme. Falls er nicht reagiert, kann man es danach immer noch lauter probieren. Auf gar keinen Fall sollte man Obdachlose mit dem Fuß anstoßen oder sie anbrüllen oder ohne Grund an ihnen herumrütteln.

Falls der obdachlose Mensch antwortet, fragt ihn, ob alles gut ist, oder ob er Hilfe braucht oder möchte. Bedenkt dabei aber im Winter auch, darauf zu achten, dass die Antworten sinnvoll sind. Erinnert euch an das Verhalten, das ich bei Erfrierenden beschrieben habe.

Kommen keine oder unzureichende Reaktionen des Obdachlosen, solltet ihr unverzüglich einen Krankenwagen verständigen. Und jetzt kommt noch etwas sehr Wichtiges: Achtet bitte darauf, dass der Krankenwagen den Obdachlosen auch wirklich mitnimmt. Erinnert euch, was ich weiter vorn im Kapitel Ausgrenzung dazu geschrieben habe. Falls eine Besatzung eines Krankenwagens sich weigert, kann man auch mal Druck machen. Ich verweise dann gern auf die Gesetzeslage und erwähne auch den Tatbestand der unterlassenen Hilfeleistung. Es hilft auch immer, im Verweigerungsfall einen Zettel und Stift hervorzuziehen und das Kennzeichen und die Nummer des Rettungswagens zu notieren oder mit dem Handy abzufotografieren. Auch das Fragen nach den Namen der Fahrer und der Verweis, die Presse zu informieren, sind gute Druckmittel. Diese allerdings erst anwenden, wenn freundliches Bitten und gutes Zureden nicht helfen.

Räumungen und Vertreibungen

Und als wenn dies alles noch nicht genug des Schlechten wäre, gibt es noch die ständigen Vertreibungen und Räumungen von Obdachlosen-Schlafplätzen. Wenn man endlich einen geeigneten Schlafplatz gefunden hat, muss man damit rechnen, entweder innerhalb weniger Tage oder aber spätestens nach ein paar Wochen geräumt zu werden. Ich berichte mal von der Situation unter der Brücke an der Spree, wo ich und meine Kollegen fast einen ganzen Winter gemeinsam zugebracht hatten.

Als ich etwa im September 2016 nach meinem Koma aus dem Krankenhaus entlassen wurde, machte ich mich gewohnheitsmäßig auf den Weg zum Hauptbahnhof. Hier war zwar irgendwie mein Platz, allerdings nur tagsüber. Da ich vor meinem Koma viel auf Reisen war, gehörte ich zwar dazu, aber irgendwie nicht richtig. Während die meisten meiner Kollegen unter die Brücke unterhalb des Bundestages gingen, schlief ich hinter dem Futurium unter der Eisenbahnbrücke, was allerdings ein sehr schlechter Schlafplatz war. Erstens war ich dort allein, zweitens mochte mich der Besitzer der Imbissbude nicht und da ich jetzt allein war, ließ er mich dies auch deutlich spüren und drittens zog es jetzt im September dort wie Hechtsuppe.

Irgendwann lud mich einer der Kollegen unter die andere Brücke ein, wo alle anderen schliefen. Dankbar nahm ich das Angebot an. Allein die Anzahl der Obdachlosen bot mir etwas mehr Sicherheit, auf die allerdings auch nicht viel zu geben war, wenn man sich noch mal die Situation mit dem Überfall ins Gedächtnis ruft, die ich etwas weiter vorn beschrieben habe. Aber es war trotzdem eine coole Gemeinschaft. Der harte Kern bestand aus sechs bis acht Personen und dann gab es noch Leute, die ein paar Tage oder Wochen blieben und dann wieder verschwanden. Wir verstanden uns recht gut und es gab selten Streit und ich kann mich aktiv an keine einzige Schlägerei untereinander erinnern.

Als ich ankam, hatten die anderen Jungs sich die Platte schon ganz gut organisiert. Es gab eine kleine Küche, mit einem Gaskocher und einer Kühlbox, die wir im Sommer mit gekauften Eiswürfelbeuteln ausstatteten. Besonders Letztere war während der heißen Tage Gold wert. Wenn man sich zum Beispiel am Abend Aufschnitt für das Brötchen kaufte, kam es oft vor, dass dieser am nächsten Morgen schlecht war und wir diesen wegwerfen mussten.

Das Wichtigste auf dieser Platte waren Ordnung und Sauberkeit. Gleich am ersten Tag dort erhielt ich von L. diesbezüglich eine Ansage. So war es absolut unerwünscht, Müll herumliegen zu lassen oder seine Zigarettenkippen einfach auf den Boden zu werfen. Jeder von uns hatte eine alte Konservendose oder Ähnliches neben dem Zelt stehen, in welche die Zigarettenstummel entsorgt wurden. Und Müll ließ man schon im Eigeninteresse nicht herumliegen, da Essensreste sehr schnell Ratten anzogen, die kein Obdachloser auf seinem Schlafplatz haben wollte.

Wenn die Viecher einen Obdachlosenschlafplatz erst einmal als Nahrungsquelle entdeckt hatten, wurde man die nie wieder los. Sie fressen Löcher in die Zelte und nutzen das Innenmaterial der Schlafsäcke, um sich Nester zu bauen oder sie pinkeln zum Beispiel auf das Kopfende vom Schlafsack. Die Feuchtigkeit trocknet im Lauf des Tages und man legt am Abend seinen Kopf dorthin, was zur Folge haben kann, dass man krank wird. Zudem kommt es regelmäßig vor, dass Obdachlose im Schlaf von Ratten gebissen werden, was auch für schwere, gesundheitliche Probleme sorgen kann.

Aus diesem Grund ist Hygiene oberste Prämisse. Ich hatte es mir zum Beispiel zur Angewohnheit gemacht, niemals Lebensmittel im Zelt liegen zu lassen. Alles, was ich abends nicht aufgegessen hatte, packte ich in eine Plastiktüte, die ich an einen selbst gebastelten Haken in etwa zwei Metern Höhe hängte.

Doch Ratten sind bekanntlich sehr intelligente Tiere. Die Biester liefen einfach oben auf der Mauer entlang und ließen sich dann in die Tüte fallen, plünderten meine Lebensmittel und nagten sich im Anschluss nach unten aus der Tüte und ließen sich wieder zu Boden fallen.

Das erste Mal bemerkte ich das erst, nachdem ich mein Frühstück beendet hatte und mir wurde richtig übel. Zum Glück wurde ich nicht krank davon und in der Zukunft achtete ich sehr penibel auf Spuren eines Rattenüberfalls.

Selbst verpackte Lebensmittel werden von denen und auch von Mäusen, welche man übrigens auf jeder Platte hat und gegen die man nichts unternehmen kann, gefunden und geplündert.

Mir hatte in der Weihnachtszeit mal ein Passant eine Tüte mit irgendwelchem Schokozeugs geschenkt. Dieses befand sich in einer Plastiktüte und war zusätzlich noch mit bunter Alufolie verpackt. Da ich dachte, dass die Nager niemals herausfinden, was sich dort drin befindet, ließ ich diese im Zelt liegen. Am Abend fand ich dann viele bunte Späne in meinem Zelt und die Mäuse hatten die Schokostückchen in meinem Schlafsack abgebunkert, was ich glücklicherweise noch sah, bevor ich mich hinlegte.

Auch unsere »Kochecke« wurde sehr sauber gehalten. Beim Kochen oder Braten spitzt immer etwas Fett auf den Boden und einmal etwa alle zwei Wochen, machten wir Wasser heiß und schrubbten den Boden mit Spülmittel und einem abgebrochenen Straßenbesen. Wasser mit Gas warm zu machen ist für obdachlose Menschen wirklich teuer, doch auch wegen unserer Selbstachtung, war es uns diese Ausgabe wert. Auch wenn wir im Dreck leben mussten, war es uns wichtig, wenigstens die grundsätzliche und uns mögliche Hygiene einzuhalten.

Da ich schon immer ein Frühaufsteher war, war es mein Job, mit meinem Rolli am Morgen alle Schlafplätze abzufahren und den Inhalt aller Mülltüten von meinen Kollegen in einen großen Müllsack zu packen, von denen uns die Mitarbeiter der Stadtreinigung eine ganze Rolle dagelassen hatten. Diesen Sack stellte ich dann an einen Papierkorb und die Reinigungsleute nahmen ihn dann mit. Dumm war nur, wenn sie sich verspäteten oder an einem Tag auch mal überhaupt nicht kamen. Dann pflückten die Krähen den Müll auseinander und der Wind verteilte ihn über das gesamte Spreeufer. Schuld waren natürlich wir, die Obdachlosen.

Insgesamt war unsere Schlafplatte ein Musterbeispiel an Sauberkeit und Ordnung. Trotzdem gab es immer wieder Bemühungen, uns zu räumen. Obdachlose machen das Problem der Armut sicht-

bar und zudem erinnern sie die Menschen mit Wohnungen permanent daran, auf welch fragilen Füßen ihr eigenes Leben gerade steht.
Auch wenn sie sich das niemals oder nur höchst selten eingestehen
würden.

Irgendwann stand an einem Morgen die Polizei bei uns auf der
Platte und teilte uns mit, dass wir sofort einpacken und gehen müssten. Nachdem wir eine Weile mit ihnen geredet hatten, gestatteten
sie uns, bis zum nächsten Morgen zu bleiben. Und da sie inzwischen
auch bemerkt hatten, dass wir ganz normale Menschen sind und
nicht irgendwelches Ungeziefer, sagte uns eine Polizistin hinter vor-
gehaltener Hand, dass ein Bundestagsabgeordneter hier jeden Morgen mit dem Fahrrad vorbeifuhr und sich an dem Anblick gestört
hätte. Leider ohne ihn namentlich zu nennen.

Wir sagten zu, morgen zu gehen, obwohl keiner von uns eine
Ahnung hatte, wohin es gehen könnte. Doch wir hatten Glück.

Einer unserer Kollegen hatte seinen Schnorrplatz oben an der
grünen Brücke, wenn man vom Hauptbahnhof zum Bundestag
möchte. Und da er dort schon längere Zeit saß, kannte er viele Politiker. Namentlich erwähnt hatte er mal Sahra Wagenknecht, von
der er auch ein signiertes Buch besaß, und Sigmar Gabriel. Unser
Spitzname für unseren obdachlosen Kollegen war der »Brückenkanzler«.

Und während er also dort schnorrte, klagte er immer wieder vor-
beikommenden Politikern unser Leid. Und tatsächlich hatte er etwas erreicht. Noch am selben Abend kam eine Polizistin vom Morgen bei uns vorbei. Sie war bereits außer Dienst, wollte uns die gute
Nachricht aber unbedingt noch heute überbringen. Sie hatten eine
Anweisung »von ganz oben« bekommen, dass die Räumung unserer
Platte abgeblasen war.

Unser »Brückenkanzler« hatte es tatsächlich von seinem Schnorrplatz aus geschafft, Berliner Stadtpolitik zu machen. Dieses böse
Spiel wiederholte sich zwar noch einige Male, aber immer wieder
wurde die Räumung abgeblasen.

Doch an einem Tag im Frühjahr 2017 war unser Glück aufgebraucht. Ich war am Vormittag wieder auf dem Bahnhofsvorplatz unterwegs, um Geld zu schnorren, als plötzlich eine Frau, die ich flüchtig kannte, ganz aufgeregt zu mir kam und mir mitteilte, dass man gerade dabei sei, unsere Platte zu räumen. Sofort fuhr ich mit meinem Rollstuhl los, um nach dem Rechten zu sehen. Und schon oben auf der grünen Brücke nahm ich ein Großaufgebot von Polizei, Berliner Stadtreinigung, Grünflächen- und Ordnungsamt wahr. Als ich unten ankam, hatte man schon alle unsere Habseligkeiten in Container geworfen. Alles, was wir besaßen und auch Dinge wie Schlafsäcke und Zelte, die für uns wirklich überlebenswichtig waren, lagen im Container. Und die Zelte wurden nicht etwa ordentlich abgebaut, sondern mit Händen und Füßen irgendwie transportabel gefaltet und dabei total zerstört.

Ich war völlig fassungslos und fuhr mit meinem Rollstuhl und lauthals protestierend auf die Ansammlung der Ordnungshüter zu. Anfangs versuchte man, mich zu ignorieren, doch ich war so aufgebracht, dass sich eine Mitarbeiterin des Ordnungsamtes doch noch herab ließ mir zu erklären, dass wir jetzt geräumt seien. Als ich fragte, ob wir uns wenigstens noch unsere Sachen wieder aus dem Container nehmen dürfen, wurde dies verneint.

Nachdem ich fast eine Stunde lang von einem dieser Leute zum anderen gerollt war und erklärt hatte, dass dies alles ist, was wir besitzen, dass wichtige Papiere in den Sachen sind und wie wichtig Schlafsäcke und Co. für uns sind, wurde mir gestattet, einige Sachen wieder aus den Container nehmen zu dürfen. Ich versuchte noch, die Sachen von Kollegen, die nicht anwesend waren zu retten, doch wie ich am Abend erfuhr, war sehr viel einfach weg.

Ich blieb dann bei den Sachen sitzen, um auf meine Kollegen zu warten und um die Sachen nicht unbeobachtet zu lassen. Während der gesamten Zeit liefen immer wieder Mitarbeiter des Ordnungsamtes und der Polizei vorbei und ich wurde immer wieder darauf hingewiesen, dass wir am Abend weg sein müssten und man dies auch kontrollieren werde.

Am Abend trudelten so nach und nach meine anderen Kollegen ein und ich erklärte, was sich am Tag zugetragen hatte.

Es gab jede Menge Geschimpfe und dann beratschlagten wir, wo wir jetzt hingehen könnten und uns fiel nichts Gescheites ein, wo wir alle zusammen Platz gehabt hätten. Und da auch inzwischen die Ordnungshüter einige Male aufgetaucht waren und uns zum Verlassen unseres Zuhauses (schließlich hatten wir da gemeinsam einen ganzen Winter verbracht) aufforderten, ging einer nach dem anderen zu irgendwelchen Plätzen und ich trollte mich unter die Brücke hinter dem Futurium.

Was vorher eine Gemeinschaft gewesen war, innerhalb der man sich in gewissem Rahmen half und die zumindest verhinderte, dass man nicht ganz allein war, wurde innerhalb eines Tages zerstört – und wir haben auch nie wieder zusammengefunden.

Und so wie es uns damals erging, passiert es in deutschen Städten jeden Tag dutzendfach. Obdachlose werden von einer Ecke der Stadt zur anderen gejagt, doch niemand scheint zu bedenken, dass die ja dann nicht weg sind, sondern eben nur woanders. Was man hochwirft, fällt auch irgendwo wieder herunter.

Und so wird es zum täglichen Einerlei, dass man, sobald man sich irgendwo ein bisschen heimisch fühlt, schon wieder vertrieben wird. Immer und immer wieder.

Und jedes Mal fühlt es sich so an, als wenn man wieder sein Zuhause verliert. Ja, denn auch ein Zelt unter einer Brücke nimmt man in gewisser Weise als Zuhause wahr, wenn man kein anderes mehr hat.

In den allermeisten Fällen gibt es diese Räumungen wegen der Vermüllung der Obdachlosen-Schlafplätze, woran diese aber nur in den allerseltensten Fällen selbst schuld sind.

Hier mal ein Beispiel: Obdachlose besitzen nie viele Sachen. Das liegt ganz einfach daran, dass man alles, was man besitzt, ständig mit sich herumtragen muss. Auf der Straße lernt man sehr schnell, dass Besitz belastet. Im wahrsten Wortsinn.

Dann kommen zwei Obdachlose mit ihren Rucksäcken, Isomatten und den zwei Schlafsäcken unter irgendeiner Brücke in der Stadt an. Und wenn sie es geschafft haben, einige Tage nicht vertrieben zu werden, werden sie in der Regel von hilfsbereiten Menschen entdeckt, die ihnen mit Sachspenden helfen wollen. Und zu Beginn ist das auch ganz schön, wenn Matratzen, Kleidung und andere wichtige Dinge gespendet werden. Doch nach ein paar Tagen kann es passieren, dass plötzlich fünf Matratzen da sind und einige Säcke mit Kleidung, die in den allermeisten Fällen nicht nutzbar ist. Warum, schreibe ich gleich noch.

Und jeden Tag wird es ein bisschen mehr. Sehr oft werden dort auch Sachen während der Abwesenheit der Obdachlosen dort abgestellt und man ist am Abend überrascht, wie viele Säcke sich heute über den Tag dort angesammelt haben. Als Obdachloser lehnt man auch nichts ab, was man geschenkt bekommt. Falls man es selbst nicht brauchen kann, gibt es sehr wahrscheinlich einen Kollegen, der dafür Verwendung haben könnte. So war jedenfalls mein Denken damals.

Irgendwann ist aus dem überschaubaren und kleinen Lager ein Sammelsurium aus Kleiderspenden, Matratzen, Müll und halb vertilgten Mahlzeiten geworden. Mit letzteren wird man an manchen Tagen förmlich überschüttet, ohne dass man gefragt wird, ob man Hunger hat oder nicht, während an anderen Tagen wiederum Schmalhans Küchenmeister ist.

Spätestens jetzt wird das Ordnungsamt oder die Stadtreinigung aufmerksam. Entweder weil sie das Lager auf einer ihrer Runden durch die Stadt bemerkt haben oder weil sich irgendein Bürger über die verdreckten Obdachlosen beschwert hat.

Die Folge ist dann immer die Räumung. Und bei einer Räumung wird nicht nur das ganze überschüssige Zeug abgeräumt, sondern immer alles und wenn man am Abend vom Schnorren oder Flaschensammeln zurückkommt, ist das Zuhause wieder einmal weg.

Der Kältebahnhof Lichtenberg

Ich möchte an dieser Stelle mal was zum Spenden sagen: Grundsätzlich ist Spenden eine gute Sache und die Sachen werden auch dringend gebraucht. Obdachlose sind in der Regel vollständig mit gespendeten Sachen bekleidet. Auch Schlafsäcke sind immer knapp und überlebenswichtig für Obdachlose. Selbst können sie sich keinen kaufen. Mal eben 70 Euro oder mehr hat man ganz einfach nicht.

Doch obwohl in Berlin Kleidung tatsächlich im Übermaß gespendet wird, gibt es nicht genug und vor allem jahreszeitlich passende Kleidung für Obdachlose. Klingt erst mal paradox doch mit meiner folgenden Erklärung wird es verständlich.

Vielfach wird schlichtweg wirklich Müll gespendet.

Im Winter 2018/19 war ich als Streetworker am Kältebahnhof Lichtenberg tätig. Kältebahnhöfe wurden von den Berliner Verkehrsbetrieben auf Bitten des Senats hin während der Nacht für Obdachlose geöffnet, die aus verschiedensten Gründen nicht in die Notübernachtungen gehen wollten.

Mein Job war es, jede Nacht vor Ort zu sein und mich um die Belange der Obdachlosen zu kümmern. Also Schlafsäcke und Isomatten verteilen und kleine Hilfestellungen zu leisten. Leider wurde mein Job durch die Hilfsorganisation, bei der ich angestellt war, permanent sabotiert.

Ich bekam zum Beispiel ein einziges Mal zwei Dutzend Schlafsäcke und ansonsten nichts. Von diesen Schlafsäcken brauchte ich aber jede Nacht sechs bis zehn. Alles, was ich darüber hinaus benötigte, musste ich mir beim Kältebus der Berliner Stadtmission und beim Wärmebus des DRK zusammenbetteln. Zum Teil habe ich diese Schlafsäcke auch vom eigenen Geld gekauft und mit zur Arbeit gebracht. Dies ging natürlich nur bis zu einer gewissen Grenze, da ich damals auch nicht viel Geld hatte und dieser Job meine erste Festanstellung nach der Obdachlosigkeit war. Zum Ende hin wurde mir noch ein klares Handlungsverbot von meinem Arbeitgeber erteilt.

Ich half natürlich so, wie es für Obdachlose nötig war und als ehemaliger Penner kannte ich diese Bedürfnisse natürlich sehr genau. Irgendwann kam der Leiter der Organisation zu mir und teilte mir mit, dass es mein Job sei, die Obdachlosen vor dem Erfrieren zu retten. Mehr nicht! Das war eine Arbeitsanweisung!

Natürlich hielt ich mich nicht daran und zum Ende hin, als ein Obdachloser durch die vorsätzliche Untätigkeit fast zu Tode gekommen ist und ich meinem Arbeitgeber mit dem Einschalten der Presse gedroht hatte, falls der Obdachlose stirbt, bekam ich die fristlose Kündigung.

Dabei hatte ich mich wirklich reingehängt und die Arbeit dort während der Nacht war auch noch sehr gefährlich.

Der U-Bahnhof, auf dem die Obdachlosen schlafen sollten, war zugleich auch eine Unterführung unter einer großen Berliner Magistrale hindurch. Und ich hatte das Gefühl, dass jeder, der irgendwie Streit suchte, sich am Abend dort einfand und versuchte, sein Mütchen an den Obdachlosen zu kühlen. Die Folge war, dass ich große Teile meiner Arbeitszeit damit zubrachte, Streitigkeiten zu schlichten oder sich prügelnde Menschen auseinanderzubringen. Wobei die Streitigkeiten während der gesamten Zeit nicht ein einziges Mal von den Obdachlosen ausgingen, sondern immer von Passanten.

An einem Abend war ich gegen halb zehn dort. Und schon als ich die Treppen zum Untergeschoß herunterging, sah ich die erste Schlägerei, in die ein Obdachloser verwickelt war. Ein älterer Mann, der garantiert nicht begonnen hatte, sich mit drei jungen Leuten zu schlagen. Nachdem ich die Streithähne getrennt und die Gemüter beruhigt hatte, ging es an einer anderen Stelle des Bahnhofs auch schon weiter.

In dieser Nacht bin ich wirklich von 21:30 Uhr bis morgens um vier von einer Schlägerei in die nächste gegangen. Okay, das war eine außerordentlich schlimme Nacht, doch Gewalt war wirklich an der Tagesordnung.

An jedem Abend, wenn ich zur Arbeit ging, bat ich Gott, mich am nächsten Morgen wieder gesund nach Hause zu bringen. Es hat geklappt.

Am Anfang hatte ich noch Unterstützung vom Sicherheitspersonal der BVG, doch irgendwann stellten diese die Hilfe einfach ein oder schauten wie unbeteiligt zu, wenn ich in gefährliche Situationen geriet.

Auch die Polizei ließ mich im Stich. Zu Beginn kamen sie auch noch, wenn man sie anrief. Doch in einer Nacht war ein psychisch kranker und äußerst gewalttätiger Mensch dort unterwegs. Die Polizei kam zwar, ließ ihn aber immer wieder am Bahnhof bleiben, wo er nach wenigen Minuten schon wieder neuen Ärger verursachte.

Nachdem sich diese Prozedur fünfmal wiederholt hatte und der Typ immer noch frei am Bahnhof herumlief, ließ ich mir von den Polizisten die Personalnummern geben, um mich zu beschweren.

Danach kamen die Beamten überhaupt nicht mehr, wenn ich anrief oder sie kamen mit einigen Stunden Verzögerung. Entschuldigt wurde dies mit wichtigen Verkehrskontrollen. Ich geriet dadurch oft in wirklich gefährliche Situationen.

Und irgendwie ließen mich auch die anderen Streetworker mit dem ganzen Kram nach anfänglich hoher Hilfsbereitschaft allein und verbrachten die Nächte in den warmen Räumen des Tagestreffs Weitlingstraße gegenüber vom Bahnhof.

Aus diesem Grund war es eigentlich auch ganz cool, dass die Kündigung kam. Die Organisation ließ sich zwar von der Presse für Engagement feiern, doch das Einzige was sie taten, war, die Spenden der Leute entgegenzunehmen.

Sie gehört zu der Gruppe der hauptberuflichen Spendensammler, von denen es in Berlin sehr viele gibt. Ich schreibe gleich noch etwas dazu.

Erst mal zurück zum Thema des richtigen Spendens.

Als in der Presse mehrfach erwähnt wurde, dass die Obdachlosen jetzt dort jede Nacht anzutreffen waren, kamen sehr viele Menschen vorbei und taten den Obdachlosen Gutes, indem sie irgendwelche Sachen an diese verteilten. Dieses wirklich lobenswerte Verhalten lief sehr schnell aus dem Ruder. Einmal kamen Leute an und brachten drei Kartons mit Schuhen. Naiv, wie ich damals noch war, bedankte ich mich überschwänglich bei ihnen und versprach, die Sachen noch in derselben Nacht zu verteilen.

Als ich ein paar Stunden später Zeit hatte, öffnete ich die Kartons, doch nur um festzustellen, dass wirklich alle Schuhe verschimmelt waren. Sie hatten wahrscheinlich etliche Jahre in einem Keller vor sich hingegammelt. Dann wurden sie in Kartons verpackt und als Spende bei mir abgegeben. Für die Penner würde es schon noch reichen. Die sollen sich mal nicht so haben …

Und genauso war es mit gespendeter Kleidung, die teilweise in Säcken dort abgestellt wurden. Beim Öffnen sah ich zerrissene oder extrem verschmutzte Kleidung, die man einfach nur noch als Müll bezeichnen konnte. Aber auch ein obdachloser Mensch zieht keine völlig verdreckten oder stinkenden Sachen an.

Es wurden auch völlig nutzlose Dinge wie elektrische Wasserkocher, alte Wohnzimmerlampen und ähnlicher Müll dort entsorgt. Dies hatte zur Folge, dass wir Streetworker jeden Abend mindestens zwei große Mülltonnen mit diesen »Spenden« füllen mussten.

Wie spendet man richtig?

Grundsätzlich sollte man nur Kleidung spenden, die man selbst am nächsten Tag noch mal tragen würde. Oder solche Kleidung, die man Freunden, die in Not geraten sind, schenken würde.

Besonders wichtig ist es, jahreszeitlich richtig zu spenden. Meist ist es jedoch so, dass im Frühling, wenn die Obdachlosen T-Shirts, leichte Jacken, Basecaps und Turnschuhe benötigen, die warme Winterkleidung kommt und im Herbst wird die Kleidung gespendet, die man eigentlich im Frühling gebrauchen könnte. Und da die meisten Organisationen nicht genügend Lagerkapazitäten haben, um eine ganze Kleiderspendensaison für ein halbes Jahr zwischenzulagern, werden diese Spenden in den allermeisten Fällen entsorgt. Wobei die Entsorgung für die meisten dieser Organisationen tatsächlich ein lukratives Geschäft ist. Ich habe Berichte von ehemaligen Mitarbeitern dieser Organisationen, die besagen, dass eigentlich während des gesamten Jahres Kleidung in 7,5-Tonnen-Lkw geladen wird und diese zum Verwerter gefahren wird, ohne dass sich je jemand die Mühe gemacht hätte, diese Spenden zu sortieren und brauchbare Kleidungsstücke den Obdachlosen zuzuführen. Für eine solche Tour gibt es 5.000 Euro. Wenn man das viermal im Monat macht, kommt übers Jahr schon eine ganz schöne Summe zusammen. Von der Verwaltung von Armut kann man übrigens sehr gut leben. Darauf gehe ich später noch genauer ein.

Spendet auch bitte Kleidung, die obdachlosentauglich ist. Seidensakkos, Abendkleider oder weiße beziehungsweise sehr helle Kleidung sind auf der Straße nicht zu gebrauchen. Bei den ersten beiden Beispielen liegen die Gründe auf der Hand und helle Kleidung deswegen nicht, weil Obdachlose in ihrer Kleidung leben. Man sitzt im Dreck, man schläft im Dreck und irgendwann fühlt man sich, als wäre man zu Dreck geworden. Eine weiße Hose oder Jacke sieht nach einem Tag auf der Straße so aus, als hätte man diese schon zwei Wochen am Leib.

Spendet robuste Kleidung in gedeckten Farben. Bedenkt auch, dass im Winter die Kleidung für einen Obdachlosen tatsächlich Schutzkleidung vor der Kälte ist. Ideal wären Sachen zum Beispiel von der Bundeswehr oder aus dem Trecking- und Outdoorbereich. Das wird zwar nur in den wenigsten Fällen möglich sein, aber soll als Orientierung dienen.

Besonders gern werden Hoodies genommen. Besonders im Frühling und im Herbst sind die Temperaturunterschiede zwischen Tag und Nacht erheblich. Wenn man eine Wohnung hat, bemerkt man dies nur sehr eingeschränkt. Und da der Mensch etwa 20 Prozent seiner Körperwärme über den Kopf verliert, ist es wirklich toll, wenn man sich in der Nacht oder den frühen Morgenstunden eine Kapuze über den Kopf ziehen kann. Also bitte merken: Hoodies kann man, außer im Hochsommer, fast ganzjährig spenden.

Spendet auch bitte keine Kleidung von Luxusmarken. Ich hatte mal aus der Kleiderkammer eine Jacke von Hugo Boss bekommen. Die war echt toll. Warm, atmungsaktiv und regenundurchlässig und sie sah auch noch extrem chic aus. Problematisch war für mich, dass ich beim Schnorren auf dem Bahnhofsvorplatz von den Leuten kein Geld mehr bekam. Die fühlten sich echt veralbert, als ich mit einer 600-Euro-Jacke vor ihnen stand und nach einem Euro fragte. Nach zwei Tagen brachte ich sie schweren Herzens in die Kleiderkammer zurück und bat um ein anderes Kleidungsstück, sonst wäre ich verhungert. Für Obdachlose, die nicht auf das Schnorren angewiesen sind, ist eine solche Jacke natürlich Gold wert.

Wenn ihr den Obdachlosen noch anderweitig helfen wollt, gibt es dazu noch verschiedene Möglichkeiten: Die beste und einfachste Möglichkeit ist, Geld zu geben. Und im Idealfall nicht an die großen Organisationen, sondern direkt an einen Obdachlosen. Warum nicht die Organisationen? Sie machen doch so viel für die Obdachlosen. Das muss man doch unterstützen. Leider ist das nicht ganz richtig.

Wir haben in Berlin und in ganz Deutschland eine richtige Armutsindustrie und ich schrieb ja bereits, dass die Verwaltung von Armut ein sehr lohnendes Geschäft sein kann. Erinnert euch an den 7,5-Tonner, der jede Woche 5.000 Euro beim Verwerter einbringt. Das sind im Jahr mehr als eine Viertelmillion Euro! Zusätzlich bekommt diese Organisation, von der ich jetzt speziell schreibe, noch massiv Spenden aus der Bevölkerung und auch Geld vom Berliner Senat. Und wenn ich dann als Obdachloser dort war, um Hilfe in Form von Sachspenden zu bekommen, war diese im Vergleich zu den eingenommenen Summen wirklich mickrig.

In der Notübernachtung dieser Organisation bekommt man pro Obdachlosen, der dort eine Nacht zubringt, zwischen 18 und 20 Euro. Die Obdachlosen schliefen zu meiner Zeit dort auf Isomatten und unter schlimmen hygienischen Bedingungen auf dem Boden. Das Essen wird von Supermärkten gespendet und zubereitet wird es von ehrenamtlichen Helfern, die keinen Cent dafür bekommen. Überhaupt wird die Hilfsbereitschaft von Menschen, die sich ehrenamtlich engagieren, dort wirklich im großen Stil ausgenutzt, um Geld zu verdienen.

Wenn man dann noch bedenkt, wie viel Geld die Bürger jeden Monat an Bargeld spenden (auf der Webseite dieser Orga wird wirklich an jeder nur möglichen Stelle zum Spenden aufgefordert), dann frage ich mich als ehemaliger Obdachloser, der die Zustände dort aus erster Hand kennt, wo das ganze Geld bleibt. Bei den obdachlosen Menschen kommt nur ein ganz kleiner Teil an.

Die Standardantwort dieser einen, speziellen Organisation lautet, wenn man sie fragt, meist, dass man davon Dinge einkauft, die zwar benötigt, aber nur selten gespendet werden. Zum Beispiel Socken oder Unterwäsche. Damit wird auch gerechtfertigt, dass man sehr hochwertige Kleidung für Preise, die sich durchaus sehen lassen können, in speziellen Läden in Berlin verkauft.

Wenn man das mal durchkalkuliert, wobei man hier zum Teil auf Mutmaßungen angewiesen ist, da das Spendenvolumen, auch auf Nachfrage, nie offengelegt wird, kommt Jahr für Jahr ein stolzes Sümmchen zusammen. Damit finanziert man sich selbst gut bezahlte Arbeitsplätze, schicke Büros und andere tolle Dinge, die das Leben angenehm machen.

Mir wurde auch schon mehrmals zugetragen, dass sich Mitarbeiter in der Kleiderkammer an besonders hochwertiger Kleidung selbst bedienen und dass andere Mitarbeiter, die es wagten, dies zu kritisieren gekündigt oder anderweitig aus der Orga geekelt wurden.

Andere Organisationen kann man wirklich als hauptberufliche Spendensammler bezeichnen. Jedes Mal wenn eine besondere Notlage eingetreten ist, die auch medial ihr Echo findet, inszeniert man sich, meist vor einem Tross aus Presseleuten mit einer kleinen Hilfsaktion, nur um im Anschluss um Spenden für weitere Hilfsmaßnahmen zu bitten. Dumm ist nur, dass diese Hilfsmaßnahmen dann unterbleiben oder nur stattfinden, wenn sich mal wieder ein Kamerateam angesagt hat.

Beim ersten Corona-Lockdown bekam ich schon nach zwei Tagen Anrufe von Obdachlosen, die mir von Hunger berichteten. Damals waren keine Menschen auf den Straßen zu sehen. Ich kam in dieser Zeit mal morgens um acht zum Alexanderplatz in Berlin und konnte keinen anderen Menschen außer mir sehen. Ich war wirklich ganz allein auf diesem riesigen Platz! Und wenn keine Menschen da sind, kann man auch nicht schnorren, Flaschen sammeln oder die

Obdachlosenzeitung verkaufen. Und da Obdachlose von der Hand in den Mund leben, war schon nach sehr kurzer Zeit große Not vorhanden. Zumal in dieser Zeit auch noch alle Hilfseinrichtungen schlossen.

Als Erstes informierte ich mir bekannte Journalisten, die glücklicherweise auch sofort deutschlandweit berichteten. Schon nach sehr kurzer Zeit sprangen auch andere Medien auf den Zug auf und das Thema wurde einer breiten Öffentlichkeit bekannt.

Ich sammelte damals über das Internet Geld und lief den ganzen Tag durch Berlin und verteilte Zehn-Euro-Scheine an die Obdachlosen und konnte auf diese Weise wenigstens bei ein paar wenigen die allergrößte Not ein wenig lindern.

Die Armutsindustrie in Deutschland

Doch auch bei den Berufsspendensammlern war dies das Startsignal, um neue Einnahmequellen zu akquirieren.

Eine dieser Organisationen bekam von einer großen Supermarktkette Essenstüten gespendet und die Berliner Verkehrsbetriebe stellten einen Bus ab, mit dem diese Spenden durch die Stadt gefahren und an die obdachlosen Leute verteilt werden sollten.

In den Medien konnte man lesen, dass man hier und dort verteilt hatte, doch da ich auch täglich an diesen Plätzen unterwegs war, fragte ich die Obdachlosen, ob sie die Spenden bekommen hatten. Und tatsächlich hatte nicht einer von diesen an den bewussten Tagen weder den Bus noch Essenstüten auch nur zu Gesicht bekommen.

Auf dem Youtube-Kanal dieser Truppe gab es einen (!) Fernsehbericht, bei dem die Essenstüten direkt an Obdachlose übergeben wurden, ansonsten sah man selbst gedrehte Videos, in denen Mitarbeiter fröhlich mit Lastenrädern durch Berlin fuhren und die Tüten in U-Bahnzugängen und auf Parkbänken abstellten. Keine Übergabe an die Obdachlosen!

Der Gipfel war, dass man im großen Stil um Geldspenden für diese Aktion bettelte. Doch wofür eigentlich? Bus und Essenstüten waren gespendet. Die Lastenräder und die Mitarbeiter wurden mit Senatsgeldern bezahlt. Da beginnt man sich nachdenklich am Kopf zu kratzen …

Und die Truppe taucht überall dort auf, wo man mit kleinem Aufwand und vor den Medien etwas Hilfe leistet, bettelt um das Geld der Bevölkerung und ist dann nie wieder zu sehen. Zuletzt bei der Ankunft der ukrainischen Kriegsflüchtlinge in Berlin. Ich finde dies extrem verwerflich und musste mich jetzt gerade wirklich zwingen, keine anderen Wörter zu benutzen.

Und man merkt dies auch wirklich erst dann, wenn man Empfänger dieser Spenden ist. Dumm ist nur, dass einem Penner nur sehr selten geglaubt wird und in den allermeisten Fällen mit selektiver und somit falscher Wahrnehmung argumentiert wird. Und offensichtlich hat auch niemand wirklich Interesse, diesem Treiben ein Ende zu bereiten.

Jetzt aber auch bitte nicht das Kind mit dem Bade ausschütten und überhaupt nicht mehr spenden. Wenn diese Orgas kein Geld mehr verdienen können, machen Sie die Notübernachtungen und Kleiderkammern einfach über Nacht zu. Das haben die in Berlin schon mit einigen Einrichtungen, auch großen und für die Obdachlosen sehr wichtigen, gemacht. Und wenn es im Winter keine dieser Einrichtungen mehr gibt, kostet das Menschenleben, weil die Obdachlosen schlicht und einfach erfrieren werden. Also gebt weiterhin Sachen und auch etwas Geld. Zumindest bis Projekte wie Housing First diesen Abzockern ihre letzte Existenzberechtigung nehmen.

Und entzieht eure Unterstützung auch nicht den vielen, kleinen und privaten Helfergruppen! Diese sind ständig am finanziellen Limit und sie leisten wirklich gute Arbeit. Das Geld kommt eins zu eins bei den Leuten auf der Straße an und diese kleinen Gruppen unterhalten auch keinen großen Verwaltungsapparat. Ihr findet sie in der Regel auf Facebook und auch wenn ich mit einigen Dingen dort nicht einverstanden bin, würde selbst ich dort mein Geld abgeben.

Auch das Bereitstellen von Plätzen in Obdachlosenheimen, ist ein lukratives Business. Natürlich werden solche Plätze, zumindest im Moment noch wirklich gebraucht, doch lasst uns mal rechnen: In dem Obdachlosenheim, in dem ich war, hatte ich wirklich Glück. Man bekam ein eigenes Zimmer und lebte praktisch wie in einer WG. Doch für meine acht Quadratmeter mit Stuhl, Schrank, Tisch und Bett bezahlte der Stadtbezirk im Monat 750 Euro. Allerdings war diese Unterkunft in etwa wie das Hilton unter den Unterkünften.

Es gibt Betreiber anderer Unterkünfte, die pferchen vier oder manchmal sogar fünf Personen in ein Zimmer und überlassen diese dann praktisch sich selbst. Bei einer Drei-Zimmer-Wohnung kann man 12 bis 15 Menschen unterbringen und jeder bringt jeden Monat 750 Euro mit. Das macht jeden Monat pro Wohnung zwischen 9.000 und 11.250 Euro. Versucht mal, das Geld am freien Wohnungsmarkt zu bekommen. Und dann gibt es Betreiber, die haben ganze Häuser mit solchen Wohnungen. Rechnet selbst …

Wenn man diese Gelder dazu verwenden würde, Wohnungen anzumieten, würde die Stadt Berlin massiv Geld sparen und die Obdachlosen wären vernünftig untergebracht. Deswegen bin ich auch ein absoluter Fan des Housing-First-Projektes und würde den Initiatoren am liebsten die Füße küssen.

Wenn man den obdachlosen Menschen helfen und die Gewissheit haben möchte, dass die Spende zu 100 Prozent dort ankommt, wo man sie gern haben möchte, dann kann man wie folgt vorgehen: Entweder ihr spendet an kleine Helfergruppen oder ihr bringt eure Spenden selbst zu den Obdachlosen. Vor allem in größeren Städten funktioniert das sehr gut.

Man hat zum Beispiel seinen Kleiderschrank aussortiert. Statt die Sachen in irgendeinen Spenden-Container zu werfen, kann man die Sachen in eine große Tüte packen und dann in der Stadt nach einem Obdachlosen suchen, der in etwa die gleiche Statur wie man selbst hat. Und dann könnte man diesen freundlich ansprechen und fragen, ob er die Sachen gebrauchen kann. Vielleicht so: »Hallo, wie geht's? Ich habe zu Hause meinen Kleiderschrank aussortiert und wollte fragen, ob du vielleicht einige der Sachen gebrauchen kannst. Schau doch mal nach!« Und dann kann man ihm helfen die Tüte auszupacken, kann vielleicht noch die Sachen ein bisschen präsentieren und nachdem er sich sein Zeug ausgesucht hat, kann man noch fragen, was er sonst noch braucht und kann versuchen, ihm die Sachen zu besorgen. Falls das nicht sofort geht, kann man sein Wiederkommen ein paar Tage später ankündigen. Und seid bitte auch nicht böse, wenn der Obdachlose dann nicht vor Ort ist. Erinnert euch, dass auf der Straße jederzeit alles passieren kann, und ihr wisst nicht, was bei ihm heute gerade los war. Seid geduldig und versucht es wieder. Und auch wenn sich der Obdachlose nicht danach zu fragen traut, ist Geld immer willkommen und wird auch dringend gebraucht. Also, wenn ihr es euch leisten könnt, legt gern noch einen Zehn- oder Zwanzig-Euro-Schein obendrauf.

Diese Art der Übergabe hat folgende Vorteile: Erstens drückt dies große Wertschätzung aus. Ganz anders, als wenn man wortlos eine Tüte abstellt und dann weitergeht. Man hat dem Menschen auf der Straße Zeit und Aufmerksamkeit gewidmet. Etwas, das äußerst selten geschieht. Normalerweise ist niemand freundlich zu einem Obdachlosen. Seid auch nicht verärgert, wenn die Reaktionen eher zurückhaltend sind. Da eben sonst niemand freundlich ist, fragt man sich als Obdachloser, was dieser Mensch jetzt von einem will.

Ein Zwei-Euro-Stück in den Becher ist ein guter Türöffner und zeigt dem Menschen auf der Straße, dass man es schon mal grundsätzlich gut mit ihm meint. Und wie bereits eben schon erwähnt, ist Geld zu geben die allerbeste Methode, einem obdachlosen Menschen, der auf der Straße lebt, zu helfen.

An diesem Punkt sehe ich einige wahrscheinlich innerlich aufbegehren. »Die geben das ja sowieso nicht für etwas Vernünftiges aus.« – »Ganz sicher kaufen die Alkohol oder Drogen davon, also besser nicht zu viel geben oder gleich auf Sachspenden ausweichen.« Das sind alles leider weit verbreitete Vorurteile und Klischees gegenüber obdachlosen Menschen. Ja, es ist tatsächlich so, dass die Obdachlosen sich davon Drogen oder Alkohol kaufen. Doch ich hatte ja bereits beschrieben, wie schlimm sich ein Alkoholentzug anfühlt und auch dass man daran sterben kann. Die Symptome des Entzugs sind so schlimm, dass man sich eben eher Alkohol kauft als Essen.

Wenn ihr also einen Obdachlosen trotz seiner vielen anderen Probleme Alkohol trinken seht, dann ist das nicht, weil er gern besoffen ist, sondern weil er den Alkohol braucht wie die Luft zum Atmen. Eine Journalistin verbrachte mal eine Woche mit Obdachlosen auf der Straße. Die Frau hatte echt Eier und hatte sich auch noch die kalte Jahreszeit dafür ausgesucht. Am Ende der Woche sagte sie, dass man auf der Straße trinken MUSS. Sonst würde man ein solches Leben nicht ertragen.

Aber nicht nur für Alkohol wird Geld benötigt, sondern auch für Essen, für die Bahnhofstoilette, für Fahrkarten, Zigaretten und viele andere Dinge.

Natürlich wäre es besser, dass er sich einer qualifizierten Entgiftung unterzieht, doch vielen Obdachlosen stehen solche Möglichkeiten nicht zur Verfügung. Das liegt oftmals schon an der fehlenden Krankenversicherung. Dann muss noch eine Kostenübernahme der Krankenkasse besorgt werden, eine Einweisung des Hausarztes in das Krankenhaus und dann muss man noch ein Krankenhaus finden, das einen aufnimmt. Alles Dinge die für einen alkoholkranken Obdachlosen nur sehr schwer oder überhaupt nicht lösbar sind.

Wenn ihr ihm also kein Geld für Alkohol gebt, helft ihr ihm auch nicht. Er wird (muss) es sich irgendwie anders besorgen. Dann aber ist kein Geld für andere Dinge da. Dann kauft man sich kein Essen und hungert oder keine Fahrkarte und geht dafür ein paar Monate später ins Gefängnis.

Und wenn ihr Geld gebt, kann man auch mal deutlich mehr geben als die paar Centstücke, die man gewöhnlich gibt. Wenn ich in Berlin unterwegs bin und von Obdachlosen angesprochen werde oder irgendwo einen sitzen sehe, gebe ich immer mindestens fünf Euro. Meistens sogar zehn oder auch mehr.

Warum? Fragt euch doch selbst mal, was man mit ein paar Cents oder auch drei Euro anfangen soll. Das reicht für gar nichts und im Zweifelsfall wird dann am Abend der dringend benötigte Alkohol gekauft und nichts anderes mehr.

Gebe ich jedoch zehn Euro und auch nur ein anderer macht es genau wie ich, dann hat der auf der Straße lebende Mensch am Abend 20 Euro und das ist auch die Mindestsumme, die man auf der Straße braucht. Das Leben da draußen ist viel teurer, als wenn man in einer Wohnung lebt. Man kann nicht kochen und muss zwangsläufig die hohen Preise am Imbiss oder in der Bäckerei bezahlen. Besonders im Sommer ist die am Abend gekaufte Wurst am Morgen schon schlecht und muss weggeworfen werden, da man keinen Kühlschrank hat. Die Bahnhofstoilette kostet einen Euro und eine Dusche zu meiner Zeit am Hauptbahnhof sieben Euro. Dazu kommt noch die Fahrkarte und eben auch Bier und Schnaps.

Und Geld zu geben ist auch Würde geben. Wenn er Geld in der Tasche hat, kann der Obdachlose selbst bestimmen, was er damit macht und sich wenigstens ein bisschen wie ein normaler Mensch fühlen.

Und die beste Möglichkeit Obdachlosen zu helfen ist, sie zu fragen, was sie gerade benötigen. Viele, die einem auf der Straße lebenden Menschen helfen wollen, kaufen irgendetwas und stellen es dann manchmal sogar wortlos einfach vor diesem ab. Egal ob er es gerade benötigt. Oder stellt euch mal folgende Situation vor: Ein Obdachloser hat seinen Schnorrplatz in der Nähe einer Bäckerei und jeder, der es gut mit ihm meint, kauft einen Kaffee oder ein belegtes Brötchen und bringt es ihm. Gut, der erste Kaffee und das erste Brötchen schmecken sicher sehr gut. Doch der dritte, fünfte, achte am selben Tag? Und morgen wieder und nächste Woche auch? Irgendwann kann man keinen Kaffee und keine Brötchen mehr sehen und lehnt ab oder wirft am Abend Überzähliges in den Papierkorb.

Wenn das von Leuten beobachtet wird, die nicht um den Sachverhalt wissen, wird sehr schnell erzählt, dass man ja Essen angeboten habe, doch der Obdachlose lieber Alkohol wollte. Und dann wird oft noch ein bisschen über die Undankbarkeit geschimpft und am Ende ist dies ein hervorragender Vorwand, um den Leuten auf der Straße in Zukunft nicht mehr zu helfen.

Doch wenn ihr fragt, was gebraucht wird, werdet ihr oft mit Wünschen konfrontiert die an Bescheidenheit kaum zu unterbieten sind. Da wird nach einer Stirnlampe gefragt, damit man am Abend unter der Brücke Licht hat, wenn man sich sein Essen zubereitet oder vielleicht noch ein Buch lesen will. Ein kleines Taschenmesser, um sich das Brötchen aufzuschneiden und zu schmieren. Zudem ist dies noch ein tolles Allroundwerkzeug, das man eigentlich immer benötigt. Auch immer wieder gern gesehen sind kleine Taschenradios. Ein Radio ist für einen Obdachlosen wie das Tor zur Welt. Wenn man auf der Straße lebt, ist man irgendwann komplett vom Weltgeschehen abgeschnitten. Man bekommt überhaupt nichts mehr mit, außer dem, was man zufällig an einer Anzeigetafel im Bahnhof sieht. Man hat keinen Fernseher, kein Handy, keinen PC.

Und mit einem kleinen Radio kann man die Nachrichten und den Wetterbericht hören, der besonders für Obdachlose eine immense Bedeutung hat. Man kann am Morgen oder am Abend ein bisschen Musik hören und wenigstens ein bisschen etwas Schönes in die Tristesse unter der Brücke bringen oder am Samstag mit den Kollegen ein Fußballspiel hören und dabei ein paar Bierchen trinken und sich wenigstens für ein paar Momente wieder wie ein normaler Mensch fühlen.

Manchmal sind es auch nur ein paar Socken oder andere Kleinigkeiten. Doch am allerwichtigsten am Fragen ist, dass ihr dem Menschen Würde gebt. Er kann selbst etwas entscheiden, während sonst fast jeder nur über ihn bestimmt. Die Obdachlosenhilfe läuft in der Regel nach dem Motto: Nimm, was wir dir geben, oder lass es.

Wenn ihr fragt, wendet ihr euch dem obdachlosen Menschen zu, verschenkt ein wenig von eurer Zeit und Aufmerksamkeit und ihr behandelt ihn wenigstens für diesen kurzen Moment als erwachsenen Menschen, der natürlich auch entscheidungsfähig ist. Alles Dinge, die man als Obdachloser sehr schmerzlich vermisst.

Vielleicht ergibt es sich, dass ihr den Obdachlosen bei dieser Gelegenheit ein bisschen kennenlernt. Und wenn er euch vertraut, beginnt er vielleicht, von sich zu erzählen. Falls dies geschieht, werdet ihr sehr schnell merken, dass dieser Mensch ein ganz normaler Mensch ist, der wie viele andere seiner Leidensgenossen nur an einem Punkt im Leben unglaublich viel Pech gehabt hat. Und ihr werdet euch fragen, was dieser Mensch hier auf der Straße macht.

Was sieht man denn, wenn man einen Obdachlosen sieht? Irgendwo an einem öffentlichen Ort sitzt ein Mensch mit seinem Bettelbecher auf dem Boden. Haare und Bart sind seit Wochen oder Monaten nicht geschnitten. Die Fingernägel sind einen halben Zentimeter lang und sichtbar dreckig. Mindestens genauso schmutzig ist die Kleidung, die er trägt und man kann deutlich riechen, dass die letzte Dusche auch länger als ein paar Tage her ist. Vielleicht riecht er auch noch nach Alkohol oder benimmt sich ein bisschen ungewöhnlich. Also alles in allem eine Erscheinung, mit der man eigentlich nicht viel zu tun haben möchte. Selbst im Vorbeigehen schnell 50 Cent hinzuwerfen ist eigentlich schon eine Zumutung.

Doch dieser Mensch war ja nicht immer so. Er wurde ja schließlich nicht als Obdachloser geboren. Dieser eben beschriebene

Mensch war auch mal ein kleiner Junge, der mal seinen ersten Schultag hatte. Stellt ihn euch doch mal vor, wie er stolz wie Bolle mit seinem Schulranzen und seiner Zuckertüte im Kreise seiner Familie zu seinem ersten Schultag ging. Oder bei seiner Hochzeit. So als jungen Mann im schicken Anzug, wie er nach der Trauung seine Frau küsst. Viele Obdachlose sind Eltern. Seht ihn mal im Krankenhaus, wie er nach der ganzen Aufregung der Entbindung das erste Mal sein Neugeborenes im Arm hält. Wie stolz und glücklich er da gewesen sein muss.

All das war dieser Mensch sehr wahrscheinlich mal. Und er weiß das alles noch, man kann es nur nicht mehr sehen. Ich selbst bin das lebende Beispiel dafür, dass er wieder zu diesem Menschen werden kann, auch wenn es für Außenstehende schwer vorstellbar ist. Doch mit nur ein bisschen von der richtigen Hilfe ist dies möglich.

Wovon leben Obdachlose?

Jetzt haben wir die ganz Zeit davon gesprochen, wie man Obdachlosen helfen kann, doch auch obdachlose Menschen haben Einnahmequellen. Wobei diese vielfach mit den oben beschriebenen Hilfen deckungsgleich sind.

Es gibt einige, wenige Obdachlose, die zum Beispiel eine Rente beziehen. Die sind gut aus dem Schneider, da jeden Monat Geld aufs Konto kommt und zumindest die grundlegendsten Bedürfnisse abdeckt. Dies klappt aber oft nur so lange, bis die Kontokarte – und wenn es richtig dumm läuft, auch der Personalausweis – entweder gestohlen werden oder auf andere Art und Weise verloren gehen.

Dann gibt es in der Regel kein Geld mehr von der Bank. Selbst wenn man dort persönlich bekannt ist. Ohne Geldkarte keine Auszahlung am Automaten und ohne Personalausweis keine Auszahlung am Schalter. Ohne Perso gibt es in der Regel auch keine neue Kontokarte. Wenn man dann noch aus einer anderen Stadt kommt und sich die zur Wiedererlangung des neuen Ausweises nötige Geburtsurkunde noch irgendwie beschaffen muss, steht man als Obdachloser am Ende seiner Möglichkeiten. Und dann nutzt auch die Rente auf dem Konto nicht mehr das Geringste.

Einige, auch sehr wenige, Obdachlose beziehen aus ihrem alten Leben vor der Straße noch ALG II. Allerdings funktioniert dies in den allermeisten Fällen auch nicht sehr lange. Da man seinen Briefkasten nicht mehr regelmäßig leeren kann, weil man ja nun schließlich keinen mehr hat, kann man auch nicht auf Schreiben des Jobcenters reagieren. Die Folge sind Sanktionen und nach allerspätestens drei Monaten werden die Zahlungen eingestellt. Meistens sogar viel früher, da die Schreiben als unzustellbar ans Jobcenter zurückkommen, was in den meisten Fällen eine sofortige Einstellung der Zahlungen zur Folge hat.

Nur ganz wenigen Obdachlosen gelingt es, sich in einer Hilfseinrichtung eine Postadresse zu beschaffen und diese auch an das Jobcenter weiterzugeben. Allerdings gibt es viele, die aufgrund ihrer aktuellen Lebenssituation den Papierterror des Jobcenters nicht mehr bewältigen können und spätestens dann sanktioniert werden.

Also lange Rede, kurzer Sinn: Der Bezug von ALG II als Obdachloser funktioniert nur unter sehr erschwerten Umständen und dadurch bedingt, nie sehr lange. Dann bleibt einem oft nichts mehr übrig, als sich in das endlose Heer der vollständig Mittellosen auf der Straße einzureihen.

Schließlich bleiben nur noch die drei allgemein üblichen Methoden, um an Geld zu kommen: Sammeln von Pfandflaschen, Verkaufen der Obdachlosenzeitung und Betteln.

Wer jetzt denkt, dass dies gangbare Alternativen zu einem normalen Job sind, der irrt. Und zwar gewaltig! Ich kenne nicht einen einzigen Obdachlosen, der davon gut leben kann, geschweige denn ein Einkommen erzielt, das man mit normaler Arbeit erreichen kann. Es ist sehr viel weniger.

Es gibt auch keinen Obdachlosen (zumindest kenne ich keinen), der einen Mercedes fährt, ein Haus (gerüchteweise oft eine Villa) besitzt und der in Wirklichkeit sehr reich ist. Das sind Märchen und Mythen.

Oder doch! Halt! Ich kenne tatsächlich einen Obdachlosen, der ein Haus besitzt und einen Mercedes fährt. Allerdings klingt es hier jetzt besser, als es in Wirklichkeit ist.

Das Haus und das Auto hatte er von seiner verstorbenen Mutter geerbt und er wollte sich aus sentimentalen Gründen nicht davon trennen. Das Haus war tatsächlich unbewohnbar und hätte kernsaniert werden müssen. Er schlief zwar gelegentlich während der Sommermonate dort, klagte dann aber am nächsten Tag über gesundheitliche Probleme, da er schon weit über 70 Jahre alt war und das Haus sehr feucht ist.

Der Mercedes stammte aus den 70er-Jahren des letzten Jahrhunderts und wurde eigentlich nur noch durch Spucke und Klebeband zusammengehalten. Und F., der Obdachlose von dem ich rede, wohnte in diesem Auto. Also ja, er hatte Auto und Haus, doch mit der Erklärung, wie die Sachlage wirklich ist, wird ihm keiner verübeln, dass er täglich am Berliner Hauptbahnhof die Obdachlosenzeitung verkaufte.

Jetzt möchte ich kurz auf die einzelnen Methoden des Gelderwerbs von obdachlosen Leuten eingehen. Beginnen wir mit dem Flaschensammeln.

Das ist die beste Methode, wenn man auf der Straße an Geld kommen möchte, ohne andere Leute darum bitten zu müssen. Vielen Obdachlosen ist das Bitten um Geld sehr unangenehm und dies aus verschiedenen Gründen.

Wenn man andere Menschen nach Geld fragen muss, weil man obdachlos ist und keins mehr besitzt, kommt dies einer totalen Bankrotterklärung gleich. Man muss zugeben, auf ganzer Linie vollständig versagt zu haben. Und dies jedes einzelne Mal, wenn man nach Geld fragt oder darum bittet, dass einem die Obdachlosenzeitung abgekauft wird. Dies fühlt sich schon von Natur aus nicht gut an und die Leute lassen einen das auch regelmäßig spüren.

Wenn man Flaschen sammelt, erspart man sich das alles. Allerdings ist das Sammeln von Pfandflaschen sehr wenig lohnend und auch sehr anstrengend. Ein guter Pfandsammler legt am Tag zwischen 10 und 20 Kilometern zurück. Ob es kalt ist, regnet oder die Sonne vom Himmel knallt. Er muss die ganze Zeit Tüten und sehr oft zusätzlich einen Rucksack mit sich herumschleppen. Hinzu kommt, dass das ganze Zeug mit steigender Erschöpfung zum Ende des Tages immer schwerer wird. Und das muss man jeden Tag tun. Man hat niemals frei, da die Einnahmen so gering sind, dass es maximal für ein Leben von der Hand in den Mund reicht.

Erschwerend kommt die, gerade in Berlin äußerst starke, Konkurrenzsituation hinzu. Setzt euch doch mal für eine halbe Stunde an einen hochfrequentierten Ort, zum Beispiel am Alexanderplatz in Berlin, in die Nähe eines Papierkorbs hin und schaut, was sich dort abspielt. Alle drei bis fünf Minuten kommt jemand vorbei und schaut in den Mülleimer auf der Suche nach Leergut. Allerdings kann es passieren, dass während der halben Stunde niemand dort eine Dose oder Flasche hineingeworfen hat. So ist das an allen Orten, wo sich viele Menschen aufhalten. An weniger besuchten Örtlichkeiten findet man naturgemäß auch viel weniger Pfand. Wenn man es geschafft hat, während des Tages erfolgreich zu sein, bedeutet das noch lange nicht, dass man nun Geld in der Tasche hat.

Als Obdachloser oder professioneller Pfandsammler ist man erkennbar. Auf jeden Fall hat man ein anderes Erscheinungsbild als der Bevölkerungsanteil, der eine Wohnung bewohnt. Auch die Pfandmengen sind sehr oft größer als normal. In Supermärkten, die sehr häufig von Pfandsammlern angelaufen werden, ist es sehr oft so, dass man am Automaten ein Schild vorfindet, auf dem steht, dass man Pfand nur in haushaltsüblichen Mengen abgeben darf oder nur zehn Flaschen erlaubt sind. Was haushaltsüblich ist, legt entweder das Sicherheitspersonal oder irgendein Mitarbeiter fest, der in der

Regel in solchen Supermärkten sofort hinter einem steht. Wobei Leute mit Wohnung sehr oft die Abgabe von Leergut in unbegrenzter Menge gestattet wird, auch wenn sie es säckeweise bringen und einem Obdachlosen nur eine begrenzte Menge abgenommen wird.

Eine weitere beliebte Methode ist es, den Pfandsammlern ein Hausverbot zu erteilen. Sehr oft unter Angabe von sehr abstrusen Gründen. Sehr beliebt ist zum Beispiel zu sagen: »Du bist beim letzten Mal hier beim Stehlen erwischt worden.« Auch wenn man Stein und Bein schwört, dass man noch nie vorher in diesem Laden gewesen ist, oder dass es ganz einfach nicht die Wahrheit ist, die Ladenmitarbeiter sitzen am längeren Hebel und rufen dann manchmal sogar die Polizei und als Obdachloser hat man automatisch unrecht.

Dann läuft man nach dem anstrengenden Tag am Abend noch mal große Strecken durch die Stadt, um das Pfand in klingende Münze umzusetzen. Und wenn man denkt, dass man nach einem solch anstrengenden Arbeitstag wenigstens anständiges Geld in der Tasche hat, irrt man auch hier wieder. Ein wirklich guter Pfandsammler verdient an einem Tag, wenn es gut läuft, vielleicht 15 Euro. Sehr oft weniger.

Allerdings hat das Pfandsammeln wenigstens den Vorteil, dass man nicht alle halbe Stunde von irgendjemandem angepöbelt wird oder auch Schlimmeres passiert.

Es bleiben also noch das Verkaufen der Obdachlosenzeitung und das Betteln. Im Grunde genommen ist beides das Gleiche. Beim Verkaufen der Zeitung hat man halt die noch in der Hand, während man Leute anspricht und seinen Spruch aufsagt. Allerdings wird es von den Menschen deutlich wohlwollender aufgenommen, wenn man mit der Zeitung bettelt. Irgendwie als wenn sie sich denken würden: »Der versucht ja wenigstens noch irgendetwas zu arbeiten.« Demzufolge bekommt man auch mehr Geld.

Doch auch Betteln und das Sammeln der Flaschen ist Arbeit. Wenn ich eine Tätigkeit viele Stunden täglich (auch am Wochenende) ausübe, dann ist das Arbeit. Man hat sich auch morgens auf der

Schlafplatte voneinander verabschiedet, indem man gesagt hat: »Ich muss jetzt arbeiten« oder »Ich gehe jetzt zur Arbeit«.

Mit den Obdachlosenzeitungen funktioniert das folgendermaßen: Man kauft sich für einen kleinen Preis seine Zeitungen und verkauft die dann mit Gewinn an die Leute. Die Differenz kann man in die eigene Tasche stecken. Nach meiner Zeit als Obdachloser kam in Berlin sogar eine Zeitung heraus, die kostenlos an die Obdachlosen abgegeben wird. Allerdings führt das auch immer wieder zu Problemen, da die Abgabestellen sehr unregelmäßig geöffnet sind und man als Obdachloser, trotz bekannt gegebener Öffnungszeiten, sehr häufig vor verschlossenen Türen steht. Dies ist sehr ärgerlich, da man eh schon immer zu wenig Geld hat und nun zweimal das Fahrgeld bezahlen muss, um zur Ausgabestelle und zurück zu kommen. Oder auch dreimal. Je nachdem, ob man Glück hat oder nicht.

Mit diesen Zeitungen stellt man sich an einen Supermarkt, läuft damit durch die S-Bahn oder spricht, wie ich, gezielt Leute auf dem Vorplatz des Berliner Hauptbahnhofs an. Beim aktiven Ansprechen oder wenn man in der S-Bahn verkauft, ist es wichtig, eine gute Ansprache auf Lager zu haben und obendrein muss man auch sehr schlagfertig sein.

Ich habe eigentlich immer in kurzen knappen Worten meine Situation geschildert, also dass ich draußen lebe und schlafe und habe gefragt, ob die Leute mir eine Zeitung abkaufen. Manchmal habe ich den Leuten auch Witze erzählt und gesagt, dass wenn sie den Witz noch nicht kennen, sie mir eine Zeitung abkaufen müssen. Sehr oft hat das funktioniert.

Eine kleine Anekdote am Rande dazu: Ich habe mir einige Witze selbst ausgedacht, damit die Leute eben nicht sagen können, sie kennen diesen schon. Doch nach einigen Monaten war der Witz eben plötzlich bekannt. Man habe diesen hier oder dort gehört oder irgendwo in den sozialen Medien gelesen. Einmal zeigte mir einer sogar einen Post auf Facebook. Ich erkläre mir das so, dass die Reisenden am Berliner Hauptbahnhof aus allen Teilen der Bundesrepublik kamen und meine Witze mit nach Hause genommen haben und sie so den Weg in die Öffentlichkeit gefunden haben.

Wichtig beim Schnorren und Zeitungverkaufen ist, dass man immer gut drauf ist. Dass man den lustigen (gern auch einen bisschen blöden) Kaspar spielt. Auf gar keinen Fall darf man mit trauriger Miene oder sehr niedergeschlagen auf die Leute zugehen. Ein trauriger Obdachloser bekommt kein Geld. Obwohl die Menschen auf der Straße allen Grund haben traurig und niedergeschlagen zu sein, dürfen sie das nicht zeigen. Und egal, was man gerade erlebt hat (und man erlebt eine Menge schlimmer Dinge beim Schnorren), man setzt wieder sein Lächeln auf – and the show must go on. Einfach, weil man keine andere Wahl hat.

Das Betteln kann man grob in zwei Kategorien einteilen: einmal passiv und einmal aktiv. Bei erster Variante sucht man sich einen Platz, der von möglichst vielen Leuten frequentiert wird. Das kann ein Eingang zum Supermarkt sein, wenn man dort nicht weggejagt wird. Irgendein öffentlicher Platz oder so etwas in der Art. Meistens reicht es, wenn man einen Becher vor die Füße stellt, damit die Leute wissen, warum man dort sitzt. Manche malen sich auch ein Pappschild, auf dem sie mitteilen, warum sie hier gerade sitzen. Und dann wartet man, dass einem wohlgesonnene Mitbürger ein paar Centstücke in den Becher werfen.

Hier mal ein Wort zu gespendeten Cents. Glauben diese Leute wirklich, sie würden damit helfen? Auch wenn zehn Leute mit ein paar Cents kommen …, dafür bekommt man im Supermarkt nichts. Der Obdachlose wird nichts sagen, um nicht undankbar zu erscheinen und wird sich brav bedanken. Doch versetzt euch doch selbst mal in diese Lage. Ihr seid vollkommen mittellos und erniedrigt euch so weit, dass ihr bettelt und dann kommt jemand und wirft sechs Cent in den Becher … Also wenn ihr spendet, gebt wenigstens einen oder zwei Euro. Fünf oder zehn sind besser, wenn man denn kann.

Auch hört man immer wieder, dass man ja nicht jedem etwas geben kann. Aber dazu folgende Geschichte: Ich war mal einen Monat lang von morgens bis abends mit öffentlichen Verkehrsmitteln in Berlin unterwegs und war auch oft an Plätzen, wo sich Obdachlose bevorzugt aufhalten. Und ich habe konsequent jedem, der mich gefragt hat oder den ich irgendwo sitzen sah, einen Euro gegeben und eine Strichliste geführt. Am Monatsende waren es 63 Euro! Das ist überhaupt nicht viel Geld. Okay, wenn man Mindestrente oder ALG II bezieht oder in ähnlich prekären Situationen ist, dann schon. Doch für einen Normalverdiener ist das eine kleine Summe. Und auch wenn man nicht jedem was gibt, kann man einmal am Tag, in der Woche oder im Monat etwas spenden und dann auch gern mal eine größere Summe.

Was glaubt ihr, wie sehr man sich als Obdachloser freut, wenn man mal einen Zwanziger oder gar Fünfziger bekommt. Letztere Summe habe ich ein einziges Mal während meiner gesamten Zeit auf der Straße bekommen. Fünfzig Euro sind ein Vermögen! Für mich hätte es bedeutet, dass ich drei Tage nicht Schnorren muss. Drei Tage, an denen ich mal ausruhen kann. Denn ich musste wirklich jeden Tag raus. Manchmal war ich wirklich krank und es ging mir überhaupt nicht gut, aber die elende Alkoholsucht und auch der Hunger zwangen mich dazu, wieder loszugehen. Und es war auch egal, ob es zehn Grad unter null und eiskalt war, ob es in Strömen regnete oder ob die Sonne einen bei 30 Grad im Schatten briet.

Drei Tage, wo ich mir einfach ein paar Bier kaufen und mich ans Ufer der Spree setzen konnte. Drei Tage, an denen ich mich mal wie ein Tourist oder Urlauber, also ein bisschen wie ein normaler Mensch fühlen konnte. Drei Tage, an denen ich neue Kraft schöpfen konnte, für die nächste Phase des Kampfes ums Überleben.

Manchmal braucht man auch dringend Dinge, die man sich vom alltäglichen Schnorrgeld nicht kaufen kann. Und so ein unerwarteter Geldsegen entspannt die Situation dann ungemein.

Die letzte Möglichkeit ist das aktive Betteln, wie auch ich es selbst praktiziert habe. Aktiv zu schnorren, also die Leute direkt anzusprechen mit dem Ziel, sie dazu zu bringen, einem Geld zu geben, ist aus meiner Sicht die Königsklasse beim Betteln. Die Oberliga!

Warum? Jemanden anzusprechen und diesen dazu zu bringen etwas zu tun, von dem er, in den allermeisten Fällen, noch eben geglaubt hat, das genaue Gegenteil zu tun, nämlich einem nach Alkohol und allem Möglichem stinkenden Penner Geld zu geben, ist eine Kunst.

Es ist Verkauf in seiner schwersten Form. Ich habe mein Leben lang Vertrieb gemacht und war wirklich gut darin. Es begann mal mit Obst und Gemüse auf Wochenmärkten, dann Staubsauger sowie Energie- und Telekommunikationsverträge an der Haustür, dann war ich eine Zeitlang als Marktschreier unterwegs, dann Reitsportartikel, war Außendienstler im landwirtschaftlichen Bereich, habe 100.000 Euro teure Dienstleistungen übers Telefon verkauft, abstrakte Recruitinglösungen per Videoschalte von einer Stunde Dauer, immer wieder meine eigenen Dienstleistungen und vieles, vieles mehr verkauft.

Doch richtig gut als Verkäufer wurde ich, als ich auf der Straße um Geld betteln musste. Zum einen war der Druck sehr hoch. Wenn ich versagte, hatte ich am Monatsende nicht etwa nur etwas weniger Provision auf dem Konto, sondern am Abend nichts zu essen und noch viel schlimmer, keinen Alkohol. Ich MUSSTE erfolgreich sein. Um jeden Preis.

Also war ich schon entsprechend motiviert. Als ich damals von meinem Bekannten aus der Notunterkunft mit zum Hauptbahnhof genommen wurde, beobachtete ich, was die anderen Obdachlosen dort machten. Entweder liefen sie mit der Obdachlosenzeitung herum oder schnorrten die Leute direkt an. Niemand saß dort mit einem Becher. Also begann ich gleich mit der härtesten Disziplin.

Das erste Mal, als ich nach Geld fragte, kostete mich unglaublich viel Überwindung. Immer wieder stand ich von meinem Sitzplatz auf, um jemanden zu fragen und genauso oft setzte ich mich ohne etwas zu tun wieder hin. Als ich dann tatsächlich das erste Mal vor einem Menschen stand, war mir das so unangenehm, dass ich nur ein paar Worte herausgemurmelt bekam. So in etwa »… obdachlos … kein Geld …« – und natürlich bekam ich nichts. Doch ich MUSSTE weitermachen, und nachdem ich einige Biere ziemlich schnell hintereinander getrunken hatte, klappte es dann. Alkohol nimmt einem die Hemmungen. Und an meinem ersten Abend hatte ich 15 Euro zusammenbekommen.

Im Lauf der Zeit entwickelte ich eine gewisse Routine und das Ansprechen wurde etwas leichter und ich wusste auch, wie ich was zu sagen hatte. Und ich entwickelte eine unglaubliche Schlagfertigkeit und eine ebenso große Fähigkeit, Menschen blitzschnell zu beurteilen und einzuschätzen.

Den ersten Eindruck bekam ich durch die Kleidung. Teuer oder normal? Gepflegt oder ungepflegt? Irgendwelche teuren Accessoires? An der Körperhaltung und ihrem Habitus versuchte ich zu erkennen, ob die Leute entspannt oder genervt beziehungsweise aufgeregt waren. Nach einer gewissen Zeit lag ich fast immer richtig und ich wusste, wie ich diese Person anzusprechen hatte. Aber nicht immer. Manchmal war die Reaktion völlig anders als erwartet und ich musste dann wirklich in Sekundenbruchteilen zu einer anderen Strategie greifen.

Aber irgendwann war ich richtig gut darin. Wenn ich anfangs noch pausenlos von einem zum anderen gelaufen bin und immer wieder stumpfsinnig den gleichen Spruch aufsagte, so saß ich zum Ende meiner Obdachlosigkeit meistens auf einem der würfelförmigen Steine und suchte mir die Leute gezielt heraus. Und es klappte fast immer. Den größten Erfolg hatte ich merkwürdigerweise bei jungen und sehr attraktiven Frauen. Ich habe bis heute keine Ahnung warum.

Wer jetzt aber denkt, dass das Schnorren eine lustige und coole Sache ist, der irrt. Und zwar gewaltig! Stellt euch doch mal folgende Situation vor: Ihr steht irgendwo auf einem belebten Platz und müsst jetzt irgendeine Person ansprechen und um Geld bitten. Probiert es gern mal aus, doch allein der Gedanke, dies tun zu müssen, ist schon sehr unangenehm, da man nicht weiß, wie der Angesprochene reagieren könnte. Und glaubt mir, die Reaktionen der Leute können wirklich unangenehm sein. Ich habe beim Schnorren wirklich alles erlebt, was Menschen sich an Schlechtigkeiten und Gemeinheiten ausdenken können. Und Menschen sind sehr kreative Wesen.

Jeder, der irgendeinen Alltagsfrust mit sich rumschleppt, ist der Meinung, den nun an dem armen Teufel auslassen zu müssen, der sich von der Not getrieben nun erdreistet, um ein bisschen Kleingeld zu bitten.

Als Schnorrer wurde ich in jeder erdenklichen Art und Weise beleidigt und beschimpft. Man hat mir übelste Motive für meine Situation und mein aktuelles Handeln unterstellt. Ich wurde bespuckt, geschlagen und getreten. Sogar als ich im Rollstuhl saß und fast wehrlos war.

Was ich persönlich als besonders schlimm empfand, war, wenn die Leute einen wie Luft behandelten und völlig ignorierten. Das fühlte sich jedes Mal absolut eklig an, nicht mehr als Mensch und Person wahrgenommen zu werden. Und auch wenn ich mich an viele schlimme Dinge auf der Straße in gewisser Weise gewöhnt hatte, Letzteres war eine Sache, mit der ich nie klarkam. Jedes, wirklich jedes Mal kam mir bei einer solchen Behandlung die Galle hoch.

Wenn es richtig schlecht läuft, erlebt man solche Situationen in einer Stunde mehrere Male und im normalen Leben würde man sich an einen ruhigen Ort zurückziehen, ein paar Tränen vergießen wegen der großen Gemeinheit dieser Leute und man würde versuchen in der Zukunft solche Situationen zu vermeiden. Doch als Obdachloser kann man das nicht. Egal, was gerade eben passiert ist, man setzt sich für ein paar Minuten in eine Ecke, raucht eine Zigarette und MUSS dann weitermachen. Die Not und die bittere

Armut treiben einen dazu. Also setzt man wieder sein Showlächeln auf und spielt wieder den gut gelaunten Trottel.

Morgen, übermorgen, nächste Woche und nächsten Monat wieder. Man kommt einfach nicht raus aus dieser miesen Situation. Natürlich sind nicht alle so und ich habe beim Schnorren wirklich tolle und coole Menschen kennengelernt, mit denen mich zum Teil bis heute eine Freundschaft verbindet.

Es waren auch viele wirklich hilfsbereite und mitfühlende Menschen dabei, die mir auch langfristig immer wieder helfend unter die Arme gegriffen haben.

Am Berliner Hauptbahnhof zumindest auf unserer Seite, dem Washingtonplatz, hatten wir klare Schnorrregeln. Es wurde zum Beispiel darauf geachtet, die Leute nicht mehr zu belästigen als unbedingt nötig. So gab es die Regel, dass niemand ein zweites Mal angesprochen wird. Wenn ich zum Beispiel auf eine Person zusteuerte, die vorher schon einmal von einem meiner Kollegen gefragt wurde, bekam ich eine Warnung durch ein kurzes Kopfschütteln oder einen Zuruf, dass dieser Mensch schon gefragt worden ist.

Es gab auch die Regel, keine Leute anzubetteln, die Kinder dabeihatten. Diese Regel kam sogar von mir. Ich hatte es mir zur Angewohnheit gemacht, im Sommer immer den großen Platz abzulaufen. Die Leute saßen dort auf den Steinbänken in der Sonne. Einmal sprach ich ein paar Spanier an und fragte nach Geld. Sie gaben mir nichts und ich zog weiter. Nach etwa einer Viertelstunde war ich wieder auf dem Vorplatz, als ein etwa zwölfjähriges Mädchen völlig aufgelöst und tränenüberströmt vor mir stand und mir zwei Euro geben wollte. Ich verstand erst nicht, was los war, doch dann sah ich etwas abseits die Spanier, offensichtlich ihre Eltern, mit betretenen Gesichtern stehen. Das kleine Mädchen konnte offensichtlich nicht damit klarkommen, dass ich auf der Straße lebte. Nach diesem Erlebnis habe ich immer darauf geachtet, dass kein Kind hören musste, in welcher Situation ich mich befand und die meisten meiner Kollegen haben dieses Verhalten übernommen.

Manchmal erwischte man auch Leute, die einem 50 Cent gaben und beim Wegstecken des Portemonnaies erklärten, dass sie selbst ALG II oder Mindestrente bekommen. Das waren Momente, in denen ich mich sehr schlecht fühlte. Und zwangsläufig bemühte ich mich, keine Leute anzusprechen, bei denen zu vermuten war, dass sie auch wenig Geld haben.

Das ist auch so eine Besonderheit beim Betteln. Menschen, die selbst nur wenig Geld haben, versuchen immer, etwas zu geben. Wahrscheinlich weil sie die Situation, in der man als Obdachloser ist, nachvollziehen können. Auch Obdachlose selbst teilen ihr Letztes, wenn jemand sagt, dass er Hunger hat. Auch wenn einem selbst der Magen knurrt.

Wen man überhaupt nicht zu fragen braucht, sind Leute die sichtbar viel Geld haben. Also wo man schon an der Kleidung oder am Schmuck sieht, dass sie deutlich mehr verdienen als der Durchschnitt. Nicht ein einziges Mal habe ich von solchen Menschen etwas bekommen. Im Gegenteil! Diese Leute waren wahre Meister darin, über einen hinweg oder hindurchzuschauen und einen vollständig zu ignorieren.

Auch Prominente, die man vergleichsweise häufig am Hauptbahnhof trifft, geben fast nie etwas. Ein einziges Mal habe ich von Klaas Heufer-Umlauf etwas bekommen. Es war in den frühen Morgenstunden, und ich hatte ihn erst erkannt, nachdem ich gefragt hatte. Ohne eine Sekunde zu überlegen holte er einen Zwanziger raus und gab in mir. Das war schon etwas Besonderes und ich bedanke mich herzlich bei dir, falls du das mal lesen solltest.

Aber sonst habe ich Promis, nach all den vielen missglückten Versuchen, nie mehr gefragt. Auch Politiker nicht, die man sehr oft sah, wenn sie am Bahnhof ankamen und rüber zu ihrer Arbeit im Bundestag gingen. Aus den gleichen Gründen.

Man wurde natürlich unendlich oft mit den typischen Vorurteilen konfrontiert, die manche Menschen gegenüber Obdachlosen haben: »Geh Arbeiten!« war eines der häufigsten und immer wieder gern genommenen Argumente, um kein Geld zu geben. Ich hatte ja bereits erklärt, warum man als Obdachloser nicht arbeiten gehen kann. Und mir persönlich tat dieses Argument immer besonders weh. Ich habe in meinem Leben wirklich extrem viel gearbeitet und auch das tägliche Schnorren am Bahnhof war ja schließlich Arbeit. Und dann vorgeworfen zu bekommen, dass man ja nur faul sei, nun ja …

Oft bekam man auch zu hören, dass man ja zur Tafel gehen könne. Doch was soll ein Obdachloser mit Sachen von der Tafel? Dort bekommt man rohe Lebensmittel für eine Woche oder für zwei. Wie soll man die aufbewahren ohne Kühlschrank und wie soll man die kochen, wenn man keine Küche hat?

Und dass man das Geld ja eh nur haben wolle, um sich ordentlich einen auf die Lampe zu gießen. Doch dazu habe ich ja schon mehrfach etwas geschrieben.

Tatsächlich waren das nach meiner Meinung aber oft nur vorgeschobene Gründe, um die kleine Spende von ein paar Groschen zu verweigern. Leute, ich bitte euch ernsthaft darum, Obdachlosen zu helfen, wann immer ihr könnt! Obdachlosigkeit ist Armut auf unterster Stufe. Man kann nicht ärmer sein, als wenn man auf der Straße leben muss. Und jeder, der euch fragt, hat dieses Geld bitter nötig. Niemand bettelt aus Spaß oder weil er sich bereichern will.

Doch wisst ihr, wem es am schlimmsten geht auf der Straße? Das sind die total abgewrackten und meist auch psychisch kranken Menschen. Man sieht sie irgendwo in einer Ecke eines belebten Platzes oder Bahnhofs kauern. Ein zerfleddertes Exemplar irgendeiner Obdachlosenzeitung in der Hand und teilnahmslos vor sich auf den Boden starren. Oft sind sie sehr schmutzig und riechen sehr schlecht. Das sind die allerärmsten Obdachlosen. Fast niemand gibt diesen Menschen etwas. Ihre Tageseinnahmen belaufen sich auf null bis fünf Euro. Also wenn ihr auf einen solchen Obdachlosen trefft, gebt lieber diesem Geld, als einem Obdachlosen wie mir. Die anderen Obdachlosen brauchen dieses Geld natürlich auch, doch die eben beschriebene Gruppe eben dringender als die anderen.

Wie ich es schaffte, von der Strasse wegzukommen

Am Ende meiner Obdachlosigkeit war ich in einem Zustand, den man kaum noch als menschlich bezeichnen konnte. Ich war extrem verwahrlost. Was ich jetzt schreibe, treibt mir auch heute noch eine Gänsehaut über den Rücken und es fällt mir schwer zu glauben, dass das wirklich ich war, der das erlebt hat. Aber um mal eine Vorstellung zu vermitteln, wie sehr ich am Ende war, nun folgendes Beispiel, auch wenn es mir sehr peinlich ist.

Wenn man so viel Alkohol trinkt wie ich damals, isst man nur noch sehr wenig. Es kam durchaus vor, dass ich mir an einem Morgen ein halbes, belegtes Brötchen reinquälte und das auch nur, weil ich wusste, dass ich irgendwas essen muss. Hunger hatte ich keinen mehr. Und in den letzten Wochen auf der Straße kam es sehr oft vor, dass ich das nächste halbe Brötchen erst am Nachmittag des folgenden Tages oder am Morgen des Tages darauf aß.

Die Folge ist, dass man dauerhaft unter Durchfall leidet. Man überlegt es sich in dieser Phase des Alkoholismus sehr genau, ob man seine Darmwinde fahren lässt oder nicht, denn es besteht immer die Gefahr, dass nicht nur Luft kommt und man sich in die Hose macht.

Und so ist es mir auch an einem Nachmittag gegangen. Ich bin dann mit meinem Rolli nur noch um die Ecke gefahren, habe die Hose und die Unterhose ausgezogen, mich mit der Unterhose notdürftig gesäubert, diese anschließend weggeworfen und meine Jeans wieder darüber gezogen. Natürlich auch, ohne mich vernünftig zu waschen. Das Schlimme war, es war mir absolut egal. Es störte mich nicht mehr im Geringsten.

Wenn ihr euch mal selbst in diese Situation versetzt, bekommt ihr ein ungefähres Gefühl dafür, wie es mir damals ging.

Ich hatte seit vielen Wochen nicht mehr geduscht und in die Kleiderkammer ging ich nur noch, wenn die Leute beim Schnorren angewidert zurückwichen oder ich sogar darauf angesprochen wurde, wie eklig ich stinken würde.

Ich war wirklich extrem verwahrlost. In dieser Zeit trank ich bis zu drei Flaschen Schnaps am Tag. Manchmal auch vier. Dazu vier bis sechs Starkbier der Marke Elephant und vier bis fünf Packungen dieser kleinen Kräuterschnäpse. Unter Obdachlosen haben die auch den Beinamen Zündkerzen. Also alles in allem eine unglaublich hohe Alkoholmenge.

Natürlich ging es mir überhaupt nicht mehr gut damit. Der Magen rebellierte permanent und tat eigentlich nur noch weh. Hinzu kam, dass ich irgendwie immer dabei war, mich zu übergeben. Dauerhaftes Sodbrennen war auch noch eine Begleiterscheinung.

Besonders am Morgen, wenn ich mich aus meinem Schlafsack schälte und erst mal den obligatorischen »Klapperschluck« versuchte in mich rein zu bekommen. Klapperschluck deshalb, weil ich am Morgen meist so entzügig war, dass mir zumindest die Hände sehr stark zitterten. Manchmal so schlimm, dass ich es nur mit größter Mühe schaffte, die Schnapsflaschen anzusetzen und zu trinken. Wenn man dann Alkohol trank, legten sich die Symptome meist innerhalb einer halben Stunde und ich hatte die Kraft, in meinen

Rollstuhl zu steigen und zum Hauptbahnhof hochzufahren. Und jeden Morgen war es eine neue Zitterpartie, ob man den dringend nötigen Alkohol nicht wieder auskotzte.

Ich ließ mir am Abend immer ungefähr eine halbe Flasche Schnaps übrig. Eine Viertelflasche brauchte ich etwa in der Mitte der Nacht, in der mich regelmäßig Entzugserscheinungen weckten. Ich trank dann, rauchte eine und schaffte dann die Zeit bis zum Morgen, wo mich der Alkoholentzug erneut aus dem Schlaf holte.

Also erst mal im Schlafsack nach der Flasche suchen und dann in äußerst kleinen Schlucken zu trinken beginnen und bei jedem Schlückchen hoffen, dass es drin bleibt.

Nach etwa zehn Minuten hatte der Alkohol den Magen soweit betäubt und vorbereitet, dass ich nachschütten konnte. Das Ganze ließ ich dann noch eine weitere halbe Stunde wirken und machte mich anschließend auf den Weg zum Hauptbahnhof, um schnellstmöglich das Geld zusammenzuschnorren, das ich schon bald für die nächste Dosis Alkohol benötigte.

Einmal hatte man mir während der Nacht meinen Schnaps gestohlen. Ich hatte ihn im Rucksack, den ich mir auch noch unter den Kopf gelegt hatte. Irgendwer hatte es in der Nacht geschafft, diesen zu öffnen und meine Flasche Schnaps mitgehen zu lassen.

Was jetzt zunächst einmal nur ärgerlich klingt, war für mich dramatisch. Am Morgen war ich so entzügig, dass ich den Weg zum Hauptbahnhof nicht geschafft hätte, auch wenn man mir eine Million Euro geboten hätte.

Irgendwann wurde dann einer meiner Kollegen wach und da ich zum Glück noch etwas Geld hatte, bat ich ihn, mir am Bahnhof eine Flasche zu holen. Nach einigem Genöle sagte er zu, kam allerdings erst nach Ablauf von zwei Stunden wieder zurück. Zwei Stunden, in denen sich die Minuten zu Stunden dehnten und in denen es mir wirklich von Minute zu Minute schlechter ging.

Als er dann endlich auftauchte, war ich nicht mehr in der Lage allein zu trinken und er musste mir die Schnapsflasche an den Mund setzen, bis es mir nach einer Viertelstunde möglich war, allein weiterzutrinken.

Der Alkohol bestimmte mein Leben.

Und obwohl ich überhaupt nicht mehr gern trank, was übrigens kein Alkoholiker in meinem Stadium mehr tut, war Alkohol tatsächlich zu meinem besten und inzwischen auch einzigen Freund geworden.

Alkohol war für mich da, wenn ich traurig war, wenn ich Schmerzen hatte, wenn ich fror, wenn es mir psychisch schlecht ging, wenn ich einsam oder alles zusammen war. Kaum noch ein Mensch interessierte sich in irgendeiner Weise für mich, doch der Alkohol war immer da, obwohl ich wusste, dass er mich in kürzester Zeit umbringen würde. Ich überlegte immer wieder, wie ich davon loskommen könnte, doch ich hatte keine Idee mehr.

Der normale Weg mit Entgiftung und anschließender mehrmonatiger Therapie war für mich nicht gangbar, da ich ja nicht mal über eine Krankenversicherung verfügte. Heute weiß ich, dass man in Deutschland pflichtversichert ist. Das wurde mir aber erst klar, als meine Krankenkasse mir einige Monate später, ich war zu dieser Zeit schon in einem Obdachlosenheim, eine Rechnung über die Krankenversicherungsbeiträge schickte für die Zeit auf der Straße. Doch damals hatte ich keine Ahnung davon. Zu oft war ich von Ärzten auch wegen sehr ernster Erkrankungen abgewiesen worden, weil ich eben keine Versichertenkarte auf den Tisch legen konnte.

Und die Methode, den Alkohol über mehrere Tage immer wieder zu reduzieren und dann aufzuhören, funktionierte bei mir schon lange nicht mehr. Ich hatte es einige Male probiert. Doch ab einem gewissen Stadium der Trunkenheit setzte immer wieder der totale Kontrollverlust ein. Ich konnte dann einfach nicht mehr aufhören.

Mein Zustand war so schlimm, dass es mir trotz großer Mühe nicht mehr gelang, mir einen Tagesablauf ohne Alkohol auch nur vorzustellen. Ich wusste wirklich nicht mehr, wie das funktionieren könnte.

Es ging mir so schlecht, dass ich in der Bahnhofsmission unbegrenzten Zutritt erhielt. Normalerweise durfte man sich zweimal am Tag für eine Stunde dort aufwärmen und bekam einen Tee. Damals hatte ich gedacht, dass die Leute nun endlich erkannt hatten, dass ich ja doch ein normaler Mensch war, den man nun auch normal behandeln könne. Erst viel später habe ich erfahren, dass das praktisch ein letzter Gnadenakt war, da alle annahmen, dass es mit mir zu Ende geht. Allerdings kam niemand auf die Idee, mir aus meiner schrecklichen Situation herauszuhelfen.

Das soll jetzt nicht undankbar klingen, ich war tatsächlich sehr dankbar. Doch rückblickend muss ich sagen, dass ich mich anders verhalten hätte. Ich lebte damals unter der Brücke, direkt am Spreeufer unterhalb des Bundestages, wo sich diese Abteile befinden. Vom Washingtonplatz am Hauptbahnhof kann man diese Brücke gut sehen, wenn man über den Platz geht und über die Spree nach links schaut. Wir hatten dort den ganzen Winter ausgeharrt. Immer noch unsere kleine Stammmannschaft und immer wieder kamen und gingen auch Leute.

Wir hatten hier einiges zusammen durchgestanden. Tage und Nächte mit grimmigem Frost, es gab Überfälle, aber auch einige sehr schöne Momente. Einen von diesen möchte ich hier schildern.

Es war an Weihnachten im Jahr 2016, als irgendwer von uns auf die Idee kam, doch eine kleine Weihnachtsfeier zu veranstalten. Es wurde beschlossen, dass es Wiener Würstchen mit Kartoffelsalat geben solle und hinterher wollten wir einen kleinen Umtrunk machen. Unser tschechischer Kollege L. erklärte sich bereit, den Kartoffelsalat zu machen. An Weihnachten kam es selbstverständlich nicht infrage etwa fertigen zu nehmen. Also legten wir alle ein bisschen Geld zusammen und L. besorgte die ganzen Zutaten. Einen Gaskocher hatten wir schon im Sommer angeschafft und Kochtöpfe waren auch da.

Da ich gerade gut bei Kasse war, erklärte ich mich bereit, die Würstchen zu spendieren. Am Abend vor Weihnachten begann L.

die Kartoffeln zu kochen, es war fast ein ganzer Eimer voll und als wir alle am Abend eintrudelten, wurden gemeinsam die Kartoffeln gepellt.

Irgendwer hatte auf seinen Touren durch die Stadt einen verkrüppelten Weihnachtsbaum gefunden, den wohl niemand mehr wollte. Diesen schmückten wir mit Lametta und stellten ein paar Grabkerzen davor auf, die einige von uns zum Heizen im Zelt benutzten. Dazu noch ein altes Plüschtier. Dieser Baum war in den nächsten Tagen ein sehr begehrtes Fotomotiv bei den Passanten, die regelmäßig dort entlangliefen.

Dazu muss ich erklären, dass gerade das Weihnachtsfest ein ganz besonderer Feiertag für mich ist. Geburtstage, Ostern oder Silvester könnten auch ausfallen, ohne dass ich das groß bemerken würde. Doch Weihnachten … Mit diesem Tag verbinde ich Familie, Liebe, Harmonie und Frieden.

Am Abend, es war wirklich kalt und uns wehte ein kalter Wind um die Ohren, aßen wir gemeinsam den Salat und die Würstchen und hinterher tranken wir Glühwein mit Rum. Wir fühlten uns wenigstens für den Moment wie ganz normale Menschen. Und es fühlte sich großartig an! Für mich war besonders bemerkenswert, dass an diesem Abend wirklich Weihnachten unter unserer Brücke war.

Liebe, Frieden und Harmonie.

Viele werden das jetzt für übertrieben halten, doch für mich war es das schönste Weihnachtsfest meines Lebens.

Die Kollegen verabredeten sich, dass man sich genau ein Jahr später wieder unter der Brücke treffen wollte, doch ich blieb still und mochte dieses Versprechen nicht abgeben. Obwohl es mir wirklich schlecht ging und auch nicht das Geringste darauf hindeutete, dass ich es noch mal von der Straße wegschaffen könnte, hatte ich folgenden Gedanken im Kopf: Eventuell geschieht ja doch ein Wunder und ich sitze in einem Jahr an Weihnachten mit einer neuen Frau und eventuell sogar Kindern da. Wie soll ich denen erklären, dass ich Weihnachten statt mit Ihnen Daheim, nun unter einer Brücke verbringen möchte?

Obwohl wirklich nicht das Geringste darauf hindeutete, dass ich es nochmal lebend von der Straße herunter schaffte, irgendwo ganz tief hinten im Kopf flackerte noch immer dieses kleine Flämmchen Hoffnung.

Auch jetzt beim Schreiben sind mir wieder ein paar Tränen die Wangen hinuntergekullert. Wie übrigens sehr oft beim Schreiben dieses Buches. Wenn man lange auf der Straße lebt, geht es mit einem permanent bergab. Das äußerst anstrengende Leben, der psychische und physische Stress, dem man ständig ausgesetzt ist, das ungesunde und unregelmäßige Essen, der viele Alkohol, die Hitze und Kälte. Das macht viel mit einem.

Man kann sich das wie ein Diagramm mit einer abwärts laufende Kurve vorstellen. Mit kleinen Amplituden nach oben und nach unten, doch immer und stetig abwärts verlaufend. Und am Ende kommt ein Punkt, den ich als »Point of no return« bezeichne. Der Punkt ohne Umkehr.

Was ist der Punkt ohne Umkehr?

Ich hatte das vielfach bei anderen Obdachlosen im Endstadium des körperlichen Verfalls beobachtet. Die Leute bekamen dann ein bestimmtes Aussehen und einen ganz besonderen Habitus. Sie sahen einfach sehr ausgemergelt aus oder, so wie ich, extrem aufgedunsen. Ich konnte es irgendwie an den Augen erkennen. Der Blick war leer und ich sah auch, ebenfalls an den Augen, dass dieser Mensch sehr leidet. Der Ausdruck war manchmal, als wenn sie nicht mehr hier auf der Erde, sondern schon irgendwo weit weg waren. An einem anderen (besseren?) Ort.

Sie reagierten nur noch sehr rudimentär auf ihre Umwelt und wenn, dann war es, als wenn das bloß noch Reflexe waren, die aus dem alten Leben übrig geblieben sind. Des Weiteren waren sie sehr unterwürfig, weil sie sehr genau wussten, jeder könnte eh alles mit ihnen machen. Sie hatten keine Chance mehr, auch nur noch das

Geringste dagegen zu tun. Und alle, wirklich ohne Ausnahme, bei denen ich diesen Zustand wahrnahm, starben dann innerhalb einer sehr kurzen Zeit. Meist innerhalb zwei bis maximal sechs Wochen.

Ich habe das den Leuten nie gesagt, wer ist schon gern derjenige, der den Tod anderer Leute prophezeit, doch ich hatte immer Recht.

Als es mir noch halbwegs gut ging, habe ich mich um diese Leute immer besonders bemüht. Habe sie vor anderen Obdachlosen, die das auch intuitiv bemerkten, in Schutz genommen, habe gelegentlich und wie es meine Finanzen zuließen, etwas Alkohol spendiert und darauf geachtet, dass sie am Abend und in der Nacht in meiner Nähe waren. Falls irgendetwas sein sollte …

Das war allerdings auch schon alles, was ich tun konnte. Auch ich war inzwischen über diesen Punkt hinaus – und ich wusste das. Am allerschlimmsten war, dass ich keine Ahnung hatte, was ich dagegen noch unternehmen könnte. Der Alkohol hatte mich derart in seinem Würgegriff, dass ich für mich selbst keine Chance sah, dem nochmals zu entkommen. Immer wieder quälte ich mich mit dem Gedanken, dass man noch irgendwas tun könnte, zumal ich eigentlich immer eine gute Idee habe. Doch diesmal fiel mir einfach nichts ein. Und glaubt mir, ich habe sehr intensiv nachgedacht. Und dann kam irgendwann der Tag, an dem ich es akzeptierte zu sterben.

Bei meinen Vorträgen werde ich manchmal gefragt, ob ich nicht Selbstmord als letzten Ausweg in Betracht gezogen habe. Und tatsächlich hatte ich dies getan. Ich habe mir gedacht, wenn ich es überhaupt nicht mehr aushalten kann, dann nehme ich mir das Leben. Und so merkwürdig das jetzt klingen mag, dieser Gedanke gab mir Kraft. Durch diese letzte Option wusste ich, dass mein Leiden nicht unendlich weiterging und es einen Ausweg gibt. Wenn auch einen sehr ultimativen.

An einem Vormittag irgendwann im Vorfrühling des Jahres 2017 saß ich wieder in meinem Rollstuhl auf dem Bahnhofsvorplatz. Es war ein sonniger und toller Tag und ich beobachtete die Menschen, wie ich es immer tat, wenn ich auf eine günstige Gelegenheit wartete, um jemanden anzuschnorren.

An einem Papierkorb stand ein älteres Paar mit seinen Koffern. Beide rauchten eine Zigarette, während sie vermutlich auf ihren Anschlusszug warteten. An einer Ecke alberten ein paar junge Mädchen herum und an einer anderen Stelle verabschiedete sich ein junger Mann mit einem innigen Kuss von seiner Freundin, die wahrscheinlich auf eine Reise ging.

Und plötzlich traf es mich wie ein Hammer: In ein paar Tagen bist du hier nicht mehr dabei! Intellektuell hatte ich das schon vorher verstanden, doch in diesem Moment kam es emotional und im Herzen an. Sophie Scholl hatte vor ihrer Hinrichtung gesagt: »So ein schöner Tag und ich muss gehen.« Mir erging es ähnlich und das war ein wirklich schlimmer Moment in meinem Leben.

Doch auf der Straße hatte ich gelernt, auch die schlimmsten Dinge hinzunehmen. Und auch wenn es mir den restlichen Tag psychisch sehr schlecht ging, nahm ich schon nach etwa einer halben Stunde mein Tagewerk wieder auf und schnorrte weiter.

Gegen Abend war es mir dann auch schon wieder irgendwie egal, so verrückt das auch klingt, doch ich dachte mir einfach: »Dann stirbst du eben.« Und tatsächlich wollte ich auch sterben, wie mir einige Tage später klar wurde.

Von Natur aus bin ich wirklich ein Kämpfer. Ich musste schon als Kind schwer arbeiten, habe Leistungssport gemacht, bis dato zwei Auswanderungen hinter mich gebracht, Firmenpleiten erlebt und vieles mehr. Und ich bin immer wieder aufgestanden.

Doch die Zeit auf der Straße hatte Kraft gekostet. Zu viel Kraft. Ich konnte nicht mehr. Und am allerschlimmsten, ich wollte nicht mehr.

Zudem war ich es auch leid, zu leiden. Immer in Gefahr zu sein, nie zu wissen, was der nächste Augenblick vielleicht bringen würde, immer von allem zu wenig zu haben, nicht mehr als Mensch wahrgenommen zu werden, Kälte, Hitze, Gewalt …

Ich hatte genug und wollte sterben. Ich bin ja auch gläubiger Christ und es wurde täglicher Bestandteil meines Gebetes, dass Gott mich wirklich schnell sterben lässt. Ich wollte nicht mehr leiden.

Jeden Tag fuhr ich mit meinem Rolli zum Bahnhof hoch und wartete auf den Tod. In dieser Zeit wurde ich sogar von den Obdachlosen verstoßen und schikaniert. Ein irrer Typ verbot mir das Biertrinken auf dem Vorplatz, wohl wissend, dass ich nichts mehr dagegen tun konnte und andere Obdachlose schickten mich weg, wenn ich mich zu ihnen stellte, obwohl wir monatelang miteinander unsere Zeit verbracht hatten. Das fand ich am allerschlimmsten. In einer solch schwierigen Situation auch noch ganz allein zu sein. Aber irgendwo war es mir auch egal. War ja eh nicht mehr für lange …

In dieser Situation tauchten zwei junge Frauen am Hauptbahnhof auf, F. und U. Die beiden hatten die Idee, sich um obdachlose Menschen zu kümmern. Und was ihnen an Wissen um die Thematik fehlte, machten sie mit viel Herz und Energie wieder wett. Die beiden hatten eigentlich ganz andere Berufe, opferten aber große Teile ihrer Freizeit und auch eigenes Geld dafür auf, den Menschen auf der Straße zu helfen.

Irgendwie müssen sie bemerkt haben, wie es um mich steht und nachdem sie mit Kaffee und belegten Brötchen etwas Vertrauen aufgebaut hatten, begannen sie, mir ins Gewissen zu reden. Ich solle doch aufhören zu trinken und dass mich der Alkohol kaputt macht. Innerlich konnte ich alles absegnen, was sie sagten. Es war wahr und stimmte. Doch WIE sollte ich das schaffen?

Allein konnte ich es nicht mehr und der Weg ins Krankenhaus war mir versperrt. Das erklärte ich ihnen auch, doch sie redeten trotzdem weiter, als wenn sie meine Schilderung der Tatsachen einfach nicht verstehen wollten. Es dauerte nicht lange und sie gingen mir auf die Nerven, was ich anfangs noch im normalen Ton, doch dann auch sehr deutlich und am Ende auch recht aggressiv kundtat. Ich wollte meine Ruhe haben. Mein Leben war vorbei und der

Weg, den sie vorschlugen, würde nicht funktionieren, da man mich garantiert nicht im Krankenhaus behandeln würde.

Doch die beiden gaben nicht auf und irgendwann nach drei Stunden, gab ich nach und stimmte zu, dass sie mich ins Krankenhaus brachten. Mit nicht sehr freundlichen Worten.

Man lud meinen Rolli in den Kofferraum eines Autos und verfrachtete mich auf den Rücksitz. Obwohl ich stank wie ein Iltis.

Als wir gegen 18 Uhr in der Notaufnahme ankamen, redeten beide mit dem Personal und sie kamen mit der Nachricht zu mir zurück, dass ich aufgenommen werde. Ich konnte es fast nicht glauben. Wie hatten sie das nur hinbekommen? Unzählige Male war ich auch mit sehr schlimmen Symptomen wieder weggeschickt worden. Aber umso besser!

F. verabschiedete sich gegen 20 Uhr weil sie am nächsten Tag wieder zur Arbeit musste und wohl auch noch etwas zu erledigen hatte, doch U. blieb. Und dann verging Stunde um Stunde, ohne dass etwas passierte. U. ging zwar des Öfteren nachfragen, doch sie kam immer mit der Antwort zurück, dass ich gleich dran käme. Gegen Mitternacht verabschiedete sie sich, auch wegen der Arbeit am nächsten Tag, doch sie versicherte mir, dass die Ärzte zugesagt hätten, mich so schnell wie möglich dranzunehmen. Ich blieb dann noch etwa eine Stunde im Wartebereich, ohne dass sich irgendetwas tat. Alle Patienten, von denen die meisten erst nach mir gekommen waren, wurden inzwischen aufgerufen und das Wartezimmer war seit Stunden leer.

Irgendwann dauerte mir das alles zu lange, da ich inzwischen auch schon ziemlich stark entzügig war und eigentlich dringend etwas zu trinken gebraucht hätte. Doch ich beschloss durchzuhalten, auch weil ich darauf vertraute, nun bald Medikamente zu erhalten, die den Entzug abmildern würden. Allerdings fuhr ich mit meinem Rolli nun raus auf den Gang. Einfach um auf mich aufmerksam zu machen, weil ich annahm, man hätte mich vergessen. Nachdem viele Krankenschwestern immer wieder an mir vorbeigelaufen waren, stellte ich mich so hin, dass ich denen fast im Weg stand. Nach einer halben Stunde pflaumte mich eine Krankenschwester an, was ich denn noch hier wolle. Ich erklärte, dass ich darauf wartete, aufgenommen zu werden. Ihre Entgegnung war, dass ich nicht aufgenommen werde und nun gehen solle. Ich dachte, ich höre nicht richtig und fing natürlich an zu protestieren. Nach wenigen Minuten stand ein Arzt vor mir und teilte mir ebenfalls mit, dass ich nicht bleiben könne. Ich war der Verzweiflung nahe und beharrte darauf, dass die gemachte Zusage gegenüber den beiden Frauen eingehalten wird. Und nachdem ich mich strikt weigerte zu gehen, sagte mir der Arzt zu, dass ich in einer Woche wiederkommen könne. Dann hätte man einen Platz für mich. Wohl auch in der Hoffnung, mich nie wiederzusehen. Und man habe den Kältebus gerufen, der mich in die Lehrter Straße zur Notunterkunft fahren würde. Als ich ihm sagte, dass ich schwer abhängig bin und eigentlich schon vor Stunden hätte trinken müssen und dass ich natürlich mitten in der Nacht nicht schnorren könne, um mir Alkohol zu besorgen, zuckte er nur die Schultern.

Der Kältebus kam und brachte mich zur Notunterkunft. Dort legte ich mich kurz hin, konnte jedoch wegen der Entzugserscheinungen nicht schlafen, stand nach etwa einer Stunde wieder auf und stellte mich mit meinem Rolli draußen hin. Meine Hoffnung war, dass irgendein Frühaufsteher oder Nachzügler etwas Alkohol dabei hätte und mir helfen würde.

Vor mich hin schlotternd saß ich in meinem Rolli, als mich eine ehrenamtliche Mitarbeiterin der Stadtmission ansprach, was ich denn so früh schon draußen machte. Ich schilderte ihr meine Erlebnisse und auch, dass es mir sehr schlecht ging. Völlig ohne Hoffnung, dass sie mir helfen könnte. Und plötzlich stand sie mit einer halben Flasche Schnaps und zwei Flaschen Bier vor mir. Ich konnte es nicht glauben!

Sie erklärte mir, dass manche Obdachlose am Abend beim Einlass den Alkohol abgeben und manchmal vergessen, ihn am nächsten Morgen abzuholen. Das war wirklich meine Rettung. Bis zum nächsten Morgen hätte ich niemals durchgehalten. Sie bat mich noch, sie nicht zu verraten, deshalb hier auch keine Namensnennung. Einige Jahre später, ich hatte durch die Medien und meine vielen Vorträge inzwischen eine gewisse Bekanntheit erlangt, rief sie mich aus irgendeinem Grund an und berichtete in dem Zusammenhang, dass sie das damals gewesen war. Ich dankte ihr von Herzen und möchte dies auch hier noch mal ganz öffentlich tun. Du hast mich wirklich gerettet in dieser Nacht und das Richtige getan.

Vielen, vielen Dank!

Am Morgen fuhr ich dann wieder zum Bahnhof und von der nächsten Woche weiß ich leider nicht mehr sehr viel. Ich baute sehr schnell seelisch und körperlich ab und war irgendwie in einem merkwürdigen Trancezustand. Ich bekam das meiste nur noch ganz rudimentär mit, aber nichts berührte mich mehr wirklich.

Ich weiß noch, dass V., ein Streetworker, der uns in den letzten Wochen wirklich sehr geholfen hatte, da war und ich ihm die Geschichte mit dem geplanten Entzug erzählt habe. Und auch C. und N. kamen und wollten mir nicht glauben, dass ich nicht im Krankenhaus aufgenommen wurde, sondern unterstellten mir, dass ich abgehauen sei. Zum Glück hatte ich den Arztbrief nicht wie gewohnt in die nächste Mülltonne geworfen, sondern eingesteckt. Damit konnte ich sie dann überzeugen.

Ich kann mich, wie eben schon gesagt, nur noch in Bruchstücken erinnern und es tauchen nur noch einige kurze Situationen vor meinem geistigen Auge auf, wenn ich versuche, die letzte Woche auf der Straße in mein Gedächtnis zurückzurufen.

Ich weiß noch, dass ich an einem Morgen aufwachte, mir wieder mal mein Schnaps gestohlen worden war und auch dass mein guter Winterschlafsack weg war und ich zugedeckt mit einem dünnen Sommerschlafsack da lag. Irgendjemand hatte mir den in der Nacht weggenommen und gnädigerweise den anderen dagelassen. Aber auch das berührte mich nur noch am Rande.

An einem Morgen weckte mich V., der Streetworker, und erinnerte mich an den Termin zur Entgiftung. An dieser Stelle möchte ich kurz was zu V. sagen, denn ihm gebührt unendlicher Dank. Ohne ihn hätte ich die letzten Monate draußen nicht überstanden. Er tauchte irgendwann am Bahnhof auf und hatte sofort das Vertrauen und den Respekt aller. Einfach weil er, im Gegensatz zu vielen anderen Sozialarbeitern unsere Situation wirklich verstand und wusste, wie man hilft.

Er brachte uns Zelte, Schlafsäcke, Tabak, den irgendwer irgendwann gespendet hatte und versuchte, uns zu helfen, wo er nur konnte. Doch ihm wurden durch seine eigene Orga ständig Steine in den Weg gelegt. Von ihm für uns reservierte Spenden wurden einfach ausgegeben und einmal musste er sogar Termine absagen, da ihn seine Orga zum Regale aufbauen in irgendein Lager abgeordnet hatte.

Er half mir, wieder einen Personalausweis zu bekommen und meine Betreuerin meldete mich wieder im System an. Er schaffte es, mich im Übergangshaus der Berliner Stadtmission unterzubringen, aus dem ich allerdings wegen einer völlig unfähigen Sozialarbeiterin nach einigen Wochen, schwer krank und mitten im Winter hinausgeworfen wurde. Davon hatte ich aber schon berichtet. Und obwohl V. auch eigene Probleme hatte, war er immer für uns da.

V., wenn du das liest, ich danke dir von Herzen und werde dich nie vergessen.

Aber zurück zu dem Morgen, als V. mich weckte. Er wusste, in welch schrecklichem Zustand ich war und dass ich kaum noch an der Welt teilnahm. Er wusste auch, dass er mich mit ungewöhnlichen Mitteln motivieren musste, ins Krankenhaus zu fahren, ja mich überhaupt noch unter meiner Brücke hervorzulocken. Ich glaube, an diesem Morgen wäre ich wirklich nicht mehr aufgestanden und wäre einfach zum Sterben liegen geblieben.

Da er selbst an diesem Tag keine Zeit hatte, war es seine Idee, eine Flasche Schnaps zu kaufen und diese bei einem Obdachlosen oben am Bahnhof zu deponieren. Als er mir dies mitteilte, bekam ich noch mal genug Energie, mich in den Rolli zu hieven und zum Bahnhof hochzufahren. Der kostenlose Schnaps lockte.

Oben angekommen ließ ich mir die Flasche geben und trank diese aus. Der Plan, danach ins Krankenhaus zu fahren, wurde mit jedem Schluck weniger wichtig und ich überlegte schon, alles bleiben zu lassen. Zumal ich nicht wirklich die Hoffnung hatte, aufgenommen zu werden. Aber ich wollte V. nicht enttäuschen. Er war der Einzige, der mir noch half und ich hatte ihm am Morgen mein Wort gegeben. Das konnte ich nicht brechen. Nicht ihm gegenüber.

Also fuhr ich mit dem Fahrstuhl hoch zur S-Bahn, gelangte zum Hackeschen Markt und fand auch tatsächlich das Krankenhaus und die Station, wo ich hinmusste. Nach einigem Hin und Her wurde ich aufgenommen und auf eine Station eingewiesen. Jetzt begann eine der härtesten Zeiten, die ich während der gesamten Zeit auf der Straße durchstehen musste. An diese Zeit habe ich keine durchgehende Erinnerung, sondern es tauchen nur einzelne Bilder auf.

Der Entzug

Ich erinnere mich, dass sich die Zimmer-Kollegen darüber beschwerten, wie sehr ich stank und man es nicht aushalten können. Ich sollte duschen gehen, doch daran war überhaupt nicht zu denken. Ich war inzwischen schon so entzügig, dass ich kaum noch stehen konnte. Trotzdem raffte ich mich irgendwie auf und mithilfe eines Pflegers und Feuchttüchern säuberte ich mich notdürftig. Ich musste mich die ganze Zeit am Waschbecken festhalten und sackte mehrmals zusammen. Ohne den Pfleger wäre ich auf dem Boden gelandet. Ich schleppte mich zurück ins Bett und wurde später in einem Raum wach, in dem ich ganz allein war. Mir wurde erst im Nachhinein klar, dass ich trotz meiner Bemühungen mich zu säubern noch immer so sehr stank, dass man mich in einen extra Raum gelegt hatte. Mir war es allerdings egal, denn es ging mir wirklich sehr schlecht.

Meine stärkste Erinnerung an diese Zeit ist, dass ich mich die ganze Zeit übergeben musste. In der Nierenschale aus Pappe sammelte sich irgendwann nur noch gelber Schleim. Aus Erfahrung wusste ich, dass das Galle war. Doch die meiste Zeit würgte ich trocken vor mich hin, da der Körper die Gallensäfte nicht so schnell produzieren konnte, wie ich sie von mir gab.

Außerdem erinnere ich mich an ein starkes Zittern. Zuerst nur die Hände, aber es wurde immer stärker, bis ich am ganzen Körper völlig unkontrolliert vor mich hin schlotterte. Zwischendurch hatte ich immer wieder konvulsive Zuckungen.

Mein Kreislauf war derartig durcheinander, dass ich dachte, mein Bett würde wie auf hoher See, durch das Zimmer schwanken. Aber nicht etwa wie seichtes Wiegen, sondern es fühlte sich so an, als wenn Kopf- und Fußende wechselseitig zwei Meter in die Höhe geschleudert wurden und wieder herunterfielen. Das Zittern nahm ich inzwischen wie starke Vibrationen war, die man nicht sehen, dafür aber umso schlimmer spüren konnte.

Zudem war ich entsetzlich schwach und schaffte es kaum, die Flasche Wasser vom Nachttisch zu nehmen und zu trinken. Das starke Zittern verhinderte außerdem, was ich mit letzter Kraft vielleicht noch geschafft hätte. Irgendwann gab ich es trotz schlimmen Durstes auf und dachte mir, dann gibt es eben nichts zu trinken.

Ich glaube, das Ganze ging etwa drei Tage so und obwohl man mir Medikamente wie Diazepam verabreichte, was die Folgen des Entzuges abmildert, ging es teilweise über die Grenzen des Erträglichen hinaus. Und ihr wisst, was ich bisher alles ertragen hatte.

Nach diesen drei Tagen begann ich langsam wieder meine Umgebung wahrzunehmen. Ich war wieder in einem Mehrbettzimmer und als ich mich im Zimmer umblickte, sah ich zu meinem großen Erstaunen B. in einem Nachbarbett. Wir hatten den letzten Winter gemeinsam unter der Brücke verbracht. Ich sprach ihn an, aber er reagierte nicht. Da ich mir nicht sicher war, ob mir meine Fantasie einen Streich spielt, fragte ich kein zweites Mal und dachte mir, dass das ja eigentlich überhaupt nicht sein kann. Vielleicht hatte ich ja Halluzinationen. Doch weitere zwei Tage später stellte sich heraus, es war tatsächlich B. Man hatte ihn irgendwo gefunden und statt ihn wie üblich mit Medikamenten ein paar Stunden lang halbwegs fit zu machen und ihn dann wieder auf die Straße zu werfen, hatte man ihn irgendwie auf die Entgiftungsstation gebracht. So sehr ich ihm das wirklich gegönnt habe, aber wieso war es mir so schwer gemacht worden?

Als B. wieder ansprechbar war, ging es mir auch wieder so weit gut, dass ich das erste Mal mit meinem Rolli rausfuhr, um eine zu rauchen. Hier lernte ich meine Mitpatienten kennen, die ich alle wirklich gut leiden mochte und die mir sehr geholfen haben, die Zeit in der Klinik zu überstehen. Allerdings nicht alle. Es gab auch welche, die standen vom Tisch auf, wenn ich mich dazusetzte. Erst einige Zeit später wurde mir klar, dass es an meinem noch immer sehr schlimmen Geruch lag. Also duschte ich mich das erste Mal seit sehr langer Zeit. Meine Fußnägel waren etwa einen Zentimeter lang und obwohl ich sie in einer Schüssel eine halbe Stunde einweichte, bekam ich sie selbst mit einer Nagelzange nicht ab. Zumindest nicht mit der, die man mir im Krankenhaus gab. Eine Patientin brachte mir auf meine Bitte hin ein neues Nagelset von einem ihrer Einkäufe mit und selbst damit war es noch ein gehöriges Stück Arbeit, bis ich die Krallen endlich los war. Sie sagte mir auch, dass ich trotz meiner Dusche noch immer stank wie ein Iltis. Allerdings ganz lieb und respektvoll. Also bin ich noch mal duschen gegangen. Diesmal fast eine Stunde. Danach musste ich mein Abendessen nicht allein einnehmen.

Ganz langsam kehrte mein altes ich, zumindest in rudimentären Grundzügen zurück. Wenn man so viel trinkt wie ich damals, wird man richtig zu einem Alkohol-Zombie. Das eigene Ich tritt immer mehr in den Hintergrund und es kommt immer mehr dieses typische Alkoholiker-Verhalten hervor. Das ist merkwürdigerweise bei allen Menschen gleich und bringt immer die gleichen Ausfaller-scheinungen mit sich.

Man sieht die Welt durch ganz andere Augen, trifft völlig andere Entscheidungen als normal, bewertet Sachverhalte anders und da-raus resultierend erfolgt ein Verhalten, das nur von den wenigsten Menschen toleriert wird. Man ist überhaupt nicht mehr der, der man früher war.

Aber je mehr Distanz ich zum Alkohol bekam, umso mehr wur-de ich wieder ich selbst. Auch wenn der gesamte Wiederherstel-lungsprozess noch sehr lange dauern sollte.

Und wirklich erst jetzt realisierte ich, in welch wirklich gefähr-licher Situation ich mich damals befunden habe. Vorher war das alles durch den Alkohol weit weg. Doch jetzt traf es mich an jenem Vormittag mit voller Wucht.

Ich bin mehrfach überfallen worden und jeder einzelne dieser Überfälle hätte mein Ende sein können. Es war sehr oft extrem ge-fährlich. Meine zwei mittleren Finger an der rechten Hand waren für immer steif und fast hätte ich die Hand verloren. Ich bin ins Koma gefallen und als Rollstuhlfahrer wieder aufgewacht. Ich bin fast erfroren und nur ganz knapp mit dem Leben davongekommen und vieles, vieles mehr.

Ich dachte mir: »Alter! Du hast jetzt so viele Schüsse vor den Bug bekommen. Der nächste wird ein Volltreffer. Der versenkt dich für immer. Du musst JETZT was ändern!« Wie ich das allerdings an-stellen sollte, davon hatte ich nicht die geringste Ahnung.

Durch einen Zufall erfuhr ich, dass es im Krankenhaus eine So-zialarbeiterin gab. Sie war wirklich engagiert, doch hochgradigst überlastet. Wir konnten uns gerade mal fünf Minuten unterhalten und am Ende des Gespräches druckte sie mir Listen von sogenann-ten Übergangshäusern aus. Also Einrichtungen, in die Leute wie ich gehen und dort bleiben konnten, bis sie eine Wohnung gefunden hatten. So zumindest die Theorie.

Alles, was ich bisher von diesen Häusern gehört hatte, war schlimm. Mehrbettzimmer, Diebstähle, Gewalt. Da hätte ich auch auf der Straße bleiben können. Doch die Sozialarbeiterin machte einige Kreuze auf der Liste und versicherte mir, dass diese Einrichtungen akzeptabel seien. Auch wenn ich ihr nicht wirklich glaubte, fasste ich den Entschluss, es zu probieren. Die nächste Runde auf der Straße hätte ich nicht überstanden.

Also nahm ich mein Handy und rief dort überall an, blitzte aber bei den meisten ab. Alles voll, war die Standardantwort. Außer bei zweien, wurde mir gesagt, solle ich in ein paar Tagen nochmal fragen. Als ich dies dann tat, wurde mir gleich in der ersten Einrichtung gesagt, dass ich in der übernächsten Woche kommen könne. Ich hätte laut jubeln können vor Freude.

Blöd war nur, dass ich schon in der nächsten Woche aus dem Krankenhaus entlassen werden würde, also eigentlich noch mal eine Woche auf der Straße leben müsste. Doch wieder geschah ein Wunder. Als die Sozialarbeiterin mich fragte, wie es läuft, berichtete ich ihr alles und am nächsten Tag stand sie wieder vor mir und teilte mir mit, dass mich das Krankenhaus eine Woche länger dabehalten würde. Aus sozialen Gründen. Ich konnte mein Glück nicht fassen!

V., der Streetworker, kam mich besuchen und ich berichtete ihm, was alles geschehen war. Er versprach mir, alles mit meiner Betreuerin zu regeln. Also die Kostenübernahme und was sonst noch so nötig war.

Irgendwo freute ich mich, doch in den letzten knapp anderthalb Jahren war ich so oft enttäuscht worden, dass alles in mir dem Frieden nicht so recht trauen wollte. Dennoch fieberte ich dem Tag entgegen.

Und endlich war es so weit.

V. wollte mich zwar eigentlich abholen, aber irgendwie hatte ihm seine Orga wieder einen Strich durch die Rechnung gemacht, also machte ich mich allein auf den Weg.

Im Obdachlosenheim

Als ich dort ankam, begrüßte mich P., der Leiter der Einrichtung. Wie sich später herausstellte, war er ein total korrekter Typ.

»Hallo! Schön, dass du da bist! Komm erstmal rein. Willst du nen Kaffee?«

Es fing also schon mal gut an. Am Telefon hatte ich bereits herausbekommen, dass ich ein Einzelzimmer bekommen sollte. Als Teil einer WG in einer Zweiraumwohnung. Das war auch wie sechs Richtige im Lotto!

Nach einer Weile sagte P. dann: »Komm, wir gehen mal nach oben und ich zeig dir dein Zimmer.«

Nach oben?, dachte ich bei mir und fragte, in welcher Etage das Zimmer sei. In der zweiten, war die Antwort.

Zu diesem Zeitpunkt schaffte ich auf den eigenen Füßen mit Ach und Krach eine Etage und teilte ihm das auch mit. Was anderes wäre nicht frei, war die Antwort.

Da ich auf keinen Fall wieder auf die Straße wollte, versuchte ich es. Die dritte halbe Treppe zog ich mich am Geländer hoch und die letzte halbe musste ich auf allen Vieren gehen. Aber ich hatte es geschafft.

Da ich während der ganzen letzten Monate fleißig laufen trainiert hatte, wusste ich, dass dies bald kein Problem mehr sein würde. Allerdings hätte ich das an diesem Tag kein zweites Mal geschafft.

P. führte mich in ein kleines Zimmer von etwa acht Quadratmetern. Drinnen war die absolute Minimalausstattung. Stuhl, Schrank, Tisch, Bett und ein kleines Sofa. Küche und Bad würde ich mit meinem Mitbewohner teilen, der aktuell auf der Arbeit sei. Und weg war er.

Schon nach wenigen Minuten hatte ich das Gefühl, nicht richtig atmen zu können. Das erste, was ich machte, war, das Fenster zu öffnen und die Heizung auszudrehen. Viel zu lange war ich nicht mehr in kleinen, geschlossenen Räumen gewesen.

Zuerst sah ich mich ein bisschen um. Zog in der Küche die Schubladen auf, sah in die Schränke und inspizierte das Bad. Eine Dusche und eine Toilette! Wow! Nur ein paar Schritte gehen und ich konnte mich ganz einfach waschen, ohne dafür erst durch die halbe Stadt zu fahren, stundenlang zu warten und befürchten zu müssen, bestohlen oder in eine Schlägerei verwickelt zu werden. Sogar eine Waschmaschine gab es.

Als ich mir alles angeschaut hatte, setzte ich mich in meinem Zimmer aufs Sofa und wusste plötzlich nichts mit mir anzufangen. Auf der Straße hatte ich irgendwie immer was zu tun gehabt und falls mal nicht, konnte ich ein bisschen mit den Kollegen quatschen. Hier war niemand.

Ich hatte keinen Fernseher, kein Handy, keinen Laptop und kein Internet. Nachdem ich mich etwa zwei Stunden gelangweilt hatte, wollte ich schon wieder gehen. Was wollte ich hier? Auf der Straße war ich wenigstens nicht allein.

Doch für einen kurzen Moment tauchten in meinem Kopf ein paar Bilder aus den letzten 15 Monaten auf und ich beschloss durchzuhalten. Zum Glück!

Nun begann für mich eine Zeit, in der ich feststellen musste, dass ich viele Dinge schlichtweg verlernt hatte. Zum Beispiel in einem Bett zu schlafen. Als es Abend wurde, ging ich erst mal ausgiebig duschen. Fast eine Stunde lang und wusch mir gefühlt den ganzen Dreck der letzten Monate vom Körper. In meinem Rucksack befand sich noch ein T-Shirt und eine saubere Unterhose, sowie eine Dose Eintopf, die ich schon wer weiß wie lange mit mir herumschleppte. Dann aß ich mich satt und freute mich wie ein kleines Kind an Weihnachten auf das schön weiche und frisch bezogene Bett.

Ich legte mich hin – und konnte nicht einschlafen! Von der rechten auf die linke Seite und wieder zurück. So ging das eine oder zwei Stunden. Ich stand auf, rauchte eine und legte mich wieder hin. Und konnte einfach nicht schlafen. Irgendwann am Morgen bin ich dann mal kurz weggeduselt. Dieses Spiel wiederholte sich auch in der nächsten und übernächsten Nacht. Es war einfach kein Schlaf zu finden. Und dann kam ich drauf, woran es lag. Ich rollte meine Isomatte auf dem Teppich aus, deckte mich mit meinem Schlafsack zu und schlief wie ein Baby.

Am nächsten Morgen schaute ich traurig zum Bett. Da stand es, sah so verlockend aus und war für mich doch nicht zu gebrauchen. Aber ich versuchte es einfach immer wieder und nach etwa drei Wochen hatte ich meine erste Nacht im Bett hinter mich gebracht, in der ich durchgeschlafen hatte.

Auch mein Schlafverhalten besserte sich. Auf der Straße ist man ja beim kleinsten Geräusch hellwach und so ging es mir auch die erste Zeit in meinem Zimmer. Jedes Geräusch im Haus ließ mich hochschrecken, da ich es nicht kannte. Doch nach einigen Wochen legte sich auch dies.

Ich musste außerdem wieder lernen, mich regelmäßig zu waschen und die Kleidung zu wechseln und nicht erst, wenn man angesprochen wurde, dass man stank.

Und ich brauchte Ruhe und Erholung! Die Zeit auf der Straße war äußerst stressig und sehr, sehr anstrengend gewesen. Dadurch bin ich oft über meine Kraft hinausgegangen und wenn man das immer wieder macht, nimmt man das von seiner Grundenergie, der Lebensenergie. Und die musste ich erst mal wieder auftanken.

Ich hatte keine Lust, Menschen zu sehen und genoss es, meine Zimmertür von innen abzuschließen und für mich allein zu sein. Privatsphäre ist etwas, das man als Obdachloser niemals hat. Zudem hatte ich zu dieser Zeit einfach wenig Lust auf andere Menschen.

Nach ein paar Tagen klopfte es an meine Zimmertür, und mein Mitbewohner wollte mich unter Schilderung eines Vorwandes erst mal kennenlernen. Später nannte er mich im Spaß »Der Einsiedler«.

Ich brauchte fast drei Monate, um mich so weit zu erholen, dass ich wieder anfangen konnte, ernsthaft darüber nachzudenken, wie es jetzt weitergehen könnte. Drei Monate, in denen ich viel schlief, las und einfach meine Grundkraft wieder erneuerte. Ganz langsam begann ich, wieder neuen Lebensmut zu fassen.

Verglichen mit den anderen Heimen in Berlin war das Übergangshaus, in dem ich gelandet war, so etwas wie das Hilton unter den Obdachlosenheimen. Zwei Leute teilten sich eine Wohnung und außer dass einmal in der Woche durch die Zimmer gegangen wurde, wobei man die Ordnung kontrollierte, ging mir niemand auf die Nerven mit irgendwelchen sinnlosen Maßnahmen, wie sie oft in anderen Einrichtungen zwangsweise verordnet werden.

Allerdings bekam ich auch nicht die geringste Unterstützung, wie ich anfangs noch gehofft hatte. Bevor ich selbst zu einem Heimbewohner wurde, bin ich immer davon ausgegangen, dass dort Sozialarbeiter und Therapeuten arbeiten würden, die Leuten wie mir, die geradewegs aus der Hölle kamen, halfen, wieder ihren Weg ins Leben zurückzufinden.

Aber hier gab es, wie bereits gesagt, nichts dergleichen. Ich konnte hier wohnen und das war ja wenigstens schon etwas. Und tatsächlich war ich auch froh, dass sich hier nicht irgendwelche Sozialarbeiter erdreisten zu bestimmen, wie mein Leben in der Zukunft auszusehen hatte. Ich hatte eigene Pläne.

Ich hatte vor der Obdachlosigkeit ein sehr gutes Leben gehabt. Ihr erinnert euch. Schickes, gemietetes Haus auf einer Trauminsel und ein, wenn man die allerletzte Zeit dort mal vergisst, ein schönes Dasein.

Und das wollte ich wiederhaben. Viele, die es von der Straße zurückschafften, begnügten sich mit einem Platz in einem Obdachlosenwohnheim, ALG II oder Frührente. Und ich respektiere das. Allerdings wollte ich für mich etwas anderes. Und dieses Ziel malte ich mir gedanklich an den weit entfernten Horizont. In meinen Tagträumen war ich oft an diesem Ort und manchmal auch in der Nacht.

Wie ich dieses Ziel erreichen sollte, davon hatte ich nicht die geringste Ahnung, aber ich begann, mich langsam auf dieses Ziel zu-

zubewegen. Und unterwegs, praktisch am Wegesrand, erkannte ich Gelegenheiten, welche ich ergriff. Immer wenn ich in den nächsten Monate Entscheidungen treffen musste, wie es weitergeht, fragte ich mich immer, ob diese Entscheidung mich meinem Ziel näher bringt oder nicht. Und unter exakt der gleichen Prämisse begann ich, Pläne zu machen, von denen sehr viele nicht oder ganz anders funktioniert haben, als gedacht, aber dann habe ich eben die Pläne angepasst oder eben noch mal neu begonnen. Aber niemals habe ich dabei mein Ziel aus den Augen verloren.

Und ganz langsam ging es vorwärts.

Das erste Problem, das ich unbedingt lösen wollte war eine eigene Wohnung. Dieser Prozess sollte ein ganzes Jahr dauern und ich hatte dabei auch noch großes Glück. Als ehemaliger Obdachloser eine Wohnung zu bekommen ist äußerst schwierig. Das liegt zum einen daran, dass ehemalige Obdachlose nur ganz selten als Mieter akzeptiert werden, zum anderen am äußerst angespannten Berliner Wohnungsmarkt, auf dem man selbst mit einem sehr guten Einkommen große Probleme hat, eine Wohnung zu bekommen.

Eine weitere Schwierigkeit ist, dass Obdachlose während ihres Abstiegs, welcher der Obdachlosigkeit in der Regel vorangeht, Schulden angehäuft haben. Meistens Mietschulden. Und Mietschulden in der Schufa sind das totale KO-Kriterium, wenn man sich auf eine Wohnung bewirbt. Und jeder Vermieter verlangt eine Schufa-Auskunft. Zumindest hier hatte ich Glück. Meine Schufa war sauber.

Die ersten Monate im Obdachlosenheim wartete ich irgendwie darauf, dass mir von den Leuten im Heim Hilfe oder zumindest Wegweisung angeboten wird. Ich hoffte auch im Stillen, dass meine Betreuerin irgendetwas in die Wege leitet. Aber es passierte nichts.

Also begann ich, mich im Bekanntenkreis zu erkundigen, was man tun muss, um eine Wohnung zu bekommen und so gut wie jeder schilderte mir, warum das fast aussichtslos ist. Doch ich dachte mir, dass andere Leute ja auch eine Wohnung haben. Warum sollte ich dann keine bekommen? Man muss auch bedenken, dass ich viele Jahre nicht in Deutschland gewesen bin und sich sehr viel verändert hatte.

Also machte ich mich schlau, welche Wohnungsbaugesellschaften es in Berlin gibt, machte einen Satz Bewerbungsunterlagen fertig und schickte diese dort hin. Doch außer automatischen Eingangsbestätigungen erhielt ich keine Antworten. Manchmal nicht mal diese. Zeitgleich meldete ich mich auf diversen Wohnungsportalen im Internet an und schrieb unzählige Bewerbungen, aber auch hier hörte ich in den allermeisten Fällen nie wieder etwas. Aber ich gab nicht auf und setzte meine Versuche über viele Monate hinweg fort – und nach fast einem Jahr erhielt ich wie aus dem dem Nichts eine Einladung zu einer Wohnungsbesichtigung. Ich freute mich wie ein kleines Kind an Weihnachten und fieberte dem Termin entgegen.

Als es endlich so weit war, stand ich schon eine Stunde vor der vereinbarten Zeit vor dem Haus. Irgendwann kam ein gestresster und sehr desinteressierter Hausmeister, der obendrein auch noch den falschen Schlüssel in der Tasche hatte. Und so wie der drauf war, befürchtete ich schon, dass er mich wegschickt und ich noch mal wiederkommen müsse. Doch er war eine halbe Stunde später mit dem richtigen Schlüssel wieder da. Wir stiegen gemeinsam in die vierte Etage und als er die Tür öffnete, wusste ich sofort, dass dies meine Wohnung wird, wenn ich sie denn bekomme.

Ein kleines Zimmer von etwa 30 Quadratmetern mit integrierter Küche und ein kleines Badezimmer. Alles ganz neu, da vor meinem Einzug gerade eine Komplettsanierung vorgenommen wurde. Und dazu hatte ich den schönsten Ausblick von ganz Berlin. Direkt vor meinem Fenster lag eine Kleingartenanlage und ich konnte mindestens 1,5 Kilometer weit schauen und jetzt im Frühling wurde alles gerade wunderschön grün.

Ich hätte heulen können vor Freude, doch äußerlich blieb ich cool. Ich fragte, was ich denn jetzt noch tun müsse, um die Wohnung zu bekommen und der Hausmeister gab mir eine lange Liste mit Unterlagen, die ich in die Wieker Straße zum Sitz der Wohnungsbaugesellschaft bringen sollte. Natürlich hatte ich das meiste dabei und weil ich die Wohnung nicht auf den letzten Metern wieder verlieren wollte, machte ich mich sofort auf den Weg.

Der Empfang dort war äußerst unangenehm. Als ich warten musste, konnte ich beobachten, wie die Mitarbeiterin im ersten Büro auf der linken Seite einen Ausländer zusammenschnauzte, der nicht verstand, was sie sagte. Trotzdem bölkte sie den armen Kerl fast fünf Minuten voll, während er vor der offenen Tür im Gang stand und das Gezeter über sich ergehen ließ, weil er die Wohnung wahrscheinlich, genau wie ich, dringend benötigte. Also so lief das hier, dachte ich mir und schaltete sofort wieder in den unterwürfigen Bittsteller-Modus eines Obdachlosen um. Ich wollte diese Wohnung bekommen und wenn ich dafür Füße küssen müsste. Aber vorerst funktionierte alles. Ich gab meine Papiere ab und versprach, die restlichen am nächsten Tag zu bringen.

Nach vier weiteren Wochen hatte ich den Termin für die Wohnungsübergabe. Als ich vor der Tür auf den Hausmeister wartete, schaute ich mir die Namen an den Klingeln und an den Briefkästen an. Und plötzlich sah ich meinen Namen. Das Gefühl war unbeschreiblich. Es gab wieder einen Briefkasten mit meinem Namen!

Allerdings gab es noch einen Wermutstropfen: Die Frau von der Wohnungsbaugesellschaft, von der ich eben erzählt hatte, rief mich drei Tage vor der geplanten Schlüsselübergabe an, knallte mir an den Kopf, dass sich alles eine Woche verzögert und legte auf. Als ich versuchte zurückzurufen, um zu erklären, dass ich deswegen in große Schwierigkeiten gerate, ging niemand mehr dran.

Ich konnte es nicht fassen. Ich hatte meinen Platz im Obdachlosenheim gekündigt, den Umzug meines Telefon- und Internetanschlusses beantragt, Helfer für meinen Umzug organisiert und einen Lkw gemietet. Jetzt musste ich das alles rückgängig machen, eine neue Kostenübernahme für den Wohnheimplatz beantragen und hatte großes Glück, dass mein Zimmer noch nicht an einen anderen Obdachlosen vergeben war.

Und auch das Jobcenter, welches mir während meines gesamten Rückweges in die Gesellschaft permanent im Weg stand, machte weitere und sehr unnötige Schwierigkeiten. Als ich die Kostenübernahme für die Miete der Wohnung beantragte und dies genehmigt wurde, stellte ich einen Antrag für Möbelgeld. Insgesamt sechs Wochen vor dem geplanten Einzug. Nachdem zwei Wochen vergangen waren, fragte ich immer wieder telefonisch und auch persönlich nach dem Bearbeitungsstand und wurde immer wieder vertröstet. In den Tagen vor dem Umzug war ich jeden Tag auf dem Amt und schilderte die Dringlichkeit. Und am Nachmittag des Tages bevor ich umziehen wollte, bekam ich einen Anruf, dass man das Geld gerade überwiesen habe. Ich dachte, mir platzt der Kragen.

Heute überwiesen? Das ist frühestens am Montag auf dem Konto und morgen war alles für den Umzug organisiert. Möbel waren bestellt, Helfer organisiert und ein Lkw gemietet. Jetzt war guter Rat teuer. Wo sollte ich bis morgen 1.800 Euro herbekommen? Für mich damals eine gigantische Summe.

Mit hängendem Kopf rief ich meine Betreuerin an und schilderte ihr, was passiert war. Und wieder geschah ein Wunder. Sie bot mir an, mir das Geld privat zu leihen! Ich dachte erst, ich hätte mich verhört, doch sie meinte es ernst.

Wir trafen uns, mussten sogar noch zu mehreren Geldautomaten und sie drückte mir das Geld in die Hand. Einfach im Vertrauen darauf, dass ich ein ehrlicher Mensch bin und es ihr am Montag zurückgebe. Ich konnte es nicht glauben. Es war sehr lange her, dass mir jemand so viel Vertrauen entgegengebracht hatte.

Am nächsten Abend war ich meiner eigenen Wohnung.

Alles war nur halb aufgebaut, obwohl wir mit fünf Personen den ganzen Tag gearbeitet hatten. Aber ich hatte wieder mein eigenes Reich.

Für mich war dies der erste große Schritt zurück in die Gesellschaft. Ich war nicht mehr der ehemalige Obdachlose, sondern André Hoek – Mieter einer eigenen Wohnung! Das war enorm wichtig für mein Selbstwertgefühl und ich fühlte mich seit sehr langer Zeit wieder zugehörig. Es war einfach nur toll!

Jetzt möchte ich etwas zu meiner gesetzlichen Betreuerin schreiben. Frau Ruth von Blomberg wurde mir zugeteilt, als ich im Koma lag und man mir wieder mal die Finger amputieren wollte. Da ich mich selbst nicht dazu äußern konnte, sollte sie dies in meinem Namen tun. So kamen wir damals zueinander.

Frau Blomberg ist eine äußerst bescheidene Frau und es ist ihr unangenehm, die vielen guten Taten, die sie vollbracht hat, im Licht der Öffentlichkeit zu sehen. Aus diesem Grund habe ich sie bisher bei Presseinterviews und Vorträgen immer nur ganz am Rande erwähnt. Doch Ehre, wem Ehre gebührt. Ohne ihre Hilfe hätte ich es niemals geschafft, wieder ein normaler Teil unserer Gesellschaft zu werden und wieder ein normales Leben zu führen.

Die unendlichen Kämpfe mit dem Jobcenter hätte ich allein nie gewinnen können und mit Sicherheit wäre ich wieder auf der Straße gelandet, wenn es Ruth nicht gegeben hätte. Hierzu muss ich kurz erklären, wie es sich normalerweise mit gesetzlichen Betreuern verhält. Was auf den ersten Blick so aussieht, als würde sich nun jemand um den Obdachlosen kümmern, sieht in der Praxis ganz anders aus.

Die Betreuer bekommen vom Staat bestimmte Aufgabenbereiche zugeteilt. Sie sollen sich zum Beispiel um alles kümmern, was die Gesundheit betrifft oder sie kümmern sich um Behördenschreiben, aber auch um die finanziellen Angelegenheiten der betreuten Person. Allerdings ausschließlich um diese Sachverhalte und nicht mehr. In den allermeisten Fällen haben die Obdachlosen ihren Betreuer noch nicht ein einziges Mal gesehen und dieser kann in den Bereichen, die ihm vom Staat übertragen wurden, bedingungslos in das Leben der Obdachlosen eingreifen und eigentlich tun und lassen, was er möchte. Ich weiß von Fällen, da wurde den betreuten Menschen auch noch das bisschen Geld unterschlagen, das sie vom Amt zum Leben bekommen. Nach meinem Wissensstand findet eine Kontrolle der Betreuer nur in der Theorie statt[2] und der Versuch, sich gegen ungerechte Behandlung durch einen Betreuer zu wehren, ist fast aussichtslos, da diese Leute eben sehr oft auch Anwälte oder ähnliche Personen sind.

Als ich durch den Streetworker V. eher beiläufig erfuhr, dass es jetzt einen gesetzlichen Betreuer für mich gibt, war ich also zuerst nicht sonderlich angetan davon. Doch es sollte ganz anders kommen, als ich dachte.

Meine gute Frau von Blomberg war es, die damals von V. verständigt wurde, als ich halb erfroren und bewusstlos in meinem Rollstuhl auf dem Bahnhofsvorplatz stand. Sie war es auch, die von zu Hause noch mal losfuhr und veranlasste, dass ich in ein Krankenhaus gebracht wurde. Ich verdanke ihr also mein Leben.

Und sie hat mir noch viel mehr geholfen. Sie hat mich wieder ins System integriert, nachdem mir V. geholfen hatte, wieder einen Personalausweis zu bekommen. Sie beantragte ALG II für mich, scheuchte mich zu Terminen mit dem Jobcenter, stand mir auch dort zur Seite, wenn ich mal wieder ungerecht behandelt wurde und bot mir sogar an, den Ausfall, den ich beim Schnorren hatte, wenn ich zu einem Amt musste, zu kompensieren.

Sie sorgte für die Kostenübernahme, als ich vom Krankenhaus ins Obdachlosenheim umziehen konnte und half mir auch in den folgenden Monaten, meine Belange gegenüber den staatlichen Institutionen durchzusetzen, was ich ohne ihre Hilfe niemals geschafft hätte. Sie war der einzige Mensch, der mir auf meinem Rückweg ins Leben immer bedingungslos zur Seite stand und sie tat viel mehr für mich, als dies ihre Aufgabe gewesen wäre. Und vor allem und am allerwichtigsten sah sie einen Menschen in mir und nicht nur einen ollen Penner.

Noch heute treffen wir uns gelegentlich und uns verbindet eine tiefe Freundschaft. Eine Freundschaft, wie man sie nur ganz selten findet. Liebe Ruth, ich danke dir aus tiefstem Herzen. Ohne dich hätte ich das nie geschafft!!!

Probleme über Probleme

Was jetzt noch fehlte war eine Arbeit. Schon als ich im Obdachlosenheim war, begann ich, mich mit dem Thema zu befassen. Allerdings lohnte es sich fast nicht zu arbeiten, solange ich noch dort war. Ich ging erst mal davon aus, dass ich als ehemaliger Penner sowieso nie wieder eine gut bezahlte Arbeit bekommen würde. Wer stellt schon jemanden ein, der 15 Monate Obdachlosigkeit im Lebenslauf stehen hat? Ich hatte zwar kurzzeitig die Idee, meinen Lebenslauf zu faken, doch die Angst irgendwann als Lügner und Betrüger dazustehen, ließ mich diese Idee schnell vergessen. Und weil ich eben davon ausging, nur schlecht bezahlte Jobs zu bekommen, wo ich bei etwa 1.200 oder 1.300 Euro netto landen würde, hakte ich die Idee mit einer normalen Arbeit zunächst ab, bis ich eine eigene Wohnung habe.

Warum? Wenn man im Obdachlosenheim ist und anfängt Geld zu verdienen, wird man sofort zum Selbstzahler und ihr erinnert euch, dass mein Minizimmer 750 Euro im Monat kostete. Dazu hätte ich dann noch eine Strompauschale von 50 Euro zahlen müssen und hätte somit weniger Geld gehabt als ein Empfänger von ALG II.

Zudem hörte ich, dass es immer wieder große Probleme mit der Bewilligung und Auszahlung des Übergangsgeldes durch das Jobcenter gab. Wenn das schiefgegangen wäre, hätte mich mein Versuch, wieder normal zu arbeiten mit sehr großer Wahrscheinlichkeit wieder obdachlos gemacht. Und dieses Risiko wollte ich um keinen Preis eingehen.

Allerdings musste ich trotzdem an Geld kommen. Als ich von der Straße kam, besaß ich so gut wie nichts und ich brauchte Kleidung zum Wechseln, mehr als ein Paar Socken und zwei Unterhosen. Das Problem war, dass das ALG II dafür einfach nicht reichte. Ich gönnte mir wirklich keinerlei Luxus außer zwei Päckchen billigen Tabak pro Woche und egal was man machte, zwei oder drei Tage vor Monatsende, war das Geld einfach zu Ende. Der Satz von damals 405 Euro im Monat war einfach viel zu niedrig angesetzt. Wenn ich heute manchmal Fernsehberichte sehe, in denen eine Frau mit zwei Kindern davon berichtet, wie gut sie mit dem bisschen Geld leben kann und was sie sich davon alles leistet, halte ich das für gelogen. Als Obdachloser hatte ich gelernt, mit sehr, sehr wenig oder nichts auszukommen und ich lebte im Obdachlosenheim nicht anders und kam trotzdem nicht klar. Wenn ich mal beim Bäcker einen Kaffee für 1,50 Euro trinken wollte, musste ich gut darüber nachdenken, ob ich mir diese Ausgabe leisten konnte.

Mich also mit neuer Kleidung auszustatten war ein echtes Problem. In die Kleiderkammer wollte ich nicht mehr gehen, da ich den wirklich Obdachlosen von der Straße nichts wegnehmen wollte und auch weil ich mich moralisch nicht mehr berechtigt sah. Um trotzdem zu neuer Kleidung zu kommen, verkaufte ich weiterhin die Obdachlosenzeitung. Und um auch hier den Leuten, die noch immer draußen waren, nichts wegzunehmen, fuhr ich in den ganz frühen Morgenstunden zum Hauptbahnhof und begann den Zeitungsverkauf schon immer um 5.30 Uhr und hörte sofort damit auf, wenn die echten Obdachlosen kamen und verkaufen wollten.

Das Geld, was ich täglich einnahm, sparte ich eisern und konnte mir nach und nach aus dem Second-Hand-Laden neue Kleidung kaufen. Nachdem ich wieder über einen normalen Bestand an Kleidung verfügte, holte ich mir über eBay-Kleinanzeigen einen gebrauchten Fernseher und einige andere kleine Dinge, die das Leben etwas angenehmer machten.

Da ich noch immer jeden Tag am Hauptbahnhof war, hatte ich natürlich immer noch Kontakt zu meinen alten Kollegen von der Straße und bekam natürlich auch weiterhin ihre alltäglichen Sorgen und Probleme mit. Ich sah, dass dem einen der Rucksack kaputt gegangen war oder einem anderen der Schlafsack geklaut worden war und ähnliche Dinge dieser Art und versuchte natürlich zu helfen. Ich fragte im Bekanntenkreis, startete Hilfeaufrufe auf Facebook oder kaufte auch Kleinigkeiten vom eigenen Geld.

Irgendwie wurde das immer mehr. Ich wurde um Hilfe gebeten beim Ausfüllen von Behördenschreiben oder wurde gefragt, ob ich mit zum Amt komme, um dort bestimmte Anliegen durchzusetzen. Und ohne dass ich das jemals irgendwie geplant hatte, wurde ich so etwas wie der Streetworker der Leute. Auch in anderen Teilen der Stadt.

Es gab mal eine Situation, da hielt mich ein neu hinzugekommener Obdachloser, der mich selbst nicht als ehemaligen Obdachlosen kannte, für den staatlichen Streetworker.

Da es mir inzwischen auch schon des Öfteren gelungen war, Menschen von der Straße zu holen und in halbwegs geordnete Verhältnisse zu bringen, dachte ich mir, mach das doch zu deinem Beruf.

Allerdings standen mir sämtliche Berliner Hilfsorganisationen im Weg. Niemand wollte mich einstellen. Der Grund? Ich hatte keine Sozialarbeit studiert. Dass meine eigenen Straßenerfahrungen mich dazu befähigten und ich auch ohne Studium diverse Erfolge vorweisen konnte, interessierte niemanden. Dabei verstand ich das Metier viel besser als viele Sozialarbeiter. Seid nicht sauer, aber so ist es einfach. Ohne jetzt anmaßend sein zu wollen.

Irgendwann musste ich die Realitäten einfach akzeptieren und einsehen, dass es für mich keine bezahlte Arbeit in der Obdachlosenhilfe geben wird. Also gab ich den Gedanken auf, von meiner Arbeit leben zu können. Was mich aber nicht daran hinderte, den Obdachlosen weiterhin zu helfen.

Doch auch ich musste von irgendetwas leben und so lag der Gedanke, mich wieder selbstständig zu machen, nicht fern. Das Geschäft, dass ich auf Gran Canaria betrieben hatte, funktionierte immer noch und so bat ich meine Fallmanagerin auf dem Jobcenter um entsprechende Unterstützung. Ich wollte nicht viel. Lediglich ein paar Euro für einen vernünftigen PC und Überbrückungsgeld für die ersten drei Monate. Zudem wollte ich einen Auffrischungskurs in Sachen Steuern etc. durch die Existenzgründer-Abteilung des Jobcenters. Leider wurden mir sehr viele Steine in den Weg gelegt.

Als Erstes nötigte sie mich zu einem Amtsarzt-Termin, um meine Arbeitsfähigkeit festzustellen. Ich verstand erst überhaupt nicht, was sie von mir wollte. Ich wollte eine sitzende Tätigkeit am PC durchführen. Sitzen konnte ich, da ich jeden Tag 16 Stunden im Rollstuhl saß und über ausreichende PC-Kenntnisse verfügte ich dank meiner früheren Selbstständigkeit auch.

Trotzdem beharrte sie darauf. Sie wollte mich in keinem Fall vorher zur Existenzgründer-Abteilung durchlassen. Also stimmte ich notgedrungen zu.

Es vergingen Wochen und Monate, bis ich endlich einen Termin bekam. Wochen und Monate, in denen ich durch das Jobcenter weiter in diese elende Hartz-IV-Armut gezwungen war. Das Ergebnis der Untersuchung brauchte noch mal einige Wochen, bis es endlich beim Jobcenter vorlag. Hierin wurde mir die Arbeitsfähigkeit bestätigt.

Wer nun jedoch denkt, dass ich nun endlich mit den Existenzgründern des Jobcenters sprechen konnte, kennt die Berliner Jobcenter nicht. Meine Fallmanagerin kam nun auf die Idee, prüfen zu müssen, ob ich geistig und intellektuell in der Lage bin, mich selbstständig zu machen. Auf meine erstaunte Frage hin, wo es da denn Zweifel gibt, kam als Antwort, dass man das nach der jahrelangen Sauferei ja genau wissen müsse … Ich dachte, ich hätte mich verhört! Mein Argument, dass ich lediglich während der Zeit auf der Straße und ein halbes Jahr davor getrunken habe, wurde ignoriert.

Wieder vergingen drei Monate. Den Test habe ich mit deutlich überdurchschnittlichen Ergebnissen absolviert, doch wieder wurde mir der Weg zur Existenzgründer-Abteilung verwehrt. Ich müsse noch mal zu dem ersten Amtsarzt. Völlig ohne Begründung. Doch da man mir versprach dies »auf dem kurzen Dienstweg« zu klären, blieb ich still.

Wieder vergingen Monate, in denen nichts passierte. Inzwischen hatte ich meine Wohnung bekommen und wegen des Wechsels des Stadtbezirks war nun ein anderes Jobcenter für mich zuständig. Dort war das ganze Thema mit der Existenzgründung nach einem fünfminütigem Gespräch geklärt. Selbstverständlich könne ich mich selbstständig machen. Wieder einmal konnte ich es nicht fassen.

Allerdings wurde ich jetzt wieder mit endlosen Unterlagenforderungen, die weit über das übliche Maß hinausgingen, gequält. Ich sollte Businesspläne erstellen, von denen mir niemand sagte, welches Format und Inhalte sie haben sollen und auch wie sie aussehen sollen. Auch auf explizite Nachfrage nicht. Und immer wieder gab es neue Gründe, warum man meine Businesspläne nicht akzeptieren wollte.

Auch aufgrund dessen hatte ich irgendwann einfach die Nase voll von dem Terror und beschloss, mir wieder eine normale Arbeit zu suchen. Und ich hatte großes Glück!

Als ich meinen Lebenslauf auf den neuesten Stand brachte und die letzten beiden Punkte »obdachlos« und »Arbeitslosigkeit« waren, hatte ich nicht die geringste Hoffnung, jemals eine Antwort von einer Firma zu bekommen. Doch wer nicht wagt, der nicht gewinnt.

Und so schickte ich meine allererste Bewerbung an eine deutschlandweit bekannte Kreditberatungsfirma und wurde zum Vorstellungsgespräch eingeladen.

Bei dem Gespräch wurde das Thema Obdachlosigkeit nicht mal erwähnt, sondern es ging lediglich um meine Fachkenntnisse. Eine Woche später klingelte mein Telefon und ich erhielt die Nachricht, dass man mich einstellen würde. Ich solle nächste Woche kommen und den Arbeitsvertrag unterschreiben. Ich konnte es nicht glauben. So einfach und leicht.

Diese Arbeit war praktisch der letzte nötige Schritt meiner Rückkehr in ein normales Leben. Endlich fühlte ich mich wieder ganz dazugehörig. Ich hatte eine eigene Wohnung, verdiente wieder eigenes Geld und war nicht mehr auf das elende Jobcenter angewiesen.

Das Gefühl war unglaublich! Ich ging viel selbstbewusster durch das Leben und meinen Alltag. Ich war wieder da! Der »Berliner Kurier« schrieb damals einen Artikel über mich. Der Titel lautete: »Von der Parkbank zur Kreditbank«. Ich fand das damals höchst witzig.

Allerdings müsst ihr wissen, dass ich kein Typ für ein Angestelltendasein bin. Ich war fast mein gesamtes Leben immer selbstständig gewesen. Und mich in Gruppen einzuordnen und mich Prozessen auszusetzen, die ich zum Teil als ineffektiv und auch unnötig empfand, einfach weil man es schon immer so gemacht hatte, ist mir schon immer schwer gefallen. Und so war es auch hier.

Bereits nach vier Wochen saß ich nicht mehr in der Gruppe der Kollegen, sondern allein in einer Ecke. Hierzu muss ich allerdings sagen, dass mein Teamleiter mit seinem Vorschlag, mich abseits zu setzen, bei mir offene Türen einrannte. Als dann noch die Teamleitung wechselte und ich eine sehr unerfahrene Kollegin als neue Chefin vor die Nase gesetzt bekam, die mich auch gleich vom ersten Tag an schikanierte, kündigte ich nach gerade mal drei Monaten.

Was jetzt wie die totale Erfolgsgeschichte klingt, hatte tatsächlich viele Höhen und Tiefen. Allein der Ärger mit dem Jobcenter ließ mich oft verzweifeln und in Depressionen versinken. Oft kam mir der Gedanke, wieder auf die Straße zurückzugehen, da ich es ja eh nicht schaffen könne. Gegen diesen Jobcenter-Moloch war einfach kein Ankommen. Doch irgendwie schaffte ich es immer wieder, mich neu zu motivieren und weiterzumachen. Auch dank dem guten Zureden meiner Frau von Blomberg.

Die nächsten Tiefs waren zu überwinden, als mich niemand als Streetworker einstellen wollte. Egal was ich versuchte und als ich dann noch die Stelle als Streetworker am Kältebahnhof verlor, schmiss ich alles hin. Ich wollte wieder zurück auf die Straße, um dort wieder als Obdachloser zu leben.

Diesmal setzte ich den Gedanken auch in die Tat um. Im April 2019 packte ich meinen Rucksack, kaufte mir einen Schlafsack und eine Isomatte und fuhr zum ZOB in Berlin. Ganz wie früher. Als ich vor der Anzeigetafel mit den Abfahrtszeiten der FlixBusse stand, entschied ich mich für Bremen.

Und weil ja jetzt eh alles egal war, holte ich mir auch einen Sechserträger Bier und auf der Fahrt kaufte ich beim Busfahrer noch diverse Biere nach. Für einen Alkoholiker ist das natürlich der Super-GAU. Ich war sofort wieder abhängig.

In Bremen ging ich zum Hauptbahnhof, wo ich tatsächlich noch alte Bekannte traf. Es gab ein großes Hallo, das auch gefeiert werden musste. Allerdings sah das Leben auf der Straße nach ein paar Nächten nicht mehr ganz so rosig aus, wie in meiner anfänglichen Vorstellung. Es gab gleich wieder gefährliche Situationen und schon nach drei Tagen war ich total müde, erschöpft und gestresst. Ich hatte dieses miese Gefühl wirklich vergessen.

Ich wusste zwar nicht, wie es weitergehen könnte, aber ich wusste, dass ich ein Leben auf der Straße mit absoluter Sicherheit nicht mehr wollte. Also kaufte ich ein Busticket zurück nach Berlin, besorgte mir unter großen Schwierigkeiten einen Termin zu einer erneuten Alkoholentgiftung und ging noch mal durch den Entzug.

Da ich dem »Berliner Kurier« kurz vorher noch mal ein Interview gegeben hatte, wusste natürlich auch halb Berlin davon. Was mich am meisten erstaunte, war, wie viele Menschen sich damals über mein Versagen gefreut hatten. Allerdings gab es viel mehr andere, die es anders sahen.

Dann kam im zeitlichen Ablauf die Phase, wo ich mich bei der Kreditberatung bewarb.

Zwischenzeitlich hatte ich auch noch eine Frau kennengelernt. Ich war in Friedrichshain unterwegs und wollte einen Kaffee trinken gehen. In meiner Stammbäckerei waren draußen alle Tische besetzt außer an einem Tisch. Da saß eine Frau allein. Ich fragte höflich, ob ich mich dazusetzen dürfe und deutete mit der Hand auf die besetzten Tische. Sie erlaubte dies. Wir begannen uns über Gott und die Welt zu unterhalten und aus dem geplanten einen Kaffee wurden drei. Beim Abschied tauschten wir unsere Nummern und schon am Abend bekam ich eine Nachricht, ob man sich nicht am Wochenende irgendwo sehen kann. Natürlich sagte ich zu. Nach diesem Wochenende sahen wir uns fast jeden Tag und verliebten uns ineinander. Es war eine tolle Zeit und eine gute Frau war auch das letzte, was mir zu meinem Glück noch fehlte. Ich vermisste die Zweisamkeit sehr. Die Frau stammte aus Kiew in der Ukraine und hatte beruflich hier in Deutschland zu tun und besuchte eine Sprachschule, um Deutsch zu lernen. Nach etwa sechs Wochen musste sie zurück.

Nachdem wir uns 18 Monate lang oft gegenseitig besucht hatten und wirklich jeden Abend mindestens eine Stunde geskypt hatten, wurden wir im Juni 2020 Mann und Frau. Ich war so glücklich, weil ich dachte, jetzt sei mein Leben wieder perfekt. Allerdings musste ich feststellen, dass sie mir die ganze Zeit nur etwas vorgemacht hatte. Nachdem sie ihren Aufenthaltstitel hatte, begann sie, mir das Leben zur Hölle zu machen. So schlimm, dass ich nochmals einen Alkoholrückfall durchmachen musste. Das soll jetzt keine Entschuldigung sein, doch ich war völlig am Boden zerstört und trank dann wieder. Wieder mit schlimmen Folgen. Ich machte also nochmals einen Entzug und hoffe nun wirklich, dass dies der letzte in meinem Leben war.

Und in Sachen Frauen muss ich inzwischen feststellen, dass ich einfach nicht kompatibel mit Frauen bin. Trotzdem ich immer beste Absichten habe, geht am Ende immer alles schief und es gibt zwei unglückliche Menschen mehr auf der Welt. Ich habe jetzt für mich beschlossen, allein zu bleiben. Und der Gedanke fühlt sich sehr gut an. Also jetzt nicht in dem Sinne: »Blöde Welt, blöde Frauen, jetzt müsst ihr eben ohne mich zurechtkommen«, sondern eher so, dass es mit zunehmenden Alter immer schwieriger wird, zwei Leben zusammenzubringen. Und am Ende geht es wahrscheinlich auch wieder schief. Zudem noch eine ziemlich komplexe Persönlichkeit. Ich glaube, mich zu mögen oder zu lieben, ist zu anstrengend für die meisten Frauen.

Wie geht es mir heute?

Besser als je zuvor im Leben! Im März 2022 bin ich nochmals ausgewandert und lebe jetzt in Varna in Bulgarien.

Ich habe hier in Bulgarien eine Firma mitgegründet und suche als Headhunter IT-Fachkräfte für deutsche Unternehmen. Das Geschäft geht sehr gut und ich bin somit finanziell gut abgesichert. Mein Leben ist also wieder gut und tatsächlicher schöner, als es je war.

Ziel erreicht!

Dass ich gläubiger Christ bin, hatte ich in diesem Buch schon mehrfach angedeutet und gelegentlich werde ich bei Vorträgen gefragt, wo denn Gott während dieser schweren Zeit auf der Straße war. Die Antwort ist ganz simpel: Er war immer da und unmittelbar mit dabei.

Ich traf vor vielen Jahren in einem Café in Bremen mal auf eine Toilettenfrau, die in der Bibel las. Da sie nicht ausreichend Deutsch konnte, begannen wir, uns auf Englisch über Gott und die Bibel zu unterhalten. Als ich mich nach einer Weile verabschiedet hatte und ging, rief sie mir einen Satz hinterher, den ich nie wieder vergessen habe. »Dont forget! All things that God does, are good!« – Alle Dinge, die Gott macht, sind gut!

Dieser Satz stand und steht heute noch ganz groß über meinem Leben. Auch während der Zeit auf der Straße. Ich betete weiterhin jeden Tag und las auch gelegentlich, wenn ich nicht zu betrunken war, in der Bibel. Und auch wenn ich nicht verstand, warum Gott mich durch so schwere Zeiten gehen lässt, habe ich ihm immer vertraut. Alle Dinge die Gott tut, sind gut. Und dieses Wissen hat mir enorm viel Kraft gegeben und war mir eine Lektion, die ich in meinem restlichen Leben niemals vergessen werde.

Ich muss nicht verstehen, warum Gott die Dinge so macht, wie er sie macht. Dieses »Warum lieber Gott?« ist nach meinem Dafürhalten sowieso eine völlig unangebrachte Frage. Doch ich kann ganz sicher darauf vertrauen, dass alles gut werden wird. Allein dass ich heute hier sitze und dieses Buch schreiben kann, ist nach meiner Meinung ein ganz klares Wunder Gottes. Und wenn ich irgendwann mal sterben muss oder sehr krank werde, dann ist das ebenfalls gut. Alles hat seine Zeit und jedes Leben endet mit dem Tod. Und auch das wird gut sein.

Warum habe ich dieses Buch geschrieben?

Nun habt ihr eine ganz ordentliche Portion Realität über das Leben der obdachlosen Menschen verpasst bekommen und eine Menge über mich erfahren. Doch von Anfang an, auch bei meinen Vorträgen und Medienauftritten, ging es nie um mich, wenn ich von meiner Zeit auf der Straße berichtet habe, sondern ich hatte auch hier ein Ziel.

Als ich damals mit meinen Obdachlosen-Stadtführungen begann, wollte ich, dass die Politiker und Entscheidungsträger in Berlin verstehen, was wirklich auf der Straße los ist. Dieses Ziel hatte ich ziemlich zeitnah erreicht.

Ein weiteres Ziel war es, den Leuten, also euch, das Leben auf der Straße ebenfalls näherzubringen und mit den üblichen Vorurteilen aufzuräumen und somit den Obdachlosen eine gerechtere Behandlung und auch Hilfe zukommen zu lassen.

Und genau das ist auch Ziel dieses Buches.

Ich würde mich riesig darüber freuen, wenn ihr euch das nächste Mal, wenn wieder ein Obdachloser mit einer Zeitung vor euch steht oder ihr irgendwo einen sitzen seht, daran erinnert, was ihr gerade gelesen habt und euch entsprechend verhaltet.

Erhebt eure Stimme, wenn wieder mal jemand über die arbeitsscheuen und versoffenen Penner herzieht, die ja sowieso alle selbst schuld sind. Helft Obdachlosen, wo es nur geht. Gebt Geld, sucht das Gespräch, bietet andere Hilfen an, setzt euch politisch ein, helft aufzuklären. Denn ihr wisst, jeder, wirklich jeder könnte der Nächste sein.

Und wisst ihr, was für mich die eindrucksvollste Lektion dieser schweren Zeit war? Es ist erst vorbei, wenn das Herz aufhört zu schlagen! Nicht eine Sekunde vorher. Never give up!

André Hoek

Anmerkungen

1 »Eine Obdachlosen-Zeitung für viele« TAZ, 16.01.2019, Stand
16.08.2022
https://taz.de/taz-Serie-Was-macht-eigentlich-Teil-10/
!5561337/

2 »Korruption und Missbrauch bei Beratung von Hilfsbedürfti-
gen« Welt, 19.05.2018, Stand 16.08.2022
https://www.welt.de/wirtschaft/article176491096/Berufsbe
treuer-Missbrauch-bei-der-Beratung-von-Hilfsbeduerftigen.
html